Ya eres mamá

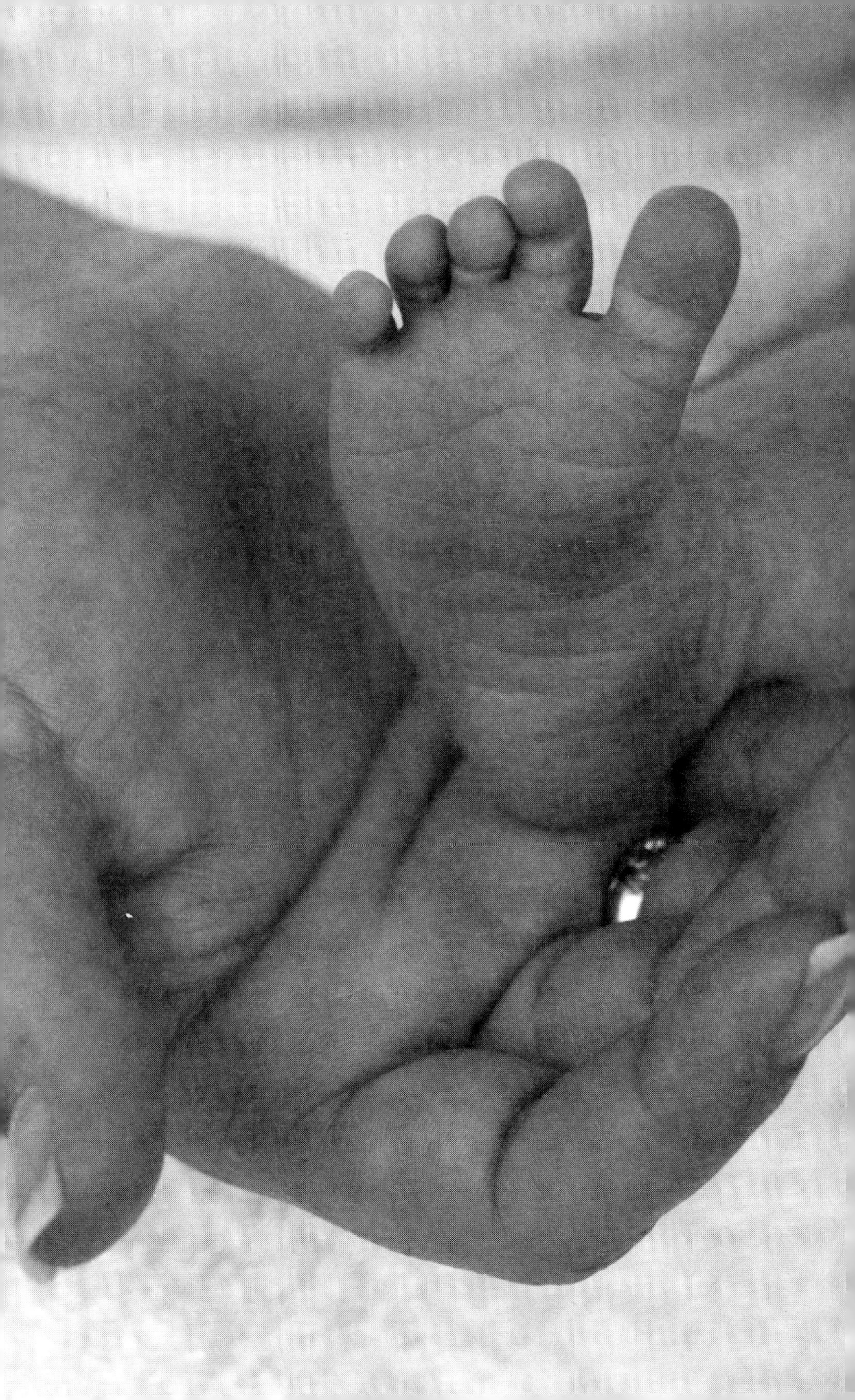

Jo Frost

Ya eres mamá

La guía útil para el primer año de tu hijo

Traducción de Pilar de la Peña

Planeta

Título original: *Confident Baby Care*

Diagonal, 662-664, 08034 Barcelona (España)

Ilustraciones del interior: Maria Smedstad / Eye Candy
Fotografías del interior: Kevin Frazier, Daniel Pangbourne, Philip Silcock y archivo de la autora

Primera edición: enero de 2009
Depósito Legal: M. 55.897-2008
ISBN 978-84-08-08112-8
ISBN 9780-7528-8855-2, edición original
Composición: Víctor Igual, S. L.
Impresión y encuadernación: Rotapapel, S. L.
Printed in Spain - Impreso en España

ÍNDICE

Agradecimientos 15
Introducción 17

PRIMERA PARTE: Antes de que nazca el bebé

Capítulo 1: Unos padres seguros 23
Aumentar la confianza 25
Preocupaciones de la segunda vez 26
Apoyo mutuo 27
La ayuda de otros 28
Pensar en positivo 31
¿Qué clase de padres queréis ser? 32
Coordinar estilos de paternidad 33

Capítulo 2: Firmes decisiones 37
Poner nombre al bebé 39
Prepararse para ir al hospital 40
El papel del padre 41
Crear una experiencia positiva para los hermanos mayores 42
Darle el pecho o no 45
A la hora de dormir 47

Vacunación 47
Almacenar la sangre del cordón umbilical 48
Circuncisión 48
Elección de un médico 50
Dejar de trabajar 50
Después del parto 51
La vuelta al trabajo. Opciones para el cuidado del bebé 54
Los familiares 56
Niñera y niñera compartida 57
Guarderia 61
Canguro 62

Capítulo 3: Equipo esencial 65
Equípate 67
Moisés 68
Cuna 68
Bandolera portabebés 69
Cambiador 69
Guardarropa 70
Cochecito y silla de paseo 70
Intercomunicador 71
Bañerita y asiento de baño 72
Trona 73
Silla para el coche 73
Otros asientos 74
Ropa de cama 75
Ropa 76
Pañales 77
Bolsa de cambio 78

Otros accesorios importantes 81
Si le das el pecho 81
Si le das biberones 82
Hogar seguro 82

SEGUNDA PARTE: ¡El bebé ya está aquí!

Capítulo 4: De cero a tres meses 87
Vivencias de los padres 87
Los tres primeros meses 88
Crear un vínculo 90
Los cambios corporales de la madre 91
Recuperación de una cesárea 93
Tristeza y depresión posparto 94
Cuídate un poco 96
Hacer frente al llanto 98
¿Cuentas con la ayuda necesaria? 99
Cómo tratar a los hermanos mayores 101
Desarrollo del bebé 104
Revisiones médicas 105
Desarrollo físico de uno a treinta días 106
Desarrollo físico de treinta a noventa días 109
Desarrollo social y emocional de uno a treinta días 110
Desarrollo social y emocional de treinta a noventa días 112
Hogar seguro 114
Contaminantes 116
Dormitorio 116
Baño 117

Cocina 118
Coche 119
Mascotas 120
Síndrome del bebé zarandeado 121
Buenos hábitos 122
Rutinas 123
Sueño 123
Arropar al bebé 129
Dormir al bebé 130
Mi filosofía del chupete 131
Aprender a distinguir el llanto del bebé 133
Alimentación 134
Las necesidades alimentarias del bebé 134
Lactancia materna 137
Lactancia materna paso a paso 141
Sacarse la leche 147
Biberones 148
Cambiarle el pañal 153
Sacarle el aire 154
Cólico 156
Establecer un horario de tomas 157
Habilidades parentales 161
Cogerlo y llevarlo en brazos 162
Cambio de pañal 164
Curar el pene 167
Curar el ombligo 168
Vestir al bebé 168
Hora de ir desnudito 169
Baño 170
Cuidado de la cabeza 172

Cuidado de los oídos 173
Cuidado de los ojos 173
Acné neonatal 174
Cortarle las uñas 174
Tomarle la temperatura 176
Masaje 178
Salidas y paseos 179
Estimulación y exploración 181
Aprendizaje a través del juego 181
Clases 185
Actitud juguetona 185
Ideas de juego 186

Capítulo 5: De tres a seis meses 193
Vivencias de los padres 193
Desarrollo del bebé 195
Desarrollo físico 195
Desarrollo social y emocional 197
Hogar seguro 200
Inspección diaria 201
Protección solar 203
Buenos hábitos 204
Rutinas 204
Dormir toda la noche 206
Llanto 209
Elogios 209
Alimentación 209
Sólidos 209
Habilidades parentales 215
Cambiarle el pañal 215

Vestirlo 215
Cuidado de la piel 215
Baño 216
Tu seguridad 216
Cuidado de la boca 217
Salidas y paseos 217
Estimulación y exploración 220
Ideas de juego 221

Capítulo 6: De seis a nueve meses 225
Vivencias de los padres 225
Hora de socializar 227
Vuelta al trabajo 227
Desarrollo del bebé 230
Desarrollo físico 230
Dentición 231
Desarrollo social y emocional 233
Hogar seguro 235
Cuando se ponga de pie 235
Cuando gatee 236
En el baño 238
En la cocina 239
No lo pierdas de vista 240
Buenos hábitos 240
Sueño ininterrumpido 240
Técnica del llanto controlado 242
Alimentación 243
Habilidades parentales 249
Vestirlo 249
Baño 249

Cambiarle el pañal 251
Comer fuera 251
Problemas de arneses 252
Estimulación y exploración 253
Ideas de juego 253

Capítulo 7: De nueve a doce meses 261
Vivencias de los padres 261
Nuevos papeles 264
Las emociones del destete 266
Desarrollo del bebé 266
Desarrollo físico 266
Desarrollo social y emocional 268
Hogar seguro 271
Buenos hábitos 272
Rutina fundamental 272
Hora de dormir 273
Quitarle el chupete 274
Establecer límites 275
Alimentación 276
Destete 278
Dejar los biberones 279
Paso al vasito antiderrame 280
Habilidades parentales 280
Cogerlo en brazos 280
Baño 282
Vestirlo 282
Primeros zapatos para primeros pasos 283
Visitas al pediatra 284
Estimulación y exploración 285

Ideas de juego 286
Su primer aniversario 290

TERCERA PARTE: Circunstancias excepcionales

Capítulo 8: Parto múltiple 293
Equipo 294
Vivencias de los padres 297
Desarrollo del bebé 300
Buenos hábitos 301
Alimentación 302
Habilidades parentales 303
Exploración y estimulación 305

Capítulo 9: Prematuros y bebés con necesidades especiales 307
Bebés prematuros 308
Desarrollo del bebé 308
Problemas médicos 309
Vivencias de los padres 310
Alimentación 311
Otras cuestiones 312
Bebés con otras necesidades especiales 313
Los hermanos 315
Los demás 316

Capítulo 10: El bebé adoptado 319
La llegada del bebé 320
Vínculo afectivo 321
Depresión posparto 323

Afrontar la esterilidad 323
Lactancia materna 324
Adopción de un bebé de otra nacionalidad 325
Bebés institucionalizados 325
Personaliza mis consejos 327
Hablar de la adopción 329
Grupos de apoyo 330

CUARTA PARTE: Recursos útiles

Calendario de vacunas 333
Enfermedades y dolencias comunes 335
Primeros auxilios para niños menores de un año 343
Kit de primeros auxilios 350
Diario del bebé 352

Índice de materias 354

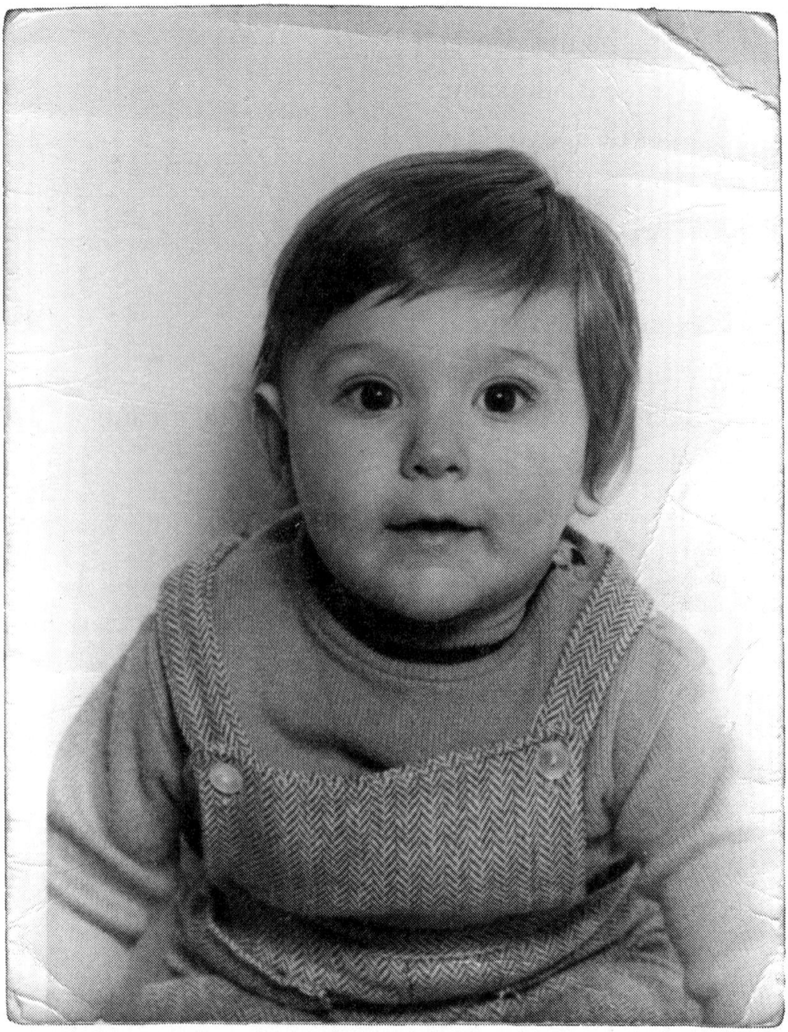

Matthew Frost

Te dedico este libro con la esperanza de que, desde el principio, encuentres en él todo lo necesario para hacer de tu bebé un adulto íntegro

AGRADECIMIENTOS

Muchas gracias:

A Mary Jane, por ayudarme a elegir entre tantísimas cosas que contar.

A todos mis seres queridos, por apoyarme siempre y apoyar mi trabajo y la razón que lo sostiene.

A Daniel Pangbourne, el fotógrafo, por saber generar el karma de unas imágenes tan maravillosas. También a Kevin Frazier por su aportación.

A todos los bebés del libro: Jharrel (papá y el bebé), Katie (la que toma el biberón), Sherrall (en la cuna), Chanel (sonriente), Olivia (en la trona), Joe (el que juega), Riley (en el baño), las gemelas Teah y Sky, Keira y Kylie (leyendo), Laura (mano y pie, y recién nacida), Louis (el de la cubierta). Sin olvidar a Bijou, la modelo embarazada, y a Greg, de la foto del papá y el bebé.

Al estilista responsable de peluquería y maquillaje, Tim Alan.

Al doctor Mark Furman del hospital Great Ormond St, de Londres, por su aprobación del contenido médico de esta obra.

A Orion Publishing, por creer en este libro.

INTRODUCCIÓN

¡Enhorabuena! Te estás embarcando en una aventura para toda la vida: tener un bebé. La decisión de criar a un bebé sano y equilibrado es el mayor compromiso que adquirirás jamás. Estás a punto de traer al mundo una nueva vida (o quizá ya la hayas traído), en algunos casos varias, y vas a alimentar a un ser humano diminuto y a verlo crecer. Pero lo más emocionante es que no se trata sólo del nacimiento de tu bebé, sino de la transformación de tu unidad familiar. Y, si es el primero, además será el nacimiento de tu maternidad. ¡Vaya!

Hace poco, estuve con unos amigos cuando traían a casa a su bebé del hospital, y recordé que ni todos los planes del mundo te pueden preparar para la emoción y la energía que genera un recién nacido. No puedes imaginar la sensación que produce el tener a tu bebé en brazos hasta que sucede. Pronto experimentarás esta fabulosa sensación si no lo has hecho ya.

No obstante, como es lógico, si quieres ser la mejor madre posible, debes estar preparada, por lo que es importante informarse, leer sobre lo que se puede esperar y sobre cómo lograr que todo vaya como la seda. Por eso he escrito este libro, con el fin de proporcionarte la información que necesitas para ser la madre excelente que quieres ser. Tenlo siempre a mano para poder consultarlo cuando necesites saber algo del primer año de vida de tu bebé: te ayudará a resolver las dudas y preocupaciones que puedas tener. Piensa en él como tu Supernanny particular.

También lo he escrito por otra razón importante. Por muchos hijos que tengas, recuerda que este recién nacido, como todos los recién nacidos, es un milagro. De ahí que se diga que los bebés son «una alegría». Aun así, he oído comentarios muy negativos sobre los recién nacidos, cosas del estilo de «Enhorabuena, prepárate para no pegar ojo en años», y montones de consejos para *superarlo*. A mi juicio, no se trata de *superar* ninguna angustia, sino de confiar en que vas a poder criar a tu bebé con salud y alegría. También se trata de aprender quién es tu bebé, porque cada uno tiene su propia alma, su propio espíritu, que se desplegará y desarrollará ante tus propios ojos.

En los últimos diecisiete años, he estado con muchas familias mientras traían a sus recién nacidos a casa, y sé que el primer año puede ser una experiencia gozosa y única si se tienen la actitud, los conocimientos y el equipo adecuados. Profesores, psicólogos y pediatras me dicen que lo que ellos han tardado cuarenta años en aprender yo lo he captado «sobre la marcha». Eso es lo que voy a compartir contigo, mis secretos para que el primer año de vida de tu bebé sea esa celebración maravillosa que debe ser.

Eso no quiere decir que todo vaya a ir siempre como la seda. Habrá momentos en que te sentirás agotada o malhumorada, abrumada o preocupada (si no te lo dijera, no sería sincera contigo), pero todo ello es necesario para poder ser una madre orgullosa. Como se aprende es capeando los temporales que se van presentando. Este libro te ayudará a suavizar esos momentos para que sean los menos. Tu bebé, tu intuición y mi ayuda serán tu guía.

Los bebés crecen muy rápido y sus necesidades cambian muchísimo durante el primer año; por eso, después del apartado inicial sobre cómo prepararse, he dividido la segunda parte en capítulos de tres meses, en cada uno de los cuales se analizan los siguientes aspectos:

Desarrollo del bebé: el crecimiento físico, mental, emocional y social que experimentará el bebé.

Hogar seguro: lo que debes hacer para asegurarte de que tu pequeñín está a salvo.

Buenos hábitos: las rutinas, dormir de un tirón toda la noche, cómo enfrentarse al llanto.

Alimentación: todo lo que debes saber, incluido el modo de establecer una rutina alimentaria.

Habilidades parentales: cómo vestir al bebé, bañarlo, cambiarle el pañal, sacarle los airecitos.

Estimulación y exploración: las actividades que favorecen el desarrollo mental, físico y emocional.

También he dedicado un apartado a los padres de bebés nacidos en circunstancias excepcionales (nacimientos múltiples, bebés prematuros y bebés con otras necesidades especiales o bebés adoptados), en el que indico cómo pueden aplicarse mis consejos generales a cada caso particular.

Es importante tener en cuenta que, aunque la segunda parte se divide en de los cero a los tres meses, de los tres a los seis meses, de los seis a los nueve meses y de los nueve a los doce meses, el bebé es un ser vivo, un ser humano que crece y se desarrolla a su propio ritmo. No hay límites perfectamente definidos entre una fase y otra, lo que significa que, aunque tu bebé cumpla tres meses, quizá te interese leer el capítulo de los tres a los seis meses, porque pronto entrará en esa fase.

Soy realista. En lugar de decir categóricamente cosas como «No calientes los biberones en el microondas» o «No uses polvos de talco», verás que te explico los porqués y las razones para que puedas tomar la decisión que más te convenga. Sin embargo, cuando me parezca absolutamente crucial que hagas las cosas a mi manera, también lo sabrás.

Como este viaje tiene tanto que ver con tu bebé como contigo, en cada capítulo encontrarás un apartado dedicado a los padres, porque también tú crecerás y te desarrollarás. El primer año de vida del bebé es el momento ideal para crear un vínculo duradero y sentar las bases de una interacción positiva entre padres e hijos que evitará los problemas de conducta más adelante. En tu papel de madre o padre, aprenderás a improvisar, desempeñar múltiples tareas simultáneamente, resolver problemas y cambiar de rumbo en un instante. En cualquier momento dado, serás entretenimiento, profesora, enfermera o guardaespaldas.

Como los bebés perciben nuestras sensaciones y las absorben, uno de los mayores regalos que puedes hacerle a tu recién nacido es la confianza en ti misma. Espero que este libro te proporcione la información y el apoyo que precisas para relajarte y confiar cada vez más en ti misma.

A lo largo del primer año, empezarás a querer a tu hijo y a crecer con él, y él será parte de tu vida para siempre. Valora este valioso momento y al pequeño que acaba de llegar a tu vida.

Primera parte
Antes de que nazca el bebé

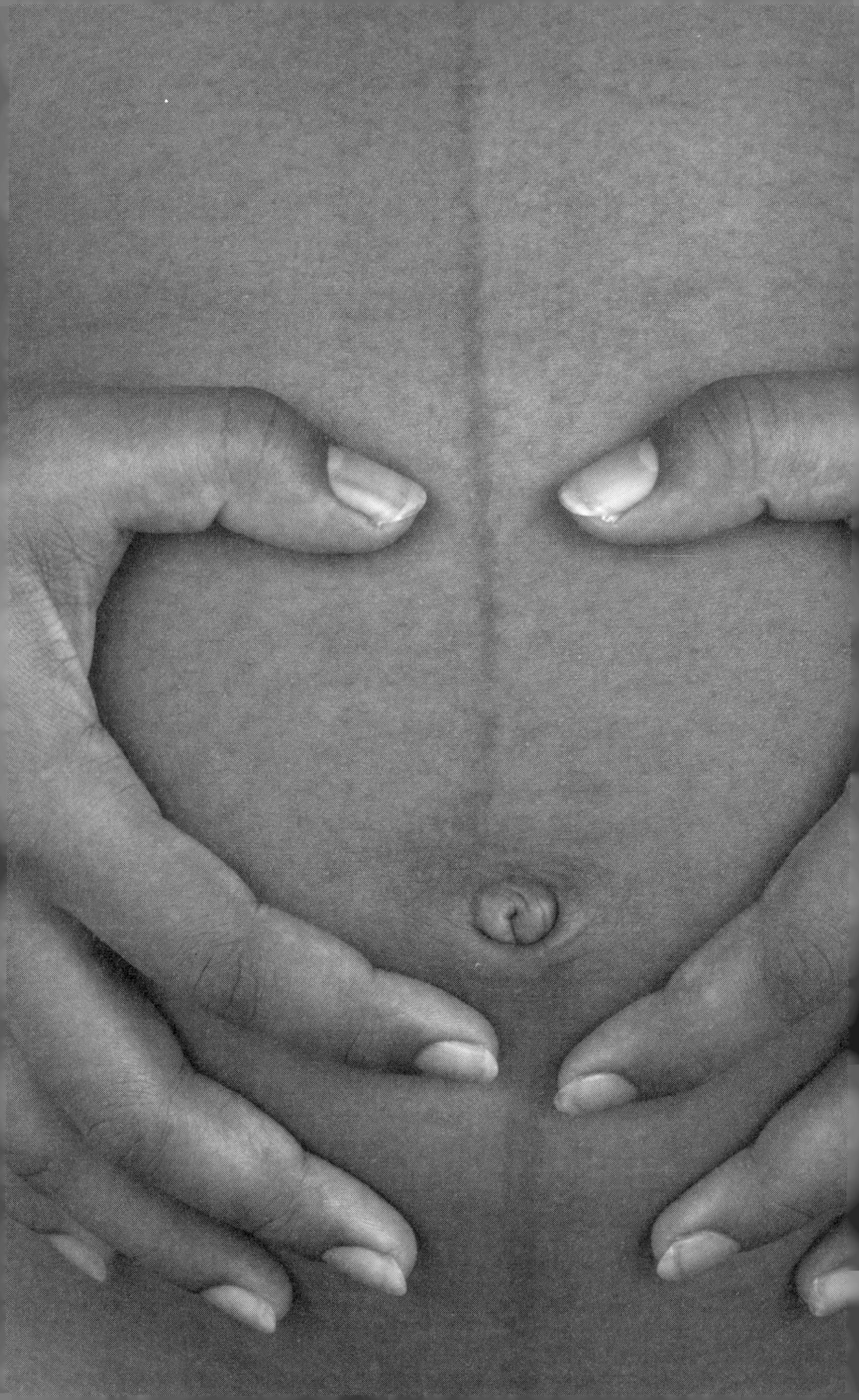

CAPÍTULO 1: UNOS PADRES SEGUROS

Tanto si éste es tu primer bebé como el quinto, estás a punto de iniciar un viaje emocional único. Como te dirá cualquiera que tenga más de un hijo, no hay dos bebés iguales, ni un primer año idéntico. Tal vez reboses un amor intenso, o quizá te lleve algún tiempo conectar con tu recién nacido. A lo mejor sufres una depresión posparto, o superas sin problema los cambios hormonales. Quizá te sientas exhausta o abrumada, tal vez tranquila y alegre, o todo junto un día determinado. Cuando hables con otros padres y te digan cosas como que «Olvídate del sexo» o que «Ya nunca volverás a tener la casa recogida», no olvides que se trata de su experiencia personal. No te dejes influenciar por las expectativas de otras personas. Intenta que tu vivencia sea tuya, y única.

También debes saber que es posible que algunos aspectos de esta experiencia te gusten más que otros, y no pasa nada. Cada una de las etapas del primer año de vida del bebé es muy distinta y requiere habilidades diferentes. A algunos padres les encanta la fase del recién nacido achuchable, otros están impacientes por llegar a las etapas de mayor actividad. Insisto, tu reacción es completamente normal, y así es como debes verla.

Algunos padres se muestran muy seguros de sí mismos, para ellos, tener un recién nacido es tan fácil como dar un paseo enérgico por el parque. A otros padres los asusta mucho, no saben bien qué esperar y les preocupa no ser capaces de hacerle frente. Si te sientes segura, tu pareja te lo agradecerá, porque la confianza es contagiosa, pero, si te sientes vulnerable y extraña, no seas muy dura contigo misma.

Los futuros papás angustiados me preguntan a menudo: «¿Cómo sabré si lo estoy haciendo bien si nunca he tenido un bebé?» Yo siempre les contesto: «No lo sabrás, y no pasa nada.» Lo irás averiguando, se aprende sobre la marcha. Aprenderás que, si lleva el pañal puesto demasiado tiempo, estará incómodo y llorará, de ese modo lo cambiarás antes. Aprenderás a interpretar los gestos y los sonidos de tu hijo, y sabrás, por ejemplo, que se ha quedado con hambre, por la forma de llorar. A medida que se agudice tu intuición, tu bebé será capaz de decirte cada vez más cosas.

Recuerda que todos los padres tienen que aprender sobre la marcha. Por suerte, aunque los bebés son vulnerables, también son unos seres muy robustos. Hay algunas cosas que siempre debes hacer, como sujetarle la cabecita, acostarlo boca arriba, protegerlo del sol, pero, si no le pones bien el pañal o le plantas el jersey del revés o se te olvida ayudarlo a echar el airecito después de una toma, no es el fin del mundo. Te lo hará saber y podrás solucionarlo.

Observando a los padres, sobre todo, me he dado cuenta de que cuanto más cuidado ponen al coger al bebé más llora éste, porque percibe su inseguridad. Los bebés captan nuestra energía, tienen un sexto sentido. Por eso hago tanto hincapié en un cuidado firme y seguro. Si coges al bebé con firmeza y seguridad y le sujetas bien la cabecita (algo que aprenderás a hacer más adelante), notará tu competencia y estará tranquilo.

Sin embargo, para los padres primerizos, el logro de esa confianza tranquila puede constituir todo un reto. Quizá te sientas abrumada y eso te ponga nerviosa y te impida ser sensata, así que recuerda: siempre con calma y con cuidado.

Aumentar la confianza

Quiero que aprendas a tomar decisiones firmes. Una decisión firme es aquella con la que uno se siente satisfecho. Punto.

A medida que pase el tiempo, notarás que aumenta tu confianza, porque empezarás a ver buenos resultados. Eso te ayudará a saber qué necesita tu hijo y cómo equilibrar las necesidades de dos o tres niños, si es lo que te toca aprender esta vez. Ese conocimiento interno nace de escucharte a ti misma y escuchar al bebé, además de a tus otros hijos, si los tienes. Cuanta más atención le prestes a esa voz interior, más aprenderás a confiar en ella.

Además, cuando te enfrentes a tus miedos, aumentará tu confianza. He conocido a mujeres de gran éxito profesional a las que les angustiaba no dar la talla como madres. Y yo digo, ¿por qué? El miedo no es más que una señal de que quieres hacerlo bien, y eso es maravilloso. Cuando te angusties, piensa que ese temor es la prueba de que quieres que todo salga bien, y que ese deseo te *ayudará* a conseguirlo. Visualízalo. Imagina que todo va bien, que lo haces bien, que tu bebé es feliz. Los pensamientos positivos generan sentimientos también positivos, así que si te notas preocupada o asustada, piensa que todo saldrá bien y te sentirás mejor.

Tu confianza aumentará, además, cuando empieces a entender que, si tomas una decisión «equivocada», en realidad no se trata de un error, porque aprendes de lo que has hecho, ahora ya sabes cómo hacerlo bien. Los padres seguros toman una decisión, ven el resultado y luego deciden juzgar con más acierto la próxima vez si la elección no ha sido la mejor. Llegará un momento en que habrás aprendido tanto que estarás muy segura y serás muy sabia.

Por eso ser padres por segunda vez es más fácil. Si eres madre por segunda o tercera vez, quizá estés pensando: «Ya se me ha olvidado todo lo que aprendí cuando tuve el primero.» No te preocupes. Lo tienes todo en la memoria a largo plazo, listo para pasar a la memoria a corto plazo. En cuanto llegue el bebé, lo desencadenará todo.

La paternidad consiste en saber ver que, cuanto más avanzas, más creces. Quizá haya cosas que has hecho con tu primer hijo, por ejemplo, que no quieras repetir con el segundo. Tus opiniones cambian, y también tus opciones. El temperamento de cada niño precisa un planteamiento distinto mientras buscas el modo de amoldar tu personalidad a la suya para crear una relación. Eso es lo que hace que tu relación con cada uno de tus hijos sea distinta a la de tu pareja.

Preocupaciones de la segunda vez

Los padres no primerizos tienen una serie de preocupaciones con las que me he encontrado varias veces. Se preguntan:

«¿Cómo voy a poder querer a un segundo hijo tanto como quiero al que ya tengo?» Como solían decir mis padres, «Claro que puedes, se te agranda el corazón». Eso no lo sabes hasta que lo vives, pero ocurre. Sé que mi hermano Matt y yo crecimos sintiéndonos queridos por igual.

También puede que a los primerizos les preocupe comparar al segundo con el primero. Las comparaciones son inevitables, pero guárdalas para ti. No querrás que ninguno de tus hijos piense que los puntúas. Llegarás a amar lo que los hace únicos, sobre todo si tienes gemelos (como veremos más adelante).

Además, les preocupa equilibrar las necesidades de más de un hijo tanto como las suyas propias. Al primero le habéis dado todo vuestro amor, vuestra atención, vuestros elogios y de pronto tenéis que partirlo por la mitad. ¿Serás capaz de darle a cada uno lo que necesita? ¿Tendrás tiempo para ti? Como ocurre con muchas otras preocupaciones, poco podemos hacer para prepararnos; cuando llegue el momento, ya le harás frente. Te ayudará centrarte en lo que haces bien, procurar no preocuparte y seguir las rutinas que propongo en este libro.

Apoyo mutuo

Dado que se trata de una curva de aprendizaje muy pronunciada, tanto si es el primer bebé que tienes como si ya has tenido otros, el apoyo afectuoso mutuo es esencial. Es una de las cosas que determinan el que disfrutes del primer año o no.

Hablad de vuestros sentimientos, saboread juntos las buenas sensaciones y sed lo suficientemente abiertos emocionalmente el uno con el otro para expresar los sentimientos que no sean tan positivos. Si los compartes con tu pareja, no se enconarán ni se manifestarán en forma de angustia y resentimiento. Estad ahí el uno para el otro, consolaos con abrazos y palabras de aliento: «Estoy muy preocupada, y el llanto del bebé me pone de los nervios. Me he vuelto muy sensible al ruido, estoy cansada y estoy irritable. ¡Y estoy cansada! ¡E irritable!» A muchos padres les parece que no pueden hablar abiertamente de sus sentimientos negativos porque es una señal de que han fracasado nada más empezar. Recuerda que se te permite ser pesimista, es normal. Háblalo, desahógate y hazle frente. Sé comprensiva y compasiva contigo misma y con tu pareja. Después, resolved los problemas *juntos*. Aunque el pediatra está ahí para resolver dudas, no vive con vosotros. Si ves que tu pareja lo está pasando mal, no la ignores, échale un cable.

La ayuda de otros

Deja que el bebé aglutine a la familia. Los parientes, sobre todo los abuelos, desempeñan un papel muy especial en la nueva dinámica familiar. Con suerte, estarán ahí no sólo para apoyaros a los dos, sino también para desarrollar un vínculo especial con vuestro hijo. Dejadlos que disfruten de la experiencia de ser abuelos buscando tiempo para que conecten con el recién nacido. He visto abuelos que dicen: «¡Gracias a Dios, ya era hora!», y otros que responden:

«¡Soy demasiado joven para ser abuelo!» El grado de implicación dependerá de sus propias circunstancias. A lo mejor tu bebé es el único nieto entre un montón de nietas, y el abuelo le regala una caña de pescar antes de que nazca siquiera. O el tuyo es el sexto nieto, y su llegada tampoco llama mucho la atención, aunque les haga ilusión volver a ser abuelos. Sea cual sea el caso, dejad bien claro entre vosotros lo que esperáis de ellos en términos de apoyo, y dejádselo claro a ellos también. Pedidles que hagan lo mismo. Cambiará a lo largo del primer año, pero no digáis nada hasta al menos el tercer mes, a menos que los abuelos vayan a encargarse de cuidarlo.

Relacionaos con otros padres. Es importante conocer los sentimientos de otras parejas y compartir lo que habéis aprendido. Antes se dependía más de la familia y se recibía el consejo de padres, tías, hermanas y cualquiera que tuviera hijos a nuestro alrededor. Nos decían: «Todo irá bien», y ese apoyo nos valía para pasar a la siguiente fase. Ahora a menudo se vive tan lejos que no se puede confiar en el apoyo diario de la familia, por eso relacionarse con otros padres puede resultar útil, tanto mental como emocionalmente. Internet es una buena fuente de información para resolver dudas. Mi sitio web ha tenido mucho éxito, y merece la pena consultar otros por el estilo.

Hay un montón de grupos fantásticos por ahí. Quizá incluso hayas conocido ya a otros padres como vosotros en las clases de preparación al parto o en alguna organización de ayuda prenatal. Si no, aún estás a tiempo de hacerlo.

Es importante que los que te rodean te apoyen y te den la oportunidad de crecer. He visto a algunos padres rodeados de amigos y parientes que los critican y los juzgan, en lugar de animarlos y ser positivos. Esto puede resultar especialmente problemático para las madres primerizas en esos momentos de máxima vulnerabilidad y descontrol hormonal. Mientras que antes, si alguien te hubiera dicho algo así, probablemente habrías pensado: «No, esto lo voy a hacer a mi manera», ahora te lo cuestionas todo y, si empiezas a dudar, lo dejas todo al azar, y eso no es bueno ni para ti ni para el bebé. De modo que asegúrate de buscar un apoyo positivo y no temas alejarte de quien te haga dudar de tu aptitud como madre. No conviene que te sientas intimidada.

Deja que yo te tranquilice también. Soy la niñera que llevas al hombro, no sólo para darte consejos prácticos, sino también para orientarte y apoyarte durante ese primer año. Estoy aquí para darte fuerzas, para enseñarte que las respuestas están en tu interior. Quiero que los dos tengáis ese brillo, esa calidez que se propaga por el interior cuando uno se siente orgulloso de sí mismo como padre.

Desde que era muy joven, siempre me han llamado la atención los niños, y viceversa. En vacaciones, yo era la niña que se hacía amiga de todos los niños pequeños en la piscina y cuidaba de ellos. Siempre he sido muy intuitiva con los bebés y los niños. Como niñera, hago caso de mi intuición, del mismo modo que aprenderás a hacerlo tú, y me fijo en qué funciona y qué no. Por eso obtengo buenos resultados. En las páginas de este libro, encontrarás sugerencias que sé que funcionan. El éxito que consigas aumentará tu confianza, del mismo modo que aumentó la mía.

Pensar en positivo

Creo firmemente en adoptar una actitud positiva, porque aumenta la probabilidad de un buen resultado. Hay estudios que demuestran que si *esperas* que el bebé no te deje dormir en toda la noche, no te deja. Si esperas que duerma, es más probable que suceda. Así que espera lo mejor y no busques problemas. Eso no significa que debas ignorar los que puedan existir, pero no busques más. Y, cuando las cosas no salgan como esperabas, haz frente al problema sin magnificarlo con tus preocupaciones. No dispones de tiempo ni de energía.

A la mayoría de las mujeres les preocupa el parto: «¿dolerá demasiado?», «¿podré soportarlo?», «¿nacerá bien el bebé?». No es más que el miedo a lo desconocido. En este caso, no te queda otra que seguir adelante aunque tengas miedo, porque vas a dar a luz de todas formas. Pero aléjate de quienes ven el parto con negatividad. Es importante que otras mujeres te cuenten sus experiencias, pero sé de algunas que terminan aterradas con lo que encuentran en Internet. ¡No asumas los problemas de otras! No hay necesidad de dramatizar. No digo que nunca pase nada, lo que te pido es que veas el parto como algo positivo. Debes albergar pensamientos positivos y rodearte de personas que se sientan optimistas e ilusionadas, que «emanen felicidad», para que te sientas bien. De ti depende evitar a las personas negativas y pensar en positivo. Hazlo y punto.

Una parte de esa actitud positiva consiste en centrarte en lo que quieres, no en lo que no quieres. Por ejemplo, algunas mujeres que son madres por segunda suelen decirme: «No quiero que el mayor le tenga celos al bebé. No quiero que no se lleven bien. No quiero agobiarme.» Muy bien, le digo, qué es lo que quieres y cómo te propones conseguirlo. Háblalo con tu pareja, buscad el modo de conseguir los resultados que buscáis, preguntaos cómo podéis hacer para que se lleven bien, y luego dad esos primeros pasos.

¿Qué clase de padres queréis ser?

Por desgracia, estamos rodeados de la clase de padres que no queremos ser. No a todos se nos ha dado un buen ejemplo y debemos decidir con la mayor conciencia posible cómo queremos comportarnos en este nuevo papel, por eso creo que es importante que los futuros padres comenten juntos sus objetivos.

Os sugiero que os sentéis los dos con un cuaderno y un boli cada uno y completéis la frase: Quiero ser un padre/una madre que...

A continuación os ofrezco algunos ejemplos:

... entienda a sus hijos.

... les enseñe valores.

... los quiera de forma incondicional.

... les demuestre lo que es quererse.

... acepte a sus hijos por quienes son.

... sea enérgico.

... sea divertido.

... esté ahí para lo que necesiten.

... pase tanto tiempo con ellos como mi pareja.

Después comparad vuestras listas y preguntaos: «¿Cómo vamos a conseguir los resultados que buscamos?»

Haced este ejercicio antes de pasar al capítulo siguiente, porque, cuanto más claro tengáis lo que es importante para vosotros, más fácil os resultará tomar las decisiones necesarias antes de que nazca el bebé. Las respuestas os ayudarán a pensar en las elecciones importantes que vamos a explorar.

Coordinar estilos de paternidad

Una de las cosas que debéis entender es que cada uno de vosotros tendrá un estilo de paternidad único. Las modas se crean combinando distintas piezas para lograr individualidad. Del mismo modo, vuestro planteamiento de los elementos de este libro os proporcionará un estilo de paternidad propio y único. Quizá os preocupe menos, por ejemplo, poner seguros en las tapas del váter que a otros padres, porque conocéis la naturaleza de vuestro bebé y sabéis dónde tenéis que ser más firmes en lo que respecta a la seguridad. Vuestras elecciones particulares constituyen vuestro particular estilo de paternidad.

Aunque cada uno desarrollaréis un estilo personal, es importante que os pongáis de acuerdo en las cuestiones fundamentales, de lo contrario uno de los dos podría terminar sintiéndose socavado. De modo que hablad de vuestras filosofías de paternidad, de la disciplina, de formar su carácter, de educar a un niño moral y socialmente responsable. ¿Qué ocurrirá cuando no estéis de acuerdo? ¿Estáis los dos dispuestos a aplicar las rutinas? Aunque muchos problemas no surgirán hasta el segundo año de vida y no podéis decidirlo todo por adelantado, es importante que creéis una base de entendimiento lo más sólida posible desde el comienzo. Yo os ofrezco consejos, pero, en última instancia, quienes deben decidir qué hacer sois *vosotros* y, por el bien de todos, es preferible que, en general, estéis de acuerdo.

Esto no significa que basta con que tengáis una conversación, y listo; tendréis que ir hablándolo entre vosotros a medida que surjan las situaciones, pero ahora mismo, antes de que nazca el bebé, quiero que aprendáis a comunicaros de verdad y que trabajéis conjuntamente, para que estéis en la misma página desde el principio.

Es posible que estas conversaciones saquen a relucir problemas de vuestra propia infancia. Decidid lo que queréis llevar a vuestra propia vida familiar y lo que queréis dejar atrás. Muchos de los problemas de conducta con los que me he encontrado en algunas familias son el resultado de cuestiones sin examinar que los padres llevan a cuestas desde su infancia. Empiezan a cuestionar su educación cuando tienen hijos propios. Quiero que analicéis estas cosas *antes* de tener a vuestro hijo para que podáis embarcaros en esta experiencia con cierto nivel de madurez y conciencia, para que hagáis las cosas porque sabéis que son lo más conveniente, no porque sí.

Como es lógico, no podéis conocer con antelación todos los problemas que desencadenará vuestro pasado, pero cuanto más conscientes seáis de esas cuestiones más acertadas serán las decisiones que toméis. Por eso es tan importante que os retéis y os hagáis esas preguntas difíciles el uno al otro. Habéis decidido tener un hijo juntos en una sociedad compleja donde se da todo tipo de consejos contradictorios y debéis seguir tomando decisiones conscientes y conjuntas, porque no se trata sólo de tener al bebé, sino de asumir una responsabilidad y un compromiso para toda la vida, y debéis responder como es debido. Sé que podéis hacerlo, porque queréis, si no no estaríais leyendo este libro.

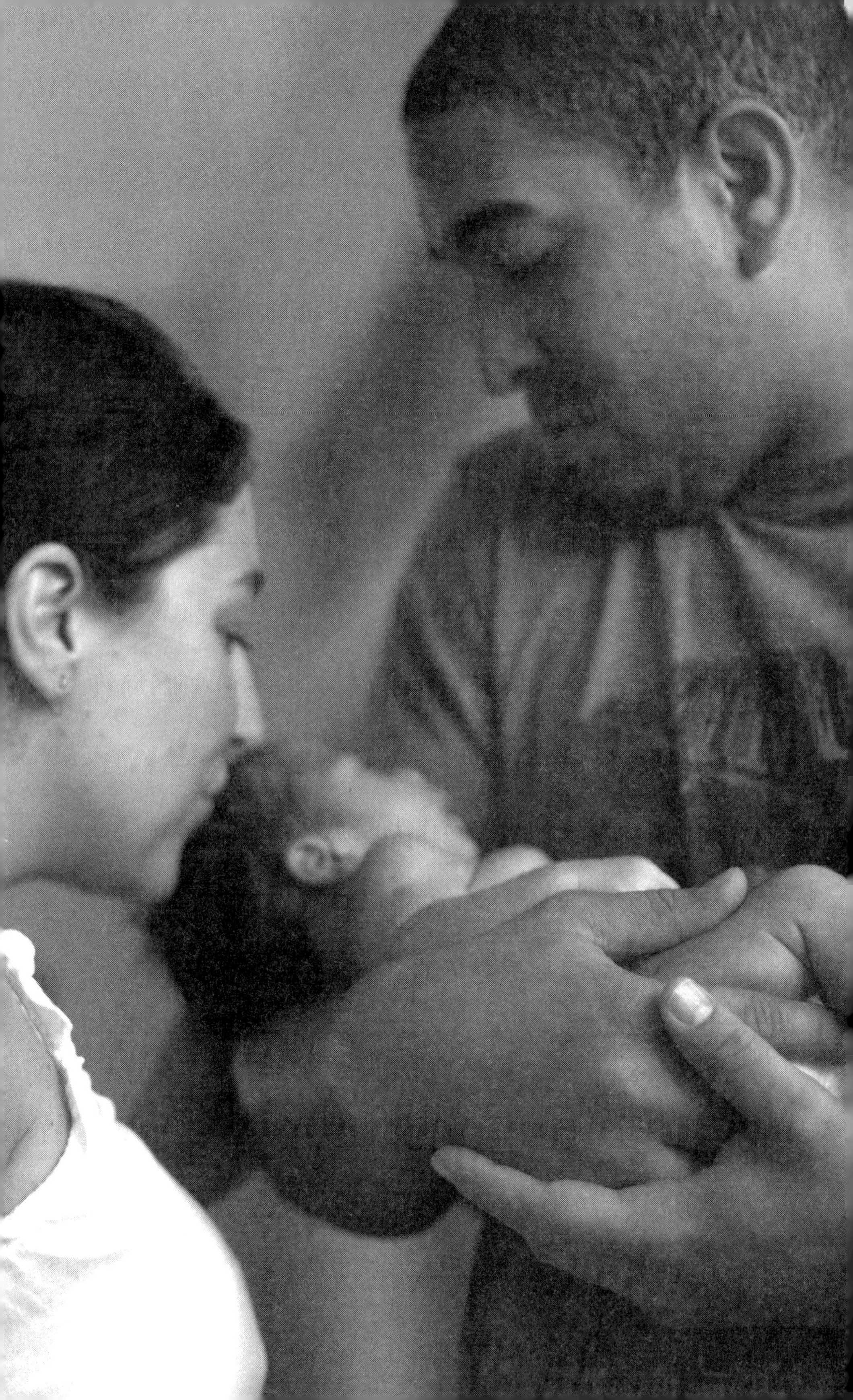

CAPÍTULO 2: FIRMES DECISIONES

Cuando empezamos a salir con nuestra pareja, invertimos un tiempo en conocerla. Quedamos, y hablamos, y nos enamoramos. En algún momento, tomamos la decisión de comprometernos, uno de los mayores compromisos adquiridos en toda nuestra vida. Luego adquirimos el compromiso de tener un hijo juntos, el otro gran compromiso de nuestra vida, y de pronto dejamos de hablar de cosas importantes.

Veo esto constantemente en las familias con las que trabajo. Las parejas discuten el tipo de vacaciones que quieren hacer, cómo decorar la casa, adónde ir el fin de semana, pero no tienen tiempo de sintonizar sobre cuestiones vitales que les va a plantear el desarrollo de su hijo: el darle el pecho, los horarios de sueño, la disciplina, su cuidado durante el día, los abuelos, el trato con otros niños. Incluso cuando se centran en el bebé, suelen dejarse abstraer por cosas como el color del dormitorio y olvidar lo fundamental. Sinceramente, da igual de qué color le pintéis la habitación, lo que importa de verdad es que seáis padres de un bebé feliz y sano, y para eso, debéis tomar decisiones en pareja.

Debéis poneros a ello y tener esas conversaciones importantes antes del parto. ¿Cómo vais a llamar al bebé? ¿Qué pensáis sobre darle el pecho? ¿Qué papel va a desempeñar el padre? ¿Qué clase de ayuda vais a necesitar en las primeras semanas y después? ¿Pedirá él la baja de paternidad? ¿Cuánto va a durar la baja de maternidad?

Os soléis ir de vacaciones en Navidades, pero el bebé nacerá en septiembre. ¿Significa eso que ya no os iréis de vacaciones este año? Pensad bien todas estas cosas.

Como es lógico, nunca se puede responder a estas preguntas con absoluta certeza, pero, cuanto antes os las planteéis, más tranquilos estaréis, aunque luego las cosas no salgan como habíais previsto. Si sois previsores, no os angustiaréis tanto, ni se os llenará la cabeza de preocupaciones.

Lo que importa de verdad es que seáis padres de un bebé feliz y sano, y para eso, debéis tomar decisiones en pareja.

En el capítulo anterior, os decía que debéis ser unos padres seguros. Eso se consigue, en parte, entendiendo que las decisiones firmes que toméis son *vuestras* decisiones. Debéis tomar las mejores decisiones posibles para vosotros y vuestra familia, no para complacer a vuestros suegros, vuestros amigos o vuestra madre, aunque os sintáis tentados de hacerlo, para tenerlos contentos. Claro que eso no significa que no escuchéis sus consejos, pero, cuando se está a punto de tener un hijo, los amigos, la familia y hasta los desconocidos tienden a querer aportar su granito de arena sobre lo que debéis y no debéis hacer. Todos esos consejos pueden abrumaros y obligaros a hacer cosas que no os apetece hacer. Seguid vuestro instinto. Agradecedles su preocupación y hacedles saber que haréis lo que creáis más conveniente. Aceptad pequeños consejos de la familia, los amigos y otras fuentes, y después tomad vuestras propias decisiones.

En el resto del capítulo os doy una idea de qué cosas deberéis tener en cuenta y os comento lo que, a mi parecer, funciona mejor. Hablad de ello y planificad con suficiente antelación.

Poner nombre al bebé

Nada es más divertido ni más conflictivo que decidir cómo se llamará el bebé. Lo más importante es que escojáis algo que os guste a los dos. Esto puede generar largas discusiones. Someted a los principales candidatos a mi test particular:

- ¿Qué tal suena con vuestros apellidos? ¿Las iniciales pueden significar algo desagradable?
- ¿Qué diminutivos tiene el nombre? Los niños son muy crueles y se lo abreviarán.
- ¿Le valdrá cuando crezca? Algunos nombres son perfectos para un bebé, pero no pegan en un adulto, o al revés.
- Imaginad que lo llamáis en medio de una multitud, ¿os sentiríais estúpidos o cursis?
- ¿Se ajusta a vuestro tipo de vida?

Cuando encontréis, por fin, un nombre que os guste a los dos, mantenedlo en secreto hasta que nazca el bebé, porque si se lo contáis a todo el mundo, se creerán con derecho a opinar. Esto puede resultar fuente de conflictos familiares.

Algunos padres esperan a que nazca el bebé para tomar la decisión final. O quizá cambiéis de opinión llegado el momento. No sería la primera vez que aparece un bebé de nombre X en la sala de natalidad. Tampoco pasa nada.

Prepararse para ir al hospital

Aseguraos de tener la maleta preparada y de que el primer juego de ropita del bebé está lavado y listo para usar. También recomiendo crear un sistema para hacer la colada, lavar los platos, hacer la compra y otras tareas domésticas, si no en seguida, al menos sí durante el primer mes, porque os ayudará a volver a poneros en marcha. Organizad estas tareas en días concretos. Conviene que elaboréis una rutina lo más fácil posible, porque las primeras semanas os sentiréis abrumados.

Planificad el parto. ¿Quién va a llevarla a ella al hospital? ¿Dónde estará él? ¿Quién se ocupará de los otros niños mientras estéis fuera? ¿Y de las mascotas?

Pensad en planes alternativos. ¿Qué pasa si él no llega a tiempo? ¿A quién podéis llamar si no localizáis a la canguro de los niños? ¿Tenéis el número del servicio de radio taxi más próximo? No olvidéis que es posible que el bebé no llegue en la fecha prevista, y lo que no hagáis ahora tendréis que hacerlo de todas formas, porque el bebé vendrá igual.

Preparación de comida

CONSEJOS ÚTILES

Conviene que llenes la despensa antes del parto, para reducir al mínimo la necesidad de comprar y cocinar durante las primeras semanas. Prepara toda la comida que puedas y congélala. Te alegrarás de haberlo hecho cuando vuelvas a casa agotada y baste con que metas algo en el microondas y lo sirvas. También puedes hacer un pedido al súper para que te lo lleven a casa cuando ya haya nacido el bebé.

El papel del padre

Apoyo firmemente la tendencia de implicar más a los papás en el cuidado cotidiano de los recién nacidos. Es importante que participen desde el principio por dos razones. En primer lugar, para que puedan establecer un vínculo con el bebé y aprender a ser papás seguros; en segundo lugar, para que los dos tengáis la sensación de que lo vivís todo juntos, como pareja, que las madres no se sientan sobrepasadas y los padres alienados o ignorados. Además, las madres deben saber que llevar la corona de mártires (y pensar siempre «Esto sólo lo puedo hacer yo») las privará de un descanso necesario y les impedirá producir leche materna.

Al hablar con padres de cincuenta y tantos, que tenían cuarenta y pocos cuando nacieron sus hijos, he descubierto que muchos se sentían un poco discriminados al principio y tuvieron que aprender a involucrarse y tomar parte activa. Se educaron con la idea de que «eso es cosa de mujeres». Hoy, muchos papás jóvenes se sienten cómodos desde el principio y participan activamente en la creación de una asociación al cincuenta por ciento.

Ya son historia los años en que criar a un hijo se consideraba una labor femenina. Tened presente el papel del padre, porque influirá en las decisiones que toméis en este capítulo sobre la ayuda posparto, la alimentación del bebé, los ratos de descanso y demás. A medida que vayáis leyendo el resto de libro juntos, deteneos para preguntaros en cada capítulo: ¿quién de los dos tomará parte en esto? o ¿quién hará qué entonces? Hablad de ello ahora para facilitaros las cosas después.

Crear una experiencia positiva para los hermanos mayores

Es aconsejable que los padres se aseguren de que la experiencia del nacimiento de un bebé resulta positiva para sus hermanos. Los que son padres por segunda vez me preguntan a menudo cuándo deben decirle al primogénito que mamá está embarazada. A mi juicio, depende mucho de la edad. Si hay una diferencia de cinco o seis años entre el mayor y el futuro bebé, podéis explicarle buena parte de lo que va a suceder, pero no olvidéis que ni siquiera los niños de esta edad tienen un concepto claro del tiempo. Yo lo dejaría hasta que de verdad se empiece a notar. Claro que si el niño comienza a hacer preguntas, debéis contestar: «Vamos a tener un bebé.

Vas a ser el hermano mayor.» Igual que en vuestro caso, haced hincapié en lo positivo.

Los niños muy pequeños no entienden el significado de acontecimientos como el nacimiento. Sus sentimientos son productos de las respuestas de quienes los rodean. Cuanto más convirtáis en una gran aventura el hecho de que vaya a ser el hermano mayor, más positiva será su respuesta y mejor entenderá que se trata de algo bueno.

Siempre aconsejo comprar un muñeco bebé, con su canastilla, su baño y demás, para que el hermano mayor pueda cuidarlo mientras vosotros cuidáis del de verdad. Encargadles pequeñas tareas para que se sientan parte de lo que hacéis: «¿Me traes la manta del bebé, por favor? Necesita nuestra ayuda.» Si se trata de preadolescentes, habrá que buscar un modo de que colaboren también.

Si el niño es pequeño, lo mejor es improvisar según vayan surgiendo las cosas. Si sólo se llevan entre dieciocho y veinte meses, probablemente te estés preguntando: «¿Cómo me las voy a apañar cuando tenga que cambiarlos o acostarlos a los dos?» Te aseguro que encontrarás el modo. Personalmente, me gusta que se lleven poco. Al principio, puede que te salgan algunas canas más (es broma, a estas alturas probablemente estés añorando una buena sesión de peluquería), pero, cuando sean un poco mayores, podrán ser buenos compañeros el uno para el otro. Durante el primer año, lo principal son las necesidades del bebé, y luego las de sus hermanos. Sí, hay que hacer malabares, pero mejorarás con la práctica.

Tendréis que decidir si creéis conveniente que vuestro primogénito vaya a ver a mamá al hospital y la encuentre en un entorno que desconoce, con el bebé a su lado. Dependerá del tipo de niño que sea y de lo que os deje más tranquilos. He visto a niños que quieren subirse a la cunita del bebé, y entonces los padres empiezan a preocuparse y se dirigen a ellos en un tono algo más áspero de lo habitual. Los padres, el niño y el bebé terminan nerviosos y disgustados.

Cuando estoy con una familia que acaba de tener un bebé, normalmente ayudo a los mayores a celebrar el nacimiento en casa, inflando globos y diciendo emocionados: «¡Mamá está teniendo un bebé ahora! ¡Y tú eres el hermano mayor!» Es una fiesta, una gran celebración.

Lo que jamás aconsejo es encasquetarle el niño a la abuela con la excusa del nacimiento del bebé. Debéis hacer frente al desafío de la nueva composición de vuestra unidad familiar; de lo contrario, vuestro hijo mayor se sentirá desplazado. Dejad al niño en casa e integrad al bebé en la situación. Quizá necesitéis más ayuda para poder cuidar del pequeño, recuperaros físicamente y prestarle al mayor la atención que precisa, pues perfecto, pero que la ayuda vaya a vosotros.

Pensad con antelación en las actividades de vuestro hijo mayor. Si tiene que asistir a alguna actividad extraescolar, y tenéis al recién nacido, ¿qué vais a hacer? Es muy aconsejable mantener la rutina siempre que sea posible, pero si no lo es, no os fustiguéis. La cuestión es que después del parto disfrutes de toda la alegría posible. Transcurridas unas semanas, podrás reorganizar todas esas actividades.

Darle el pecho o no

Darle el pecho al bebé supone importantes beneficios para la salud. La leche materna contiene la combinación justa de grasas, proteínas, hidratos de carbono, vitaminas y minerales para el bebé, además de los anticuerpos que estimulan el sistema inmunitario del bebé en un momento en que es especialmente vulnerable a las enfermedades. Además se ha demostrado que reduce los gases y el estreñimiento. Aunque sólo sean unas semanas de mamar, proporcionan al bebé un comienzo saludable.

Tiene algunas otras ventajas: es gratis y no hay que andar con biberones, polvos y demás. Además, al dar el pecho, se queman calorías (y te resultará más fácil volver a tu peso de antes del embarazo) y la leche materna produce una hormona llamada *prolactina* que genera en la madre una sensación de bienestar y tranquilidad.

Defiendo la alimentación por leche materna, pero no hasta el punto de hacer que los padres que dan el biberón a sus hijos tengan la sensación de que se los destierra. Hay diversas razones por las que algunas madres no pueden dar el pecho a sus hijos, como la adopción, la enfermedad y ciertas medicaciones. Conozco a mujeres que no pueden dar el pecho por tener los pezones hacia dentro o demasiado pequeños. Si no puedes o decides no hacerlo, no pasa nada. Hay generaciones enteras de bebés que se han alimentado de biberones y se han convertido en adultos perfectamente sanos. Ahora se hacen leches de fórmula que imitan la leche materna (salvo por los anticuerpos).

Así que no te sientas mal si, por alguna razón, no puedes darle el pecho a tu bebé o sólo puedes hacerlo durante unas semanas. No por ello eres menos mujer ni quieres menos a tu hijo. Las mujeres que sí pueden hacerlo deberían ser comprensivas con las que no. Apoyaos unas a otras, no os juzguéis.

En cualquier caso, tanto si decides darle el pecho como si no, lo que hagas estará bien. La maternidad implica la toma de todo tipo de decisiones de acuerdo con *tus* necesidades y *tus* circunstancias, así como las de tu hijo. Debes decidir con el mayor acierto posible, sin dejarte influir por la opinión de otros, y sentirte satisfecha con tu elección.

Quizá prefieras, como lo han hecho algunas amigas mías recientemente, sacarte la leche y dársela en biberón, para que los dos sigáis compartiendo lo mismo en las tomas. De esta forma, el bebé se acostumbra antes al biberón, porque a los que maman luego suele costarles más. Así papá puede echar una mano y mamá puede dormir un poco más, aunque es muy posible que mamá no duerma mucho al principio, porque, cuando el bebé llore de hambre, los pechos de su madre le dirán a gritos: «Dale de comer, dale de comer, dale de comer.» Te parecerán sandías calientes. Lo más probable es que te debatas entre dejar que tu pareja le dé el biberón al bebé y darle tú alivio a tus pechos, así que no te sientas mal si al principio las cosas no salen como estaba previsto.

Si piensas que quizá te apetezca darle el pecho, aunque sólo sea un tiempo, decídelo antes de que nazca, porque, cuando eso ocurra, tendrá hambre o no te va a quedar más remedio que enganchártelo lo antes posible para que estimule el flujo.

A la hora de dormir

Decidid dónde va a dormir el bebé. Algunos padres lo tienen todo listo, sólo les falta el bebé para completar la habitación. Yo os aconsejo que os abstengáis de instalar al bebé en su propia habitación. Debe estar con vosotros.

Al principio, hay que darle de comer cuando lo pide. Si te puedes evitar tener que trasladarte a otra habitación en plena noche, en lugar de estirar el brazo y cogerlo, mucho mejor. Además, al principio, querréis tenerlo siempre cerca, aunque sólo sea para aseguraros de que respira. Esto lo hacen todos los padres. Lo miraréis a menudo a ver si está bien: «Voy a ver si sigue como hace diez minutos.» Yo no lo pondría en una habitación distinta hasta que tenga al menos cuatro meses. Cuanto más cerca, mejor.

Esto es especialmente importante si tenéis otros hijos, porque los niños mayores son curiosos. Quizá quieran meterse en la cuna para dormir con el bebé. Si lo tienes a tu lado, puedes asegurarte de que eso no suceda y explicarle al hermano mayor que podrá hacerlo cuando el bebé crezca.

Vacunación

Últimamente se ha hablado mucho de si se debe administrar determinadas vacunas a los bebés.

Soy partidaria de vacunarlos de todo y según el programa de vacunaciones recomendado.

La razón es la siguiente: a pesar de todo lo que se dice, no está científicamente demostrado que algunas vacunas causen autismo ni ninguna otra enfermedad, pero sí se sabe con una certeza absoluta que las vacunas previenen enfermedades infantiles mortales. Ahora vuelven a verse brotes de sarampión, varicela, tos ferina y otras enfermedades porque los padres deciden no vacunar a sus hijos. Las vacunas se idearon para evitar que los niños contraigan enfermedades que pueden dejarlos inválidos, ciegos, causarles deformaciones o provocarles la muerte. La protección de tu hijo es un deber. Si tienes alguna duda, consulta con tu médico de cabecera.

Almacenar la sangre del cordón umbilical

Algunos padres optan por almacenar la sangre del cordón umbilical de su recién nacido para utilizarla en caso de que éste sufra después determinados tipos de cáncer, desórdenes sanguíneos y genéticos, o con el fin de usarla para curar a hermanos enfermos. Esto es nuevo y no existen estadísticas sobre la probabilidad de que se necesite dicha sangre. Si te interesa esta posibilidad, sobre todo si en tu familia hay antecedentes de trasplantes, coméntaselo al médico con tiempo, porque debe hacerse durante el parto, antes de la expulsión de la placenta.

Circuncisión

La circuncisión consiste en la extirpación o amputación del prepucio para dejar al descubierto la cabeza del pene, denominada *glande*. Salvo que se haga por razones religiosas, se trata de una decisión que debe tomarse sólo con asesoramiento médico.

Los datos médicos de que se dispone actualmente respecto a la circuncisión son:

— reduce el riesgo de infecciones del tracto urinario;
— reduce el riesgo de inflamación de la piel y de un desorden conocido como *parafimosis*, que consiste en la estrangulación del pene con el prepucio la primera vez que éste se retira;
— puede reducir el riesgo de cáncer de pene y de enfermedades de transmisión sexual;
— el sangrado y las infecciones menores son las complicaciones más corrientes, pero también pueden producirse lesiones graves.

Si decides hacerlo, te aconsejo que lo hagas en los tres primeros días de vida, y sólo si el bebé ha nacido a término y está sano (si el bebé es prematuro, deberás esperar a que esté estable y haya crecido un poco). Conozco casos de niños que han tenido problemas infecciosos y los han tenido que circuncidar después, en la adolescencia.

Además de las consideraciones médicas y religiosas, quizá quieras valorar otros factores. Por ejemplo, a lo mejor a papá no lo circuncidaron y no queréis que a vuestro hijo lo circunciden. Se trata de una decisión que debéis tomar los dos.

Elección de un médico

En cuanto a la elección de médico, las opciones son asistir a la consulta de un pediatra privado o a la de uno de la Seguridad Social, que es gratis. Se trata básicamente de una cuestión económica, y depende de las circunstancias de tu familia. Algunos optan primero por la Seguridad Social, porque todos tenemos derecho a asistencia médica y siempre se tiene a mano un pediatra, de todas formas.

Dejar de trabajar

El tiempo que te tomes libre antes del parto dependerá de vuestra economía, de las bajas de maternidad y paternidad de que dispongáis, y de la situación médica de la mamá. Conozco a muchas madres que han trabajado hasta el último momento debido a preocupaciones financieras, y a otras que han preferido tomarse un mes libre antes de salir de cuentas para poder relajarse. Eso es algo que debéis decidir vosotros.

Aunque puede que al final no seáis vosotros quienes decidáis, según la marcha de tu embarazo. Si se te ha hecho muy cuesta arriba, tal vez de pronto necesites un mes de tranquilidad, porque te encuentres cada vez más cansada. Si tienes preeclampsia, te sube la tensión y se te hinchan los tobillos, la falta de descanso puede poner tu salud y la del bebé en grave peligro. Puede que te aconsejen reposo absoluto, para que no des a luz antes de tiempo. En cualquiera de estos casos, tendrías que dejar de trabajar antes de lo previsto, de modo que estate preparada por si acaso.

Después del parto

Conviene que veas la situación desde dos ángulos, porque tanto las necesidades del bebé como las tuyas van a ser más intensas al principio:

— ¿Qué sistema de apoyo vas a poner en marcha para inmediatamente después del parto?
— Si los dos trabajáis fuera de casa, ¿qué haréis para pasar el máximo tiempo posible con el bebé durante los primeros meses? (En la página 54 hablaremos de cómo buscar ayuda para la vuelta al trabajo.)

Empecemos por el primer ángulo. Mamá, no subestimes los cambios emocionales, físicos y mentales que tienen lugar después de dar a luz. Es fundamental que inmediatamente después cuentes con el apoyo de los que te quieren. Un parto no es cualquier cosa. Tanto si das a luz por vía vaginal como por cesárea, tu cuerpo se somete a un extraordinario esfuerzo y necesita tiempo para recuperarse. Algunas mujeres paren como si nada (¡me descubro ante ellas!), pero la mayoría se sienten como si les hubieran dado una paliza descomunal, por no mencionar los cambios hormonales y los posibles sentimientos de angustia al pensar en lo que se les viene encima. Vas a necesitar otro par de manos, ya sea para poder darte una ducha, para aliviar a un bebé con cólico, preparar la comida, llevar al hermanito a dar un paseo o para contarle cómo te sientes y asimilar todo lo que estás aprendiendo. Además vas a necesitar mucho tiempo en los primeros días para andar por la casa con tu bebé.

Algunas madres tienen la suerte de contar con el respaldo de muchas personas a su alrededor, otras sólo tienen a sus parejas. Lo mejor que te puede pasar es que tu enfermera sea tu madre, tu hermana, tu tía o tu mejor amiga, si tienes buena relación con ellas. Habladlo cuanto antes, para saber si podrás contar con ellas el día que salgas de cuentas. Los seres humanos llevamos vidas muy complicadas, y estas cosas deben planificarse con tiempo suficiente.

Si eso no es posible y te lo puedes permitir, lo más aconsejable es contar con una niñera, porque tiene mucha experiencia, es lo que yo he hecho con muchas familias. También puedes valorar la posibilidad de contratar a una *au pair* o un servicio de asistencia privado. Se ocupan sólo del bebé, o de éste y sus hermanos, pero te proporcionan ayuda a un precio más asequible que una niñera. En estas circunstancias, una asistenta puede parecerte una bendición en lo que respecta a las tareas domésticas.

También podría venirte bien una matrona. Las matronas son asistentes formadas en los aspectos emocionales de la natalidad y la transición hacia la maternidad. Algunas asisten a los padres durante el propio parto, otras se presentan después para ofrecerles orientación y aumentar su autoestima.

Consulta con tu pareja cuál es el mejor momento para que papá esté con el recién nacido. Si estáis los dos solos, ¿podría cogerse unas semanas de permiso para estar contigo? Lo más probable es que *quiera* estar presente, tanto por ti como por sí mismo. Pensadlo juntos en relación con la otra ayuda que tengáis. Si tu madre o tu tía te acompañan al principio, quizá tu pareja prefiera estar contigo la segunda semana «porque la primera será un auténtico bombardeo de estrógenos».

En realidad, todo depende de cómo os sintáis los dos. Decíos la verdad y buscad un modo de satisfacer las necesidades de los dos, porque, aunque esté su madre con ella, a lo mejor quiere tenerte a su lado la primera semana. De modo que debéis tener en cuenta los aspectos emocionales además de los prácticos y lógicos.

Si trabajáis los dos, también tendréis que pensar en cuánto tiempo os tomáis libre. Según la legislación vigente, la madre dispone de una baja maternal de cuatro meses que puede compartir con su pareja. Los primeros quince días son exclusivos para la madre, y el padre dispone de quince días también. El resto puede organizarse según convenga más a los padres. Informaos bien de los detalles.

Algunos padres prolongan este tiempo añadiendo a la baja los días de vacaciones que les corresponden. Lo hagáis como lo hagáis, vuestra máxima prioridad debe ser que ella disponga del máximo tiempo libre posible durante el primer año de vida del bebé. Conozco parejas que han logrado que uno de los dos esté siempre al cuidado del bebé tomándose varios meses libres de forma alternativa, primero uno y luego el otro. Si optáis por esta posibilidad, os aconsejo que él se encargue de los últimos meses y ella de los primeros. De esta forma, la mamá puede darle el pecho al bebé y estar en casa cuando el bebé aún es muy pequeño. Cuando el papá se encargue del niño, ella podrá sacarse la leche para que su pareja se la dé en biberón, o bien podréis pasar a la leche de fórmula.

Primeras semanas tranquilas

CONSEJOS ÚTILES

Cuando ya hayas dado a luz, todos tus amigos y familiares querrán ver al recién nacido. Salvo en el caso de las personas que vayan a cuidarlo y la familia inmediata, os aconsejo que pidáis a las visitas que se acerquen durante la segunda semana si quieren quedarse un rato. Necesitas tiempo para recuperarte físicamente, adaptarte a las necesidades de tu bebé y establecer un vínculo con él. El bebé necesita tiempo para adaptarse a los estímulos del mundo exterior. Además, a ninguno de los dos os conviene un desfile de gérmenes.

Familiarizaos el uno con el otro y luego invitad a los demás a que os visiten. Concédete un poco de calma y tranquilidad. Usa el contestador automático. Que papá monte una página web con fotos del bebé para mantener informados a los parientes y evitar las llamadas incesantes. Si os bombardean con peticiones de visita, al menos establece unas «horas de visita» para que vayan todos a una hora determinada del día. Los amigos de verdad se acomodarán a vuestros deseos.

La vuelta al trabajo. Opciones para el cuidado del bebé

Algunas mamás no serán madres y amas de casa a tiempo total, y en algún momento tendrán que volver a trabajar. Se trata de una transición enorme, que a menudo supone un gran reto para ellas. Te parecerá que estás haciendo algo malo, independientemente de la edad de tu hijo.

Tener que volver a trabajar y decidir volver a trabajar son cosas muy distintas. Si puede ser, es preferible que tomes esta decisión cuando el bebé haya nacido. A lo mejor ahora piensas: «Claro que voy a volver», y después del parto te digas: «Ni hablar.» En ese caso, pide media jornada o busca un modo de reducirla.

No todas las mujeres disponen de esa posibilidad. A otras no les queda más remedio que volver a trabajar cuando sus bebés son aún muy pequeños.

Sea cual sea la razón por la que vuelvas a trabajar, antes de salir por la puerta, debes encontrar a alguien en quién confíes *plenamente*, en *todos* los aspectos, para encomendarle el cuidado de tu hijo. Tu hijo es tu máxima prioridad. Debes tener una certeza absoluta de que dejas a lo más preciado de tu vida con alguien de total confianza. De lo contrario, ¿cómo vas a funcionar? No podrás. ¡Te pasarás el tiempo preocupada!

Como es una decisión importante, siempre aconsejo a los padres que decidan con calma cuál es la mejor solución. Empezad analizando las circunstancias de forma realista. ¿Vas a volver a jornada completa o media jornada? ¿Tienes un horario fijo o te ves obligada a entrar antes y salir más tarde si es necesario? Después, teniendo en cuenta vuestra situación económica, tomad una decisión acorde con vuestras opciones.

Básicamente son cuatro, cada una con sus pros y sus contras, incluido el coste:

— los familiares;
— una niñera o una niñera compartida;
— una guardería de día;
— una canguro.

Los familiares

Muchas parejas encargan el cuidado de sus hijos a algún familiar, no sólo porque son de confianza, sino también porque es gratis. Si optáis por esta posibilidad, no abuséis de la familia. Como vosotros los necesitáis y os vienen tan bien, se suele tender a apoyarse demasiado en ellos, con las consiguientes consecuencias. Aunque sea tu madre y la abuela de tus hijos, nunca des por supuesta su disponibilidad. Agradécele a menudo su ayuda y no te aproveches de la situación pidiéndole más y más tiempo. He visto aprovecharse de la situación a muchos padres, sobre todo a madres solteras. Sin darse cuenta, suelen sobrecargar a quienes los ayudan.

Tienes que ser realista. ¿De verdad puede esa persona cuidar de tu hijo todo el día y todos los días? He visto constantemente a familiares decir: «Ah, no pasa nada», y cinco meses después se dan cuenta de que es demasiado para ellos. He trabajado con muchas familias en las que la abuela me dice: «Yo lo siento mucho, porque es mi nieto, pero ya no estoy para estos trotes.» Se sienten culpables y no se atreven a decírselo a sus hijos, con lo que termino haciéndolo yo.

Por eso creo que es importante decir: «De momento, nos ayudas dos o tres meses y vemos cómo van las cosas, porque no quiero que sea una carga para ti.» Luego, ten en cuenta que puede haber cambios. Mantén una relación abierta, comentad la situación y hablad de cómo lo lleváis. Si te lo puedes permitir, también estaría bien regalarle algo como muestra de tu aprecio. Si no lo acepta, no pasa nada. Para evitar sorpresas desagradables, déjale claro desde el principio lo que quieres que haga en cuanto a rutinas y demás, y pregúntale si está conforme. No te equivoques, tu madre se ha ganado el derecho a decir: «Os he criado a ti y a tu hermano, y sé muy bien lo que hay que hacer.» Pero, en general, el familiar que elijáis debe respetar lo que los dos queréis para vuestro hijo. Si la persona a la que habéis pensado pedírselo es muy controladora y no creéis que vaya a respetar vuestros deseos, quizá sea preferible que busquéis a otra.

He visto a algunos canguros de la familia tomarse libertades poco saludables, hacerlo todo a su manera porque saben que los necesitáis. Eso es horrible, y pone a los padres en una situación muy difícil, porque necesitan la ayuda desesperadamente. Os aconsejo que evitéis una situación así en la medida de lo posible. Si os veis en ella, salid de inmediato, y punto. Porque no sólo se cargará el modo en que queréis criar a vuestro hijo, sino que destrozará también vuestra relación con ese pariente. En serio, lo hará.

Niñera y niñera compartida

Si os lo podéis permitir, nada supera la dedicación absoluta de una niñera. Las niñeras cuentan con la formación y la experiencia necesarias para ofrecer a los bebés el ciento por ciento de lo que necesitan, incluidas las actividades estimulantes, y además se ocupan de las necesidades de cualquier otro niño que haya en la casa. La niñera se ocupa de todo, hasta está presente cuando el bebé está malito, lo lleva al médico, le prepara la comida; en otras palabras, se ocupa del bienestar emocional, mental y social del bebé. Y si os lleváis bien, hasta puede que también te acerque la ropa a la tintorería.

Algunas parejas que sólo tienen un hijo, buscan a otra pareja en la misma situación y comparten la niñera. En cualquiera de los casos, es esencial encontrar una buena niñera, y eso implica estar dispuesto a pagarlo (y poder permitírselo). Yo siempre digo que lo barato sale caro. Así de sencillo. Me asombra que haya quien se atreva a criticar los honorarios de una niñera. Cuando entramos en Gucci y vemos un bolso que nos gusta, no vamos a la dependienta y le decimos: «¿Seiscientas libras ese bolso?, ¿qué tal si lo dejamos en doscientas?» Aun así, lo que cuesta una niñera es tema de conversación de sobremesa. ¡Tu hijo es lo más preciado de tu vida! No escatimes. Las niñeras sabemos lo que hacemos.

Hay dos formas de encontrar una buena niñera, por el boca-oreja o acudiendo a una agencia de prestigio. En mi caso, casi siempre ha sido por el boca-oreja. Si conoces a otras parejas por las clases de preparación al parto u otros grupos de padres, ellos te darán referencias. Si no, ve a una agencia. Hay dos tipos de niñeras: las que cuentan con una formación oficial y tienen titulación; y las que tienen muchísima experiencia, pero no disponen de título, como es mi caso. Si recurrís a una agencia, ellos se encargarán de realizar las comprobaciones de seguridad pertinentes. Si lo hacéis por vuestra cuenta, aseguraos de comprobarlo todo bien.

Al entrevistar a una niñera, casi todos los padres le dejan al bebé para ver si ambos se llevan bien, pero, si os soy sincera, esto puede resultar engañoso. Quizá el bebé esté de mal humor ese día y casualmente se ponga a llorar cuando la niñera lo coja en brazos. Claro que debéis fijaros en cómo se desenvuelve con los niños, pero lo principal es que os guste *a vosotros.* Necesitáis una niñera con la que podáis llevaros bien. Entrevistadla más de una vez para aseguraros de que hay química. Esa persona va a entrar en vuestra vida y va a pasar doce horas o más con vuestro hijo. Tiene que ser la persona adecuada.

Éstas son algunas de las preguntas importantes que debéis hacerle durante la entrevista:

— ¿Qué experiencia tiene con recién nacidos?
— ¿Qué opina de la nutrición? ¿Cocina? No hace falta que sea una Arguiñano, pero el que sepa llevar a la mesa una comida decente siempre viene bien.
— ¿Es sociable y extrovertida? ¿Se relacionará con otras madres y otras niñeras de forma que vuestro hijo pueda conocer a otros niños?
— ¿Se muestra flexible y dispuesta a adaptarse a las circunstancias sin dejar por ello de mantener una rutina saludable?
— ¿Muestra madurez, energía y buena disposición de ánimo?
— ¿Es puntual?
— ¿Es cariñosa y positiva? ¿Se muestra empática?
— ¿Iría de vacaciones con vosotros si se lo pidierais?
— ¿Compartís creencias y actitudes respecto a la educación del niño? ¿Crees que tenéis algo que aprender los

unos de los otros y que podéis mantener una estupenda relación laboral?

— ¿Cuánto tiempo quiere trabajar para vosotros y cuánto la necesitáis?
— ¿Cuáles son sus creencias religiosas, si las tuviera, y en qué medida son éstas compatibles con las vuestras y con su trabajo como niñera?
— Si vais a compartirla con otra pareja, ¿creéis que podrá dar a ambos bebés lo que necesitan? ¿Se la ve preparada para cuidar de dos bebés a la vez?

En última instancia, buscáis a alguien a quien podáis acoger como parte de la familia, porque se trata de una situación muy íntima. Yo he mantenido una relación asombrosa con las familias para las que he trabajado y aún sigo en contacto con algunas, ¡después de diecisiete años! Confiad en vuestro instinto. Si creéis que os hace falta una cámara de vigilancia para validar vuestra decisión, es que no habéis elegido bien. Todos hemos visto cosas horribles en televisión y hemos oído historias espantosas. Si no estáis seguros, volved a llamarla y preguntadle lo que queráis, porque, a fin de cuentas, se trata de vuestro hijo y sois vosotros los que decidís. Si no vale, no la contratéis.

Vosotros ponéis las normas. ¿Vais a tenerla a prueba uno o dos meses? ¿Va a ir de vacaciones con vosotros? ¿Qué hay de la confidencialidad? Procurad poner todas esas cuestiones sobre la mesa antes de decidir. Redactad un contrato con las necesidades del niño y lo que esperáis de la niñera para que no haya sorpresas más adelante.

Guardería

Si estáis pensando en esta posibilidad, mirad todas las guarderías próximas a vuestro domicilio o lugar de trabajo. Enteraos de cuál es exactamente la proporción personal-niños. Aseguraos de que disponen de licencia, de modo que todas las cuestiones de seguridad estén perfectamente controladas. ¿Se trata de un entorno alegre, de colores vivos? No interesa un centro lúgubre y gris. ¿Parecen felices los otros niños? Lo que interesa es que os quedéis tranquilos llevando allí a vuestro hijo y que sepáis que el niño va a estar contento. Pedid referencias a otros padres.

Seguramente habrá una rutina que podréis ver, pero debéis averiguar también otras cosas esenciales:

— ¿Es higiénico el establecimiento?
— ¿Tenéis que llevar vosotros la comida o se la dan ellos?
— ¿De qué edades son los niños?
— ¿Qué actividades hacen?
— ¿De qué juguetes educativos disponen?
— ¿Recibe cada bebé atención individual?
— ¿Hay interacción con niños mayores? (Me parece perfecto siempre que se atiendan las necesidades de los más pequeños y haya suficiente distinción entre lo que hace cada uno, de modo que no se desatiendan las necesidades específicas de tu recién nacido aunque haya niños mayores alrededor.)
— ¿Cuál es la filosofía educativa del director?

— ¿Parece haber buena comunicación entre las personas que trabajan allí?
— ¿Cómo os informarán de lo que ha hecho el bebé durante el día?

En resumen, debéis tener la misma sensación al entrar en una guardería que al entrar en una casa estupenda. Yo recomendaría verla siempre no sólo en días de visita, sino también sin avisar, para poder ver al personal en acción cuando no esperan a nadie.

Tened en cuenta que, en las guarderías, si un niño coge un catarro, lo cogen todos. Vuestro bebé enfermará más a menudo que los niños que se quedan en casa porque se verá expuesto a todos esos gérmenes, y por lo general no se puede llevar al niño a la guardería si está malito, con lo que tendréis que faltar al trabajo. Los padres novatos no cuentan con cosas así, pero es una realidad de estas instituciones.

Canguro

La cuarta opción es la canguro. Suele ser una persona que cuida de varios bebés o niños pequeños en su propia casa, ya sea sola o con ayuda. Por mí, no hay problema, siempre que os aseguréis de que esa persona y su domicilio cumplen con los requisitos necesarios para atender bien a los niños.

Igual que con las guarderías, debéis averiguar todo lo posible sobre algunas cuestiones básicas:

— ¿Qué hace exactamente con los niños todo el día? ¿Tiene algún horario o rutina?
— ¿Dispondréis de un diario de vuestro bebé con el que podáis seguir sus progresos?
— ¿La comida la lleváis vosotros o se la dan allí? Si come allí, procurad que os faciliten el menú de la semana.
— ¿Tenéis que llevar los pañales?
— ¿Trabaja en vacaciones o tendréis que buscar una alternativa?
— ¿Cuál es la normativa en cuanto a enfermedades?
— ¿A cuántos niños cuida durante el día? ¿A qué horas? ¿Qué años tienen? ¿Qué dice la ley al respecto? ¿Cuántos niños tiene autorización para cuidar? Debéis exigirle que conozca la legislación y que pueda exponérosla.
— ¿Con qué formación y experiencia cuenta? ¿Y sus ayudantes?
— ¿Cuándo fue la última vez que le hicieron una inspección del negocio?

Procurad fijaros también en qué clase de persona es. Igual que en el caso de las niñeras, la personalidad es muy importante. Es esencial que mantengáis una buena relación. Estáis en vuestro derecho de aseguraros de que dejáis a vuestro hijo en buenas manos. La tranquilidad de espíritu hace mucho.

Al final, tomad una decisión conforme a vuestras circunstancias, vuestra situación económica, etc. Con la información que os proporciono sobre cada opción, estoy segura de que tomaréis la decisión acertada para vuestro bebé.

CAPÍTULO 3: EQUIPO ESENCIAL

Cuando empieces a prepararte para tener un bebé, o leas en revistas especializadas lo caro que sale, quizá pienses: «¡No me lo puedo permitir!» o «¡Madre mía! ¿De dónde vamos a sacar tanto dinero?» Nadie dice que tener hijos sea barato, y eso es cierto, sobre todo, durante el primer año, porque hacen falta muchos accesorios que son bastante caros.

No dejes que eso te desanime. Como les digo siempre a las familias, los seres humanos llevamos siglos teniendo bebés, ya encontrarás el modo. ¡Por eso la ropa usada y las fiestas de celebración de nacimientos y bautizos son estupendas!

Aunque te veas tentada por toda clase de artículos monísimos (y no me parece mal que te diviertas un poco curioseando), sé práctica. El bebé no va a necesitar ese abriguito precioso de cero a tres meses si va a nacer en verano. ¡No olvides que los bebés crecen muy deprisa! Y no vas a necesitar tantas cosas como crees. Después de todo, ¿cuántas chaquetitas de punto puede llevar un lactante? Salvo que tu bebé tenga problemas de digestión, en cuyo caso necesitarás unas cuantas. Los padres suelen terminar comprando demasiadas cosas. Piensan: «Más vale que se lo compremos, por si acaso.»

Sé realista. ¿De verdad necesitas un calientabiberones? Piensa lo que llevas en el monedero y en lo que necesitas. Si te lo puedes permitir y lo quieres, aun sabiendo que el bebé no lo necesita, adelante. Después de todo, la decisión es cosa tuya. Si decides comprar el calientabiberones para tener el lote completo, hazlo. Pero te aseguro que en unos meses, cuando descubras que todas esas cosas no son tan necesarias como pensabas, te verás colgando un anuncio en el tablón de la guardería para ver si consigues revenderlo.

Una de las cosas fundamentales que debes saber respecto a la ropa de vestir y la de cama es que los bebés no regulan bien la temperatura hasta los seis meses más o menos. Es fácil que tengan demasiado calor o demasiado frío, así que tendrás que ser tú quien lo ayude a mantener la temperatura con la cantidad de prendas y mantas adecuada. Cuando prepares esta canastilla básica, piensa en cuándo nacerá el bebé, porque de eso dependerá el tipo y la cantidad de prendas que elijas.

En lo que respecta a los artículos más caros, como la sillita del coche, la de paseo, la trona o la cuna, soy partidaria de comprar accesorios de calidad si te lo puedes permitir, y no me refiero a comprar lo mejor a toda costa. De ese modo, quizá ahorres algo durante el embarazo. Siempre que puedas, compra materiales hipoalergénicos (colchones, sábanas y demás). Como alérgica que soy, siempre recomiendo su uso.

Te aconsejo que tengas de todo en la habitación del bebé, un juego de sábanas de muselina y algunas ropitas ya lavadas en agua caliente unas tres o cuatro semanas antes de la fecha de tu salida de cuentas. De ese modo, aunque el bebé se adelante, lo tendrás todo listo. Prepararte con antelación te tranquilizará, para que no te entre el pánico cuando se acerque el día. Te será mucho más fácil, a la vuelta del hospital, tener a mano todo lo necesario. No obstante, no abras todos los paquetes de ropita para el bebé hasta que nazca, así podrás devolver las prendas que le queden demasiado pequeñas o demasiado grandes.

Para que puedas hacerte una idea de lo más conveniente, he incluido en este capítulo los artículos que, por experiencia, sé que son imprescindibles para garantizar la comodidad y la seguridad del bebé.

Equípate

No temas pedir prestadas algunas cosas o comprarlas de segunda mano, con una sola excepción: *jamás* emplees una silla para el coche usada. Por cuestiones de seguridad, deberás comprarla nueva. Si te haces con una cuna de segunda mano, asegúrate de que cumple la normativa de seguridad y compra un colchón nuevo, porque los colchones llevan unas bolsas de aire especiales en la parte delantera para la seguridad del bebé y no conviene que estén desgastadas.

Si tienes pensado adquirir otros artículos usados o de segunda mano, procura comprobar la durabilidad, la limpieza y el desgaste. Conviene que te asegures de que las características de seguridad siguen funcionando. ¿Aún pega el velcro del portabebés? ¿Funciona el arnés de la silla de paseo? ¿Están desgastadas las asas del moisés? Eso es un peligro en potencia, porque podría romperse mientras llevas al bebé. ¿Las barras de la cuna están lo bastante próximas para que el bebé no pueda meter la cabeza entre ellas? Infórmate de la normativa actual y asegúrate de que los accesorios usados la cumplen.

Moisés

Estos cestillos de mimbre son muy prácticos para tener al bebé acurrucadito y cerca de ti dondequiera que vayas, y para que duerma durante los primeros meses. Asegúrate de que el fondo es lo bastante robusto para aguantar el peso del bebé. Aconsejo el uso del moisés en lugar de la cuna hasta que el bebé pueda volverse solo o ya no quepa en él. Los recién nacidos vienen de un espacio muy compacto y les gusta sentirse recogidos pero no apretados.

Puedes comprar un soporte para colocar el moisés en el dormitorio, o ponerlo en el suelo, a tu lado, o a los pies de la cama si no estás en casa. Yo prefiero montarlo en el soporte, pero de las dos formas está bien, siempre que lo pongas en un sitio donde no puedas tropezar con él y volcarlo. Durante el día, cuando lo lleves de un lado para otro contigo, déjalo siempre en el suelo, nunca en una mesa o una silla.

Suelen venderlos con un colchón de vinilo de dos centímetros y medio y una sábana. Algunos vienen con protector, pero yo aconsejo quitarlo. El espacio ya es reducido de por sí y el cestillo es lo bastante mullido para que el bebé no se haga chichones.

Cuna

Cuando el moisés se le quede pequeño, es el momento de comprarle al bebé una cuna. Procura comprar una que cumpla la normativa de seguridad actual. Sube y baja los laterales para ver si se manejan con facilidad y sin ruidos. Asegúrate de que no quedan huecos entre el colchón y los límites de la cuna, de forma que el bebé no pueda escurrirse por ellos y quedar atrapado; fíjate bien si el protector encaja bien en los lados y que esté sujeto con cintas cortas al exterior, no al interior, para evitar que el bebé se ahogue o se asfixie. Si están bien puestos, los protectores resultan muy útiles en las cunas, porque impiden que el bebé meta las piernas por entre las barras. Algunos padres compran dos para cubrir todo el perímetro de la cuna.

Bandolera portabebés

Lo recomiendo. Te permite movilidad; y al bebé, el contacto físico contigo. También lo puede usar papá. Procura que la cabeza y el cuello queden bien sujetos, que sea de un tejido lavable, que te resulte cómodo, que tenga cierres de seguridad sólidos para que no se desmonte y que te permita llevar al bebé mirando hacia dentro o hacia fuera. Al principio, es preferible que lo lleves mirando hacia ti. Cuando sea un poco mayor, querrá mirar hacia fuera para ver mundo.

Ahora venden portabebés de todas clases. Te aconsejo que los pruebes todos y luego decidas. Antes de optar por uno, ten en cuenta tu anchura. Como cuando conduces un coche y vas a pasar por un sitio estrecho, debes saber el espacio que necesitáis tú y el bebé en el portabebés.

Cambiador

Es una especie de colchoneta de espuma forrada de plástico que se extiende sobre cualquier superficie (en el suelo, en la cama, en una mesa...) y se usa para cambiar al bebé. Puedes ponerle una toalla encima para que no note el frío del plástico.

Si te llega el presupuesto, también puedes comprar un cambiador con patas, pero yo no lo considero imprescindible, porque son caros y los niños se pueden caer fácilmente de ellos. Además, no pueden usarse mucho tiempo.

Pero ¿a que has estado a punto de comprarlo? Al entrar en la tienda para bebés, viste la cuna. Y los cajoncitos a juego. Y el cambiador de caoba a juego. Y pensaste: «Vamos a comprar el conjunto entero.» Estoy convencida de que terminarás considerándolo un gasto superfluo, porque los bebés en seguida empiezan a retorcerse, los cajones son demasiado pequeños y no sirven para nada, y dejarás de usarlo en cuanto el bebé cumpla ocho meses.

Si al final compras el cambiador con patas, asegúrate de que lleva correas de seguridad, y, si cambias al bebé en un sitio elevado, procura tener cerca todo lo que necesites, de modo que no hayas de dejarlo solo ni un segundo. Si así te duele menos la espalda, será una buena compra.

Guardarropa

Algunos cambiadores llevan cajones para la ropa, pero, por lo que he visto, siempre son muy pequeños. En su lugar, te aconsejo que compres algo donde tu hijo pueda tener guardada su ropita en años venideros. Procura que pese lo suficiente para que el niño no pueda tirárselo encima cuando aprenda a andar.

Cochecito y silla de paseo

Hasta que el bebé pueda sentarse, hacia los seis meses, tendrás que sacarlo a pasear en un cochecito. Cuando ya se tenga sentado, pásalo a la sillita o al *buggy*. En ambos casos, debes considerar la durabilidad, la robustez y la sencillez de uso. ¿Se pliega con facilidad? ¿Es fácil subir y bajar escaleras con él, y ponerle los frenos? Tiene que ser una silla con la que puedas sacar de paseo a tu bebé sin necesidad de hacer un máster primero.

Algunos padres buscarán a toda costa la sillita más sofisticada del mercado, otros preferirán algo sencillo. Lo que compres dependerá de tu gusto y tu estilo personal. Me gusta ver el cochecito como una especie de caparazón para el bebé. Necesitas un caparazón que sea cómodo y en el que haya suficiente sitio para que tu pequeño quepa dentro.

En cuanto a la sillita, busca una ligera, resistente y fácil de limpiar. Fíjate bien en las ruedas. Algunas sillitas sólo ruedan bien por asfalto y se atascan en la tierra. Necesitas una que avance bien por cualquier superficie.

Intercomunicador

Estos artilugios son una bendición, ya que te permiten saber lo que pasa cuando estás en otra habitación, por ejemplo, dándote una ducha. Busca uno de los portátiles que te puedes colgar del cinturón.

Aconsejo buscar uno recargable. De entrada, resulta más caro, pero a la larga te ahorrarás dinero en pilas. Procura que tenga un indicador de batería baja y otro de pérdida de la señal. Los hay que detectan no sólo el sonido sino también el movimiento e incluso la temperatura de la habitación.

Con las nuevas tecnologías, algunos padres se ven tentados de comprar un monitor de televisión. No digo que no, pero, si lo hacéis, usadlo para que os ayude a distinguir los ruidos que hace el bebé cuando llora, cuando está incómodo de verdad, cuando se está quedando dormido y los que hace en sueños. Conviene que sintonices con el bebé por intuición. Antes los padres tenían que fiarse de su instinto. Este aparato te lo pone más fácil. Pero, te lo advierto, si antes pensabas que pasabas demasiado tiempo pegada al televisor, ahora será aún peor, porque te quedarás lela contemplando a tu pequeño en la pantalla durante horas.

Bañerita y asiento de baño

Para los recién nacidos, me encantan esas nuevas bañeritas de plástico que se sujetan a los lados de la bañera. Al terminar, quitas el tapón de la bañerita y el agua cae a la bañera grande. Evitan el dolor de espalda, porque no hay que inclinarse tanto; después de dar a luz, los músculos de la espalda se quedan algo débiles. Pero si no te lo puedes permitir, siempre puedes usar una bañera de plástico de las de siempre, de las que se ponen en el suelo. Las nuevas bañeras hinchables son estupendas, prácticas y fáciles de transportar.

La razón por la que conviene empezar con una bañera pequeña es que, en un espacio pequeño con sólo un poco de agua, irás adquiriendo confianza sobre el modo de sujetar y manejar al bebé. Si se te escapa, no lo someterás a la dureza y la capacidad de agua de una bañera grande.

Cuando el bebé sea algo mayor, a los seis meses o así, ve pensando en un asiento para baño. Se pueden usar en la bañera grande, ocupan menos espacio y proporcionan más tranquilidad a los padres.

Y, por supuesto, *jamás* dejes al bebé solo en la bañera, ni un segundo, independientemente de cómo lo bañes.

Trona

No la necesitarás hasta que el bebé tenga unos seis meses, así que puedes posponer la compra hasta entonces y ahorrarte el gasto. Cuando la compres, asegúrate de que dispone de algún sistema de sujeción, y úsalo. Que sea fácil de limpiar y guardar. Las de cuero y las de plástico duro se limpian mejor que las de madera.

Silla para el coche

Cuando lleves al bebé en el coche, debe ir siempre en su silla. No escatimes en este accesorio y recuerda *nada de sillas de segunda mano*. Los sistemas de retención infantil homologados llevan un distintivo formado por una E encerrada en un círculo y seguida de un número (indicativo del país), lo que significa que cumplen la nueva normativa europea R44.03/R44.04.

Hasta un año de edad y al menos 10 kilos de peso, los niños deben ir en el asiento de atrás, en sentido contrario a la marcha y en un ángulo de 30-45 grados, para evitar que la cabeza se les vaya hacia delante. Los asientos de coche para recién nacido llevan unos accesorios para sujetarles la cabeza y el cuello.

No se lo compres adaptable y pienses: «Bueno, ya le valdrá» o «Así nos ahorramos un poco de dinero.» Compra uno adecuado para su edad y su peso, punto. Cuando necesites otro, le compras otro. Al instalarlo, no lo eches demasiado para atrás, porque, en un accidente, podría salir disparado. Sigue en todo momento las instrucciones del fabricante, así como el manual del vehículo para la instalación de accesorios de seguridad.

Cuando compres un asiento, prueba el cierre del arnés e

imagina que sujetas con él a un bebé que no para de moverse. Hay muchos sistemas de sujeción distintos; compra el que te vaya mejor pero que no sea tan fácil de soltar que el bebé se lo pueda quitar.

Decide si te conviene tener una silla para coche que puedas usar por casa como silla de transporte o comprar otra distinta para este fin. En cualquier caso, ten presente que, si el bebé se pasa media hora sentado en su sillita del coche y va a seguir sentado en la misma silla al salir del coche, en un restaurante, por ejemplo, mientras estéis dentro, tendrás que sacarlo de la silla el máximo tiempo posible, para que no esté demasiado tiempo en la misma postura.

Otros asientos

Necesitarás una mecedora grande y cómoda para ti. ¿Te apetece comprar una mecedora en la que poder dar de comer al bebé y tenerlo en brazos hasta que eche el airecito para luego volver a ponerlo en el moisés? A algunos padres (y bebés) les encanta, a otros no. Para mí, es una cuestión personal. Otra opción podría ser un sillón grande lo bastante cómodo para dormirse en él.

Un asiento elástico o un columpio. Me gustan porque distraen al bebé y te distraen a ti. A los bebés les encanta el movimiento que proporcionan. Son estupendos cuando el bebé es un poco mayor, porque te permiten jugar con él. Pero no lo uses demasiado como asiento.

El parque. Hay quienes hablan maravillas de ellos, y quienes los odian. A mí me parecen bien para jugar, sólo, no como asiento en el que dejar horas al bebé o confinar a un niño activo. El abuso del parque es una forma de negligencia.

Ropa de cama

Recomiendo que sea toda de algodón, ya sea de rizo o no. Es suave y puede lavarse en agua caliente para esterilizarla. Necesitarás, como mínimo:

— tres sábanas bajeras de algodón ajustables para el moisés y, después, para la cuna;
— cuatro sábanas encimeras de algodón;
— cuatro mantas de algodón de piqué, que pueden usarse para envolver al bebé, para dejarlo en el suelo durante el día y para taparlo cuando duerma, más una manta más recia para las noches de invierno, o quizá un saco de dormir para bebés, son un gran sustituto de la manta;
— montones de toallitas y gasas para limpiar todo tipo de rastros del bebé; yo he llevado una encima del hombro durante quince años, como si fuera el loro de John Silver el Largo;
— una manopla de baño para bebé y una capa de baño con capucha.

En el Reino Unido es tradición que se obsequie a la madre con un arrullo para arropar al bebé cuando sale del hospital, y ese mismo arrullo es el que se cuelga del cochecito o de la cuna. Es una tradición maravillosa. Posiblemente te regalen alguno, o más de uno cuando tu recién nacido empiece a recibir visitas.

Ropa

Para vestir a un bebé, sea verano o invierno, siempre hay que recurrir a las capas. En la medida de lo posible, recurre al algodón cien por cien, o al menos un ochenta por ciento, porque así la piel del bebé respira bien y no se acalora.

Elige prendas prácticas y fáciles de poner. ¿Tienen corchetes o botones? Abrochar botones cuando el bebé no para de moverse es complicado. ¿Has pensado en planchar todos esos vestiditos? Muchos padres optan hoy por prendas de fibras sintéticas (como las de los forros polares), porque se pueden meter en la secadora y no hace falta plancharlas. Los bodis y peleles de terciopelo o algodón se lavan bien, aguantan muchos lavados y también pueden meterse en la secadora y volver a usar en seguida.

Procura que los cierres de la entrepierna se abran fácilmente para cambiarle el pañal. Evita las prendas que aprieten mucho el cuello, los brazos o las piernas, o que tengan lazos o cordeles con los que el bebé pueda ahogarse o que puedan enredarse en sus deditos de las manos o los pies. Esto se aplica también a los patucos.

Cuando compres ropa, no te excedas con las prendas de cero a tres meses hasta que nazca el bebé, porque a los bebés grandes en seguida se les queda pequeña esta talla. Ten presente que en el blanco se ven más las manchas que no se quitan, pero queda precioso.

Éste es el ajuar que te aconsejo:

— De ocho a diez bodis; yo prefiero los que llevan corchetes a los que van con lazos.

— Tres o cuatro baberos.
— De cuatro a seis pijamas.
— Cuatro o cinco pares de calcetines o patucos.
— De cinco a siete peleles.
— Dos jerséis o chaquetitas, tres si nace en invierno.
— Tres gorritos de algodón.
— Un sombrero con ala entera para usarlo a partir de los tres meses.
— Un buzo y un par de manoplas si nace en invierno; las de forro polar van muy bien.
— Treinta o cuarenta pañales de recién nacido para empezar.

Pañales

¿Tienes idea de cuántos pañales va a usar tu retoño hasta que sepa ir al váter solo? ¡Unos cinco mil! Eso son muchas cacotas. Básicamente tienes cuatro opciones:

— desechables;
— pañales de algodón reciclado reutilizables con insertable desechable;
— pañales de tela lavables.

Los pañales desechables son más prácticos que los de tela, pero también son más caros y es más posible que provoquen irritación, porque contienen productos químicos. Los pañales de algodón reciclado reutilizables son los más ecológicos.

Procúrate también unas cuantas bolsas para pañales, de esas que son como bolsitas de basura con su cierre y perfumadas para meter los pañales sucios cuando salgas.

Consejos para la colada

- Debes lavar previamente todo lo que vaya a estar en contacto con el bebé.
- La piel de los bebés es muy sensible, por lo que conviene que uses siempre un detergente suave no biológico especial para bebés.
- Haz una colada sólo para la ropa del bebé durante los primeros seis meses.
- Usa siempre un programa de lavado en agua caliente (80-100 °C) con la ropa de cama, los pañales y los bodis para eliminar las bacterias y los ácaros que pueden producirle alergias. Lava la ropa de cama al menos una vez por semana.
- No llenes demasiado la lavadora, deja que haya espacio suficiente para que la ropa se aclare bien.

Bolsa de cambio

Prepárate para salir con tu bebé. Hazte con una buena bolsa de cambio, con compartimentos grandes. Las hay de muchos tipos, elige una que os vaya bien a los dos. A lo mejor mamá prefiera pasearse por ahí con una bolsa de moda, pero a papá no le apetezca mucho llevarla cuando le toque a él sacar al bebé. También podéis comprar una bolsa de cambio para cada uno.

Procura llevar siempre dentro:

— un cambiador plastificado;
— una muda completa de ropa;

— tres o cuatro pañales;
— toallitas;
— crema para las irritaciones;
— bolsas para desechar los pañales sucios;
— un chupete de repuesto;
— juguetes: un par de sonajeros blandos, etc.;
— algodón hidrófilo;
— una botella de agua para humedecer el algodón, limpiar o preparar el biberón;
— una cuchara de plástico.

Nunca jamás

- Almohadas: se puede asfixiar con ellas.
- Colchas o edredones: se puede asfixiar o acalorarse en exceso.
- Mantas con mucha pelusa: la pelusa puede metérsele en la nariz y en la boca y provocarle dificultades respiratorias.
- Moisés sobrecargado de muñecos de peluche: pueden acumular polvo, que produce alergias, y el bebé se puede asfixiar o ahogar con ellos.
- Polvos de talco: las partículas pueden producir lesiones pulmonares. Conozco a padres que aún los usan, pero conviene que tengas presente el peligro que suponen.
- Pañales sucios al alcance del bebé: contienen gérmenes y no se deben tocar. Tíralos a un cubo de basura cerrado.

Échale un vistazo rápido antes de salir para asegurarte de que está todo. Piensa adónde vas y cuánto tiempo vas a estar, porque quizá pases fuera más tiempo del previsto y te quedes sin pañales.

A medida que el bebé vaya creciendo, tendrás que meter en el bolso cosas distintas. Pasarás de los sonajeros de felpa a los cuentos de cartón, un biberón de leche y un tentempié.

Otros accesorios importantes

Cuando alguien está a punto de tener un bebé, me gusta preparar una cesta de regalo con cositas que sé que los padres de un recién nacido necesitan. Es para llevarla de una habitación a otra según haga falta. Te la puedes preparar tú misma. Compra la cesta, fórrala con un paño y mete en ella lo siguiente:

- un termómetro para bebé: para que sea más preciso, compra uno digital rectal. El de axila puede usarse con niños menores de tres meses, pero es menos preciso;
- vaselina para el termómetro rectal;
- aceite de oliva para la costra láctea;
- un pequeño biberón con una infusión con anís estrellado para los gases;
- Mustela, una crema para la irritación del culete;
- gel y champú sin perfume para bebé;
- paquetes grandes de algodón;
- tijeritas de bebé para cortarle las uñas de las manos y de los pies;
- cepillo suave para el pelo de bebé;
- crema para masajes.

Si le das el pecho

Esto es lo que necesitarás:

- De dos a cuatro sujetadores de lactancia: procura que tengan los tirantes anchos para que aguanten bien el peso del pecho y que las copas no te presionen demasiado los pezones.

— Una caja de discos de lactancia desechables (prueba varias marcas hasta que encuentres la que más te guste). Si no, irás por ahí chorreando leche de los pechos.
— Un sacaleches eléctrico que te permita almacenar la leche para cuando produzcas menos, y así tu pareja o quien sea puedan dar de comer al bebé mientras tú descansas un poco o sales. En algunas tiendas especiales los alquilan y te lo llevan a casa. También puedes probar el sacaleches manual, pero a la mayoría de las mujeres les cuesta mucho.
— Un cojín de lactancia, también llamado «cojín en V». Son fabulosos, porque realmente se amoldan a tu cuerpo y te alivian la espalda mientras le das el pecho.

Si le das biberones

— de seis a ocho biberones fisiológicos de tetina blanda, de las que se aplastan por arriba como el pezón;
— un cepillo limpiabiberones que elimine cualquier resto, esté donde éste;
— un esterilizador: eléctrico o apto para microondas.

Hogar seguro

La adecuación de tu hogar a las necesidades de tu bebé de forma que sea un lugar seguro para él debe comenzar antes de que nazca con las decisiones que tomas en cuanto al equipamiento y al entorno. ¿Por qué? Cuando los bebés son muy pequeños, uno de los mayores peligros a los que se enfrentan tiene que ver con la respiración. Para evitar la asfixia, ya te he ofrecido algunos consejos relativos a la ropa de cama y la de vestir, pero para que tu hogar sea seguro, hace falta más.

Como sus pulmones son tan diminutos, los bebés respiran muchas más veces por minuto que los adultos, lo que significa que inhalan más contaminantes, que pueden causarles inflamaciones y asma. Por ejemplo, si hay un producto químico tóxico en el aire, el bebé quedará expuesto el doble que un adulto, así que cuanto más limpio y menos tóxico puedas mantener el ambiente, más sanos estarán los pulmones de tu hijo.

Sin embargo, esto os planteará algunas decisiones difíciles como padres en lo relativo al dinero y el esfuerzo que vayáis a invertir antes de que nazca el bebé. Os ofrezco algunas sugerencias para que podáis hablarlo y tomar decisiones bien documentadas. Con independencia de lo que hagáis, tenedlo todo listo entre cuatro y seis semanas antes de que llegue vuestro hijo para que dé tiempo a que se airee todo bien:

— Si os lo podéis permitir, pintad la habitación del bebé con pintura al agua, que tiene menos COV (compuestos orgánicos volátiles, como el formaldehído, que desprende gases contaminantes). Internet es un buen sitio para encontrar pinturas ecológicas, aunque pagaréis más por cada litro. Algunas son cien por cien biodegradables y es posible deshacerse de los restos como fertilizante orgánico.
— Si vuestra casa es antigua, quizá haya en ella pinturas al plomo, pedid a un profesional que lo compruebe. El polvo de las pinturas al plomo es muy tóxico, sobre todo para el cerebro de un bebé.

— Pintad dos semanas antes de poner colgadores, muebles y alfombras en la habitación, para que los vapores se disipen y no los absorba nada.
— Si queréis poner cortinas, os aconsejo que sean de algún tejido natural lavable, porque tendréis que lavarlas a menudo. Procurad que no tengan cordones ni borlas, para evitar que el bebé se haga daño con ellos, o comprad «borlas desmontables», que se separen si el bebé se engancha en ellas. No pongáis nunca la cuna ni otros muebles cerca de las persianas.
— La madera noble es mejor que la moqueta, porque ésta acumula polvo. Sin embargo, la moqueta es más blandita y más cálida. Si optáis por la moqueta, aseguraos de que es muy tupida, para que el bebé no pueda tirar de las fibras y ahogarse con la pelusa. Aireadla durante un mínimo de tres días después de instalarla y antes de meter al bebé en la habitación, y procurad aspirar al menos una vez por semana para reducir el polvo, los ácaros y otros contaminantes.
— Considerad la posibilidad de utilizar limpiadores no tóxicos en lugar de aerosoles como los usados para abrillantar la madera o los ambientadores.
— También sería interesante la instalación de un humidificador de aire. Mejora el aire en las casas con calefacción central y resulta útil cuando el bebé se acatarra, tiene la gripe o la nariz congestionada.

Espero que preparar vuestro hogar para la llegada del bebé resulte una experiencia emocionante. No os desaniméis. Haced una lista e id completándola poco a poco.

Segunda parte
¡El bebé ya está aquí!

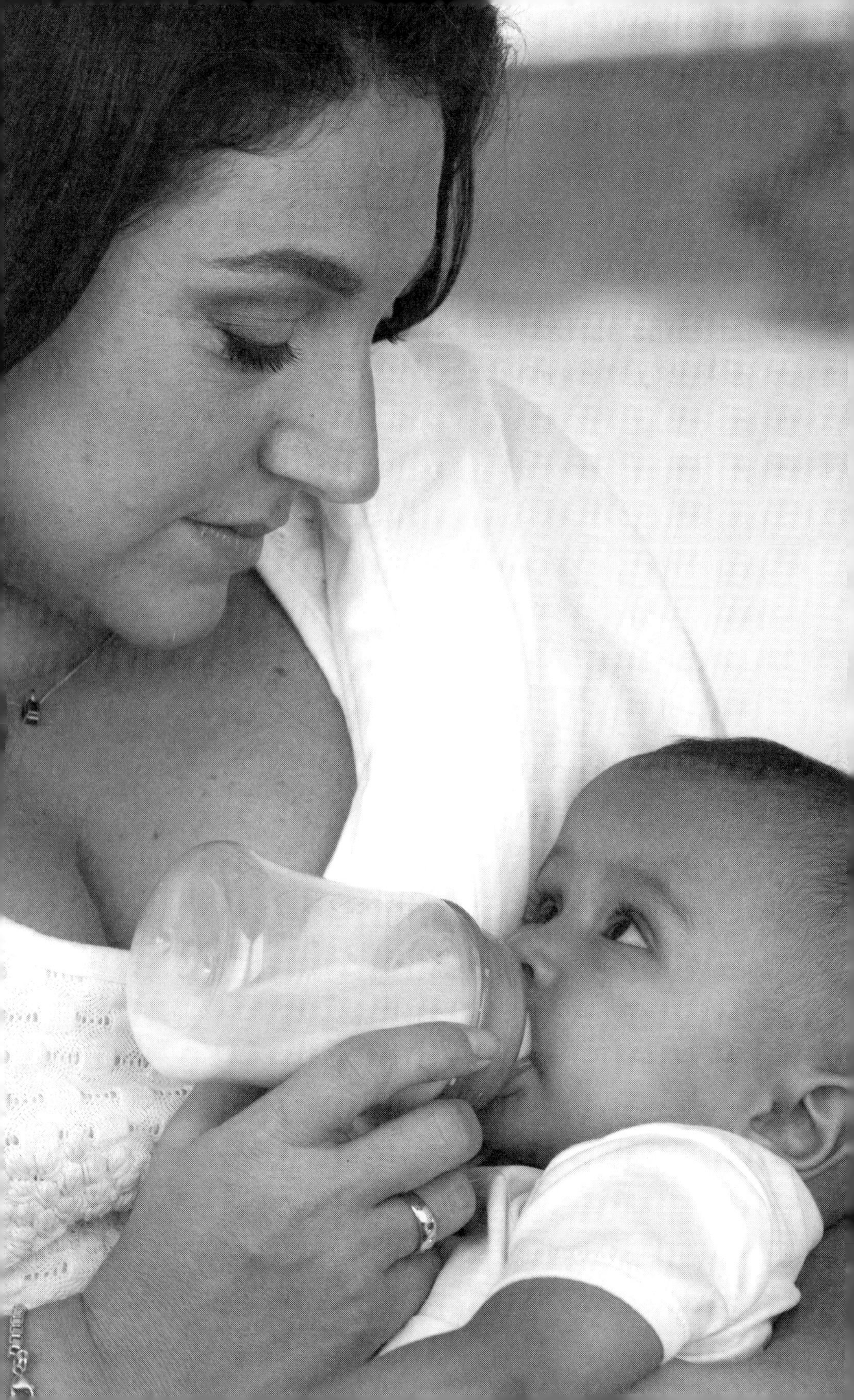

CAPÍTULO 4: DE CERO A TRES MESES

Vivencias de los padres

Con este apartado, trataré de ayudaros lo máximo posible a que dejéis de preocuparos por vuestra aptitud como padres y disfrutéis del proceso. Estoy aquí para sustentar vuestros pensamientos y sentimientos, para aseguraros que lo difícil pasará y para ayudaros a disfrutar lo máximo posible de la alegría de la paternidad. Mi mensaje clave es el siguiente: con vuestro amor basta. De hecho, es lo único que necesita vuestro bebé. Del mismo modo que vuestro hijo crecerá y cambiará mucho durante su primer año de vida, vosotros también. El bebé despertará en vosotros cualidades que ni siquiera sabíais que teníais y os retará a desarrollar cada vez más paciencia, madurez y humor. Os sorprenderá ver que vuestro desarrollo emocional sigue etapas similares a las de vuestro hijo: los tres primeros meses, de tres a seis, de seis a nueve, de nueve a doce. Para cuando cumpla el año, ya seréis unos expertos.

Los tres primeros meses

¡Por fin ha llegado el bebé! Puede que sea todo lo que esperabais de él o que no se parezca en absoluto. Dado que la realidad de la paternidad es distinta de cualquier idea que os hayáis podido forjar, quizá os sorprenda, o incluso os conmocione, la intensidad de vuestros sentimientos. Tal vez os encontréis sollozando por la intensa experiencia de ser padres, perplejos por todo el amor que os inspira. O a lo mejor sentís una abrumadora sensación de responsabilidad de que esa diminuta criatura dependa completamente de vosotros. Puede que sintáis angustia —«¿Está bien mi bebé? ¿Lo estoy haciendo bien?»— o cualquier otra emoción de las muchas que puede suscitaros. A los padres que ya hayan tenido un bebé, tal vez los sorprenda lo distintos que se sienten esta vez. No hay forma de prever lo que el bebé os hará sentir.

Al principio, puede que todo os resulte un tanto abrumador. Ahí está ese ser pequeño que ejercita sus pulmones como un cantante de ópera y deposita en vosotros todas y cada una de sus necesidades y deseos, y que no puede deciros con palabras cuáles son, pero que sabe comunicarse mediante el llanto. Os vais a ver decidiendo constantemente el modo de amoldaros: «¿Hago la colada ahora o lavo primero esos biberones?», «¿Cuándo me ducho?», «¿Cómo me las apaño para cuidar de mi pequeñín y hacer todo lo demás?»

Cuesta acostumbrarse a esa dependencia. En mi trabajo como niñera, algún padre me ha dicho alguna vez: «Voy un momento a la tienda con el bebé, a comprar para el fin de semana», ha salido a la calle y se ha olvidado al niño en casa, porque no tenemos costumbre de ocuparnos de alguien más que de nosotros mismos. Debo confesar que a los dos nos ha hecho gracia.

Aparte de todo eso, quizá experimentéis una fuerte sensación de incredulidad al pensar que acabáis de traer al mundo a esa criatura pequeña que tenéis al lado. Me encanta el lenguaje que veo entre unos padres que no se dicen nada, sólo se miran alucinados por el milagro que acaban de crear. Probablemente hagáis fotos sin parar e introduzcáis a vuestro hijo en el mundo de los paparazis. Los álbumes de fotos de bebés me hacen reír, los padres hacen cientos de fotos del bebé al principio, y ahora, con las nuevas tecnologías, hay también montones de películas y sitios web de bebés.

Algunos padres encuentran difícil esta etapa porque no hay interacción por parte del recién nacido. Su presencia es la interacción, el simple hecho de estar ahí. Pero es un milagro que cambia día a día, semana a semana. Pronto habrá interacción en abundancia.

Procurad no agobiaros demasiado si no hacéis a la perfección todas las tareas que os corresponden como padres. Cuesta un poco cogerle el tranquillo al cuidado del bebé. Puede que haya momentos dignos de *El exorcista*, en que la leche le salga disparada de la boca o la cacota salga volando. He conocido a muchos papás novatos que no saben que la caca sale disparada. Y ahí los tienes, pensando para sí: «¿Cómo es que los bebés vienen sin delantal?» Estos momentos os proporcionarán estupendas anécdotas que contar más adelante. Buscadle el lado divertido, porque, sin duda, serán momentos en los que os reiréis por no llorar, con o sin hormonas.

Cuando el bebé duerma, seguramente iréis a verlo constantemente para aseguraros de que está bien. Luego os preguntaréis si es normal que estéis asomándoos todo el rato a ver cómo está. Por lo general, esto es algo muy normal, ¡es vuestro bebé!, pero de ahí a angustiarse más de lo necesario hay un paso. A menudo tiene mucho que ver con las hormonas y la falta de experiencia, y se compensará con el tiempo. No obstante, si te preocupa tu estabilidad emocional, aunque sólo sea un poco, habla con tu médico. Nunca está de más.

Crear un vínculo

La creación de un vínculo es una preocupación corriente. Los padres creen que deben sentir una conexión absoluta e instantánea con el bebé, y en algunos casos es así, pero, en otros, esos sentimientos van creciendo con el tiempo a medida que se va conociendo y queriendo al bebé, de modo que no te preocupes demasiado por tu reacción, salvo que seas víctima de esa oscuridad intensa y esa negatividad auténtica propias de la depresión posparto (de la que hablaremos más adelante).

Con suerte, tendrás al menos un par de manos más para ir de acá para allá, con lo que podrás centrarte en darle a tu hijo mucho amor y atención. Es importante que entiendas que nunca se mima demasiado a un bebé. Cuanto más lo consueles, lo consientas, lo achuches y cuides de él, sobre todo en estos primeros meses y a lo largo del primer año, menos llorón y caprichoso será de mayor. Los bebés son criaturas total y absolutamente dependientes. Cuando satisfacemos sus necesidades rápido y bien, les proporcionamos la sensación de seguridad que necesitan para ser niños independientes y seguros de sí mismos.

Llega un momento en que te dices: «¡Vaya, si me he pasado dos horas mirando al bebé!» Eso está muy bien. Es lo que debes hacer. Al principio, todo se reduce a observar al bebé y establecer un vínculo afectivo con él. Sólo podréis conectar si le dedicas tiempo. Así es como llegarás a conocerlo, a percibir su lenguaje corporal, sus pequeños gestos (a lo mejor piensas que te acaba de dedicar su primera sonrisa hasta que descubres que lo que ocurre es que acaba de echar un aire).

Durante el primer mes, procura tener suficientes ratos libres al día para tumbarte junto a tu bebé y establecer un vínculo afectivo con él. Sé realista en tus expectativas de todo lo demás. No te agobies demasiado por el estado de la casa. Claro que tiene que estar limpia, pero tampoco hace falta obsesionarse. Tampoco significa que debas olvidarte de tus otros hijos, si los tienes, ni de las realidades de la vida cotidiana, pero ésta es una experiencia única en la vida, y el tiempo pasa muy rápido, saboréalo.

Los cambios corporales de la madre

Durante las primeras semanas después de dar a luz, tu cuerpo se reajustará. El útero se encogerá, sangrarás mucho por la vagina mientras el útero se desprenda de su recubrimiento, tu volumen de sangre volverá a ser el de antes del embarazo, tus hormonas fluctuarán, tendrás el estómago menos firme y tus pechos se prepararán para alimentar al bebé. Puede que te duela el perineo y a lo mejor sufres estreñimiento. Quizá te desmayes o te marees y notes que tiemblas o que sudas mucho. ¡Ah!, y ese pelo tan recio del embarazo puede que se te caiga (algunas mujeres ven este momento como un nuevo comienzo y se cortan el pelo a modo de rito de paso a la maternidad). Si te parece que tu pecho ha cambiado, cómprate sujetadores con refuerzo para volver a sentirte una mujer completa después de la lactancia.

Algunas mujeres desarrollan infecciones del tracto reproductivo. Entre los síntomas, se encuentran el dolor abdominal, la fiebre, las descargas vaginales y la dificultad al orinar.

A pesar de lo que hayas podido leer en la prensa del corazón, no esperes recuperar tu peso de antes del embarazo de la noche a la mañana. Muchas madres son presa de objetivos imposibles como consecuencia de los reportajes de mamás célebres que cuentan con entrenadores personales y se someten a cirugía posparto. La rapidez con que recuperes la figura dependerá de tu cuerpo y de tu edad. No es imposible; con ejercicio y una dieta sana, puedes conseguirlo. No hay razón para que no puedas tener el aspecto que quieras.

He visto a mujeres que no dejan de dar el pecho a sus hijos, no porque el bebé lo necesite, sino porque las ayuda a perder peso, se queman muchas calorías. Esto es peligroso, porque el bebé come más de lo que necesita y no se utiliza la lactancia materna como es debido. Sé sensata y haz lo que más os convenga a tu hijo y a ti.

Recuperación de una cesárea

Si te han hecho una cesárea, necesitarás aún más reposo. Puede que notes más fatiga, dolor en la zona de la incisión, malestar al orinar, gases y dolor muscular en hombros y pecho.

Éstos son algunos consejos para que te recuperes pronto:

- Entérate de cómo cambiar las gasas antes de salir del hospital.
- Mantén la zona de la incisión limpia y seca, y déjala al aire.
- Procura estar tumbada en el sofá todo el tiempo posible durante las dos primeras semanas. Evita subir escaleras en la medida de lo posible.
- No hagas ejercicio, ni conduzcas, ni mantengas relaciones sexuales durante seis semanas.
- Cuando estornudes, tosas o te rías, apriétate la zona con un cojín para reducir el dolor.
- No levantes peso hasta que se haya cerrado la cicatriz. El médico te lo hará saber.
- Balancearte y moverte pueden ayudarte a eliminar el dolor que producen los gases.
- Dale el pecho a tu bebé de forma que sus piernecitas queden debajo de tus brazos.

Tristeza y depresión posparto

A muchas mujeres, los cambios hormonales y emocionales derivados del parto, junto con la fatiga y la novedad de la experiencia, les producen lo que se conoce como *tristeza posparto*. Entre los síntomas, se encuentran la irritabilidad, la tristeza, la ansiedad o el miedo y el enfado. Puedes experimentar todas esas emociones o cualquiera de ellas. Esta depresión se produce normalmente poco después del parto, dura unos días y va cediendo a medida que las hormonas se van equilibrando y te vas acostumbrando a tu nuevo ritmo de vida.

Muchas mujeres se derrumban porque lo que les sucede emocional y químicamente se opone a su idea de lo que deberían sentir. Puede que tu mente te diga una cosa mientras tu cuerpo te grita: «¡No!» Entiende que tus hormonas se regularán y procura no esperar que las cosas sean de una manera concreta. Disfruta todo lo que puedas de las cosas como son.

También los papás pueden tener su depresión posparto. Puede que de pronto empiece a preocuparles su capacidad de mantener a la familia. Quizá experimenten emociones contradictorias sobre la asunción de una responsabilidad tan enorme. Estas preocupaciones son lógicas. Cuanto más te impliques y compartas la experiencia con tu pareja, más cómodo te sentirás con tu papel.

Algunas mujeres, aproximadamente una de cada diez, sufren un trastorno más intenso conocido como *depresión posparto*, que puede durar hasta un año. Se trata de una enfermedad mental y emocional.

Los síntomas son los siguientes:

— tristeza, vacío y desesperación extremos;
— fuertes sentimientos de incompetencia;
— aislamiento de amigos y familiares;
— incapacidad de cuidar de los hijos;
— pensamientos de hacer daño al bebé o a una misma;
— ataques de pánico, sentimientos de ansiedad;
— letargo;
— dolor en el pecho, dolor abdominal o problemas respiratorios sin explicación médica;
— abuso del alcohol o de los medicamentos;
— comportamiento obsesivo o repetitivo;
— ocultación bajo una fachada de normalidad.

Si sufres alguno de estos síntomas, ve a ver al especialista, a la matrona o al médico de cabecera. Este trastorno puede tratarse con éxito mediante antidepresivos. Quizá sea conveniente que recibas algún tipo de asesoramiento o apoyo mental u ocupacional.

Lo que viene muy bien es concienciarse de los propios sentimientos. ¿Te preocupa excesivamente que el bebé coja algún germen? ¿Te angustia pensar que no vas a saber ser una buena madre? Analiza de dónde proceden esos sentimientos, luego pide apoyo a alguien con quien tengas confianza. Destapar tus miedos delante de una persona que te aprecie sinceramente puede ser un alivio.

Si alguien próximo a ti te insinúa que tal vez tengas depresión posparto, tómalo en serio.

Y, vosotros, los papás, si sospecháis que vuestra pareja

tiene depresión, convencedla para que busque ayuda. Conozco casos de parientes que sabían lo que estaba ocurriendo pero tenían miedo de decir algo.

Aunque tengas depresión, no te fustigues por ello. Me preocupa que las mujeres con depresión posparto se etiqueten a sí mismas como madres fracasadas desde el principio. Yo lo veo así: algunas mujeres la tienen, igual que algunos bebés tienen ictericia. No es culpa tuya.

Haz cosas positivas que te animen y te relajen durante ese tiempo. El yoga, el pilates, la meditación o la natación son actividades que nos permiten dedicarnos un poco de tiempo.

Cuídate un poco

Durante los tres primeros meses, todo es darle al bebé lo que necesita para seguir desarrollándose tras salir del útero materno. Sabes que necesita dormir, así que creas un ambiente en el que pueda dormir tranquilamente todo el tiempo que necesite. Además, si le estás dando el pecho, te aseguras de comer y dormir bien para que el bebé se alimente como es debido.

Como tu hijo no siempre duerme mucho rato seguido, tú tampoco. La privación de sueño puede hacerte reír y llorar al mismo tiempo, porque estás exhausta, y lo que antes solía importarte, como ocuparte de la casa, ver la tele, hablar o hacer el amor, ya no te importa tanto, porque tu máxima prioridad es dormir. Por eso siempre os digo que durmáis cuando duerma el bebé, sobre todo durante el primer mes.

Creo fervientemente que las madres de recién nacidos necesitan que las cuiden tanto como los bebés. Para cuidar bien de él, necesitas estar bien cuidada. De ese modo estás más preparada para hacer frente al llanto del bebé y a todas sus necesidades. Esto puede resultar complicado, porque, aunque hayas cortado el cordón umbilical físico, también hay uno invisible. Tranquila, seguirá ahí vayas donde vayas.

Cuidarte significa permitirte el lujo de comer cosas buenas, ponerte cómoda en un ambiente agradable, disfrutar de algún capricho, dormir una siesta de una hora. ¿Cómo cuidas de ti físicamente? ¿Y qué haces para mantener estimulado el cerebro? Es el momento de mimarte y dejar que te mimen los demás.

Antes las mujeres que acababan de tener un hijo estaban siempre rodeadas de otras mujeres que cuidaban de ellas. Si tienes la suerte de estar en ese caso, disfrútalo, pero, como la mayoría de nosotras ya no contamos con esa clase de apoyo, tenemos que dárnoslo nosotras mismas. ¿Qué te hace sentir bien? ¿Con qué sueltas un suspiro de alivio? ¿Una pedicura o manicura? ¿Un masaje? ¿Un baño largo? ¿Leer en la cama? Piensa en cómo puedes conseguir todas esas cosas en estos momentos. Eso no es ser egoísta. Para poder ofrecerle a tu hijo todo ese amor y atención que guardas para él, tendrás que recibirlo tú primero, o te quedarás seca. Si no puedes permitirte un capricho así, ¿cómo vas a entregarte por completo a tu bebé?

Muchas parejas que acaban de ser padres me preguntan por ese instinto animal de protección que se apodera de ellos en cuanto nace el bebé, esa sensación de que darían su vida sin pensarlo por su criaturita. ¿Y qué tal si en lugar de «morir por él» pensáis en «vivir para él»? Si te lo planteas así, es más probable que te cuides bien, porque es lo más sensato y natural.

Hacer frente al llanto

Más adelante, en el apartado titulado «Habilidades parentales», encontrarás algunos consejos para calmar al bebé. Aquí sólo quiero contarte cómo puedes hacer frente emocionalmente al llanto de tu hijo.

Los niños muy pequeños, sobre todo si tienen reflujo (cuando el contenido del estómago vuelve al esófago o a la boca), lloran mucho. A los padres novatos esto suele abrumarlos, en especial cuando están solos. Lo intentas todo, pero sigue berreando. A veces piensas: «¡Que se calle ya, por favor!» Incluso puede que sientas resentimiento o ira hacia tu pequeño. Por muy nerviosa que te ponga, hay ciertas actitudes inaceptables a las que no debes sucumbir: zarandear al bebé, pegarle o taparle la boca con una almohada para silenciarlo.

¿Qué puedes hacer entonces? Una de las cosas que puedes hacer es aprender a inhalar el llanto del bebé y exhalar tranquilidad. Como cuando te duelen las muelas. Si no te obsesionas con ello, puedes aguantar hasta que te olvidas por completo del dolor. Respirar hondo y despacio puede ayudarte a tranquilizarte.

Si eso no te funciona, date cinco minutos. Déjalo en el moisés, sal de la habitación y recomponte. Intenta relajarte, luego vuelve a la habitación y cógelo en brazos otra vez. Pero vuelve, el bebé no debe asociar su malestar a la falta de atención. Te tomas cinco minutos para respirar, una especie de tiempo muerto, para poder volver a cogerlo tranquilamente. Si después de esos cinco minutos no has conseguido calmarte, llama a alguien, a tu pareja, a una amiga, una vecina, o a algún servicio de asistencia social.

He oído a algunas madres decir que se sienten culpables cuando se enfadan con su bebé. Están exhaustas, el bebé empieza a llorar y sus sentimientos negativos las hacen sentirse mal. No agreden al bebé ni lo zarandean, pero la frustración hace que se sientan culpables. Yo creo que eso, en el fondo, es bueno. Te sientes culpable porque tu bebé es cien por cien inocencia y pureza y sabes que tus sentimientos no son puros. Siempre que esos sentimientos no repercutan en la forma en que tratas al bebé o a otros seres queridos y los tengas presentes, no te fustigues.

Te aconsejo que te apuntes a algún grupo de apoyo de padres novatos. Los casos de otras personas en situaciones similares a la tuya te ayudarán a ver que lo que te pasa es muy normal. Encontrarás esas comunidades a través de las clases de preparación al parto, tu centro de la Seguridad Social, las personas que conozcas en la clínica, en una clase de música o en el parque. Ve a sitios donde haya bebés. También puedes encontrar apoyo en Internet, en sitios web especializados. Además, todos estos contactos son buenas fuentes de amistad para tu hijo. Yo conocí a una de mis mejores amigas en la consulta del médico de cabecera.

¿Cuentas con la ayuda necesaria?

Ahora que tienes a tu bebé en brazos, es hora de que te asegures de que cuentas con el apoyo que necesitas. Lo que pensabas que necesitarías antes de que naciera el bebé quizá sea algo distinto de lo que necesitas en realidad, sobre todo si tienes un bebé propenso a los cólicos. ¿Te sentirías menos agobiada si tuvieras una asistenta? ¿Podría ir alguien a tu casa unas horas a la semana para que tú puedas descansar? No temas pedir más ayuda si la necesitas.

Es muy importante que los dos miembros de la pareja tengan muy claro cuál es la máxima prioridad en esta etapa, que, en el caso de las madres que dan el pecho, es procurar que ella duerma bastante para que produzca la leche necesaria.

Como ya he dicho antes, no es el momento de ponerse la corona de mártir. Dale a tu pareja la oportunidad de que cuide de su hijo, de que cometa errores, porque así compartiréis la responsabilidad de ser padres al cincuenta por ciento. Algunos hombres se sorprenden por completo a sí mismos al descubrir que son unos padres estupendos por naturaleza, otros van aprendiendo «sobre la marcha». Cualquiera de los casos es perfectamente normal.

Las madres que, aunque estén rendidas, se dicen: «El bebé sólo se duerme conmigo. Sólo yo sé darle el biberón», son su peor enemigo (alguien tenía que decírtelo). Al final, tu pareja pensará: «Así que tú eres la única que lo hace bien, ¿no? Muy bien, ¡pues hazlo tú!» Si esto ocurre, los hombres se sienten discriminados, y luego las mujeres se quejan de que no las ayudan. Cuando conozco a una mujer así, le digo: «¡Anda, vamos, sácale brillo a esa corona de mártir!»

Reconoce de dónde viene esta actitud de mártir. Normalmente se presenta en mujeres que necesitan que su bebé las necesite, o que creen que, porque ellas lo han parido, es más suyo que de su pareja. Esto es peligroso, porque tratan al bebé como si fuera una posesión, más que un ser vivo que precisa el afecto y la atención de todos los adultos que lo rodean. Los padres que se ven en esa circunstancia me dan pena, por eso insto a las madres a que hagan examen de conciencia y procuren aceptar toda la ayuda que se les ofrezca, sobre todo si proviene del padre de la criatura.

¿Qué ha ido bien hoy?

CONSEJOS ÚTILES

Mientras aprendes a cuidar de tu recién nacido, es muy importante que analices las cosas positivas que te ha deparado el día. De esa forma, verás que, aunque algunas cosas te hayan salido mal, estás haciendo muchas cosas bien, y eso generará una actitud positiva que os ayudará a ti y al bebé. Antes de dormirte, pregúntate: «¿Qué ha ido bien hoy?» Mucho mejor si lo haces con tu pareja, y así compartís los éxitos de la paternidad. Sobre todo, no olvides que, aunque las cosas salgan mal, no pasa nada, porque así sabes cómo hacerlo la próxima vez.

Cómo tratar a los hermanos mayores

Aunque tu pareja y tú debéis pasar tiempo con el recién nacido, los dos tenéis que encontrar tiempo como sea para estar con vuestro hijo mayor, juntos, como familia, y por separado; si no parece que a papá o a mamá o a los dos se los han llevado al País de Nunca Jamás.

Tened un poco de tacto cuando le presentéis al recién nacido a vuestro hijo. No los dejéis a los dos solos, porque el mayor querrá subirse al moisés para verlo mejor o compartir la comida o los juguetes con él. «Te quiero mucho, voy a darte un abrazo GRANDE.» Puede que lo diga de todo corazón o no; en cualquier caso, debéis refrenar su comportamiento y enseñarle a ser suave con el bebé.

El modo en que respondáis a estos incidentes es muy importante. No debéis mostraros irritados, sino usar un tono de voz normal, si tiene al menos año y medio, para decirle: «No. Al bebé no se lo toca así. Se lo toca así.» Después, apartadlo. Tenéis que ser combativos en estas circunstancias, porque el bebé podría correr peligro. No tiene ninguna gracia que a vuestro hijo de dos años le dé por columpiar al bebé por los pies. Debéis enseñarle consideración, y concienciarlo, y eso os llevará tiempo si vuestro otro hijo aún es pequeño.

Según la edad del hermano mayor, quizá descubráis también que de pronto ve al bebé como algo con lo que experimentar: «Anda, si hago esto, llora. Y si lo tiro del sofá, ¿qué le pasará cuando se caiga?» A lo mejor todo esto le parece divertido. Conviene que no le deis mucha importancia, pero sin dejar de proteger al bebé e instruyendo siempre al mayor sobre cómo debe comportarse. No significa que odie a su hermano, sólo que debe aprender a tratarlo. Además de enseñar al mayor a tratar al bebé, mostradle las consecuencias de su mal comportamiento. No está de más que le indiquéis con algún gesto que no os agrada lo que hace.

Unos días o semanas después de que nazca el bebé, el mayor se dará cuenta de que no está de paso. Entonces puede que os pregunte: «¿Cuándo se va el bebé?» Procura no pensar: «¡Lo odia!» Lo único que pretende es averiguar dónde encaja él en ese panorama completamente nuevo, si él sigue importando. Vuestro trabajo consiste en hacerle ver que sí importa, que es parte fundamental de la familia y que eso no va a cambiar con el nacimiento de su hermanito. Vuestras palabras tranquilizadoras y vuestra atención serán fundamentales. Quizá él os responda con comentarios o actitudes negativos, pero éstos durarán poco si le respondéis con positividad y atención. Los momentos de negatividad mostrados por los hermanos mayores suelen ser escasos, aunque en ese instante os parezcan muy graves.

La respuesta que encuentro con mayor frecuencia en niños mayores ante sus hermanitos recién nacidos es que recuerdan que un sonajero o un parque era de ellos y se muestran posesivos: «¡Eso es mío!» No podéis negarle que antes lo era, así decidle: «Sí, era tuyo, pero es un juguete *de bebés*, y tú ya eres mayor, así que se lo damos al bebé.»

No me gustan los argumentos del tipo de «No podemos hacer tal por el bebé. No podemos hacer cual por el bebé», porque entonces el hermano mayor entiende que el bebé es un engorro, que le impide hacer las cosas que quiere hacer. Es preferible que, después de decidir qué cosas podéis hacer y cuáles no, le digáis: «Primero hay que darle de comer al bebé, porque, cuando eres bebé, tienes que comer muy a menudo. Luego podemos hacer lo que tú quieras.» De ese modo, le enseñáis al mayor lo que necesita su hermanito y que debe esperar su turno y compartir con él la atención de sus padres.

No esperéis que vuestro hijo mayor sepa de pronto lo que debe hacer sólo porque os gustaría que así fuera. Esto es muy corriente. El mayor está acostumbrado a ser el bebé y que cuiden de él, y, de repente, cuando llega el recién nacido, se espera que, por arte de magia, sepa atarse los zapatos o cogerse la comida de la nevera y preparársela. El pobre niño se dice: «Siempre me lo habéis hecho todo. No sé pasar el velcro por la hebilla, y ahora ya no tenéis tiempo para enseñarme a hacerlo.»

Los niños malinterpretan esta actitud y creen que sus padres no los quieren. Procurad seguir ayudando al mayor para que no se sienta abandonado. No esperéis que sepa cosas que aún no le habéis enseñado; de lo contrario, veréis que su desarrollo sufre una regresión, ya que piensa que mola ser bebé porque así te hacen más caso. En estos momentos es cuando debéis armaros de paciencia.

Desarrollo del bebé

He incluido este apartado en todas las etapas para que tengas una idea del crecimiento del bebé. Es lógico que quieras saber en qué punto se encuentra tu bebé en cuanto a desarrollo físico, mental y social y si éste está dentro de lo normal. Quieres a tu hijo y deseas saber dónde se encuentra en cada momento para poder hacer todo lo que esté en tu mano por él. Eso es fabuloso.

También quiero que entiendas que seguramente lo que le sucede a tu bebé es natural. El llanto, por ejemplo, es propio de la lactancia. Cuanto más claro te quede lo que es normal, menos te costará relajarte y dejar de preocuparte por lo que pasa o no pasa.

Ten en cuenta que también que cada niño es único y se

desarrolla a su propio ritmo, de modo que en este caso los márgenes no son inamovibles. Hay enormes variaciones en cuanto al momento en que empiezan a andar, a hablar, a salirles los dientes, a dormir toda la noche de un tirón, en todo. Que no te dé un infarto si tu bebé va dos meses por detrás de la media. No lo compares con otros. Es una mala costumbre que puede hacer mucho daño a la autoestima de tu hijo cuando vaya haciéndose mayor, y que, además, te provocará una preocupación innecesaria.

Sírvete de estos datos como guía, para que sepas qué cosas hay que comprobar en caso de que se demoren algo más que un poco. Como principal cuidadora de tu hijo, pasas más tiempo que nadie con él, por eso tu médico confía en lo que tú le cuentas para entender los progresos del bebé. Cuanto más sepas del desarrollo general, más fácilmente podrás registrar mentalmente esos progresos. Por supuesto, si tienes cualquier duda, consúltalo con el pediatra o el médico de cabecera.

Revisiones médicas

Durante el primer año, las revisiones generales tienen lugar en la consulta del pediatra. Como es lógico, si te surge alguna preocupación entre visitas, no dudes en llevarlo al pediatra. Si lo llevas todas las semanas a consulta o a la farmacia para que lo midan y lo pesen, podrás comentarle al médico cualquier cosa que te preocupe y asegurarte de que lo estás haciendo bien y de que tu hijo progresa correctamente. Además, el pediatra te dará consejos útiles que agradecerás.

En el hospital o cuando vayas al pediatra por primera vez, te darán el libro de la salud del bebé para que verifiques en él los progresos de tu hijo. De ese modo, estés donde estés, tendrás siempre a mano la información esencial. Encontrarás espacios para anotar la altura y el peso del bebé, las vacunas, las enfermedades, etc. Cuanto más al día lo lleves, más fácil te resultará responder a las preguntas que te haga el pediatra durante las revisiones generales o en cualquier urgencia.

Lo ideal es que, en la visita de la primera semana estéis presentes tanto tú como tu pareja para que los dos podáis preguntar lo que queráis y ayudar a desnudar y vestir al bebé. Para futuras visitas, decidid lo que se ajusta mejor a vuestra dinámica familiar.

Anota por escrito toda tus dudas e inquietudes para que no se te olvide nada.

Como los recién nacidos cambian muy deprisa en las primeras semanas, he dividido la revisión de desarrollo de los tres primeros meses en dos partes.

Desarrollo físico de uno a treinta días

Al principio, el bebé no hace otra cosa que dormir, comer y manchar pañales. Y, claro, comunicarse (también llamado *llorar*) si necesita algo: comida, un pañal seco, estar más cómodo, un cambio de escenario, que le quites o le pongas una manta, que lo cojas en brazos. El llanto de los recién nacidos tiene múltiples variantes. Si tienen gases, pueden pasarse muchas horas al día llorando. El bebé no lo hace para fastidiarte ni frustrarte, piensa en ello como su forma de hablarte. Aunque puede pasarse de catorce a dieciocho horas durmiendo, al principio, no sabe dormir más de dos a cuatro horas seguidas sin necesitar una toma. Eso es porque su estómago es del tamaño de su puñito.

En los primeros días, puede que el bebé pierda peso (una décima parte de lo que pesaba al nacer, en los cinco primeros días), aunque he conocido a niños grandes a los que no les ha sucedido. La pérdida de peso es normal, porque los bebés nacen con exceso de líquidos. Hacia el quinto día, empezará a ganar peso otra vez, y para el décimo ya habrá recuperado el peso de cuando nació. Luego irá creciendo a trompicones, ganará unos 18 gramos al día y aumentará su longitud entre 2,5 y 4 centímetros en el primer mes. Los niños suelen ganar un poco más de peso que las niñas y son algo más largos. Durante el primer mes, el cráneo de tu bebé aumentará de tamaño más deprisa que en ningún otro momento de su vida, unos 2,5 centímetros de circunferencia.

La inflamación de los ojos o los moratones provocados por el parto desaparecerán, igual que la pelusilla que posiblemente le cubra la cabeza. También le desaparecerán las manchitas de la piel, que al nacer quizá parezca azulada o sonrosada. Alrededor de la tercera semana, se le caerá el ombligo. Puede que le quede una especie de cicatriz que tendrás que mantener seca y limpia, y que desaparecerá hacia la quinta semana.

En la cuarta semana, más o menos, puede que observes que le sale una especie de sarpullido en la cara. Es algo normal producido por las hormonas que recorren la placenta durante el parto. A veces se agrava si el bebé duerme en sábanas lavadas con detergentes fuertes o sobre su propio vómito de leche. Yo minimizo el problema colocándoles una gasa debajo de la cabeza cuando están despiertos y limpiándoles bien la carita con una gasa o un pedazo de algodón hidrófilo humedecido en agua tibia una vez al día.

Reflejos

Los bebés nacen con decenas de respuestas reflejas. Una de ellos es el sobresalto o reflejo de Moro, por el que, cuando el bebé oye un ruido fuerte o si no se le sujeta bien la cabeza y se le va para atrás, abre los brazos hacia los lados e incluso puede que se sacuda. Dale un abrazo para tranquilizarlo y se le pasará.

Otros dos reflejos primarios del bebé son el de buscar el pezón y succionar cuando se le pone en la boca y el de «dar pasitos» si se lo pone de pie. Todos ellos desaparecen transcurrido el primer año de vida, cuando el bebé empieza a controlar sus propios movimientos. Al principio, sus movimientos corporales son bruscos, pero al final del primer mes empiezan a suavizarse y se hacen más coordinados. Encontrará el modo de llevarse el puño a la boca, comenzará a estirar los brazos y las piernas y a arquear la espalda.

Los cinco sentidos

Los bebés tan pequeños no enfocan bien, y sus ojos son muy sensibles a la luz intensa. Sólo pueden establecer contacto visual cuando el sujeto está muy cerca, entre 20 y 30 centímetros. Puede que los ojos se les vayan hacia los lados o se pongan bizcos.

Prefieren los diseños en blanco y negro, su visión en color aún no se ha desarrollado del todo. Lo que más les gusta ver son rostros humanos.

Cuándo acudir al médico

Inmediatamente si el bebé parece rígido, inmóvil o como de trapo.

Si después de la tercera semana o así observas alguna de estas cosas:

- come despacio o succiona poco;
- no parpadea cuando se le ilumina la cara con una luz potente;
- no responde a los sonidos fuertes;
- le tiembla constantemente la mandíbula inferior, incluso cuando no llora ni está nervioso.

Transcurrido el primer mes, el bebé ya tiene el sentido del oído completamente desarrollado. Puede reconocer determinados sonidos y se vuelve al oír tu voz. ¿Y a que no sabes qué? Incluso puede recordar parte de lo que oye.

Descubrirás que prefiere los olores dulces y que reconoce el olor de la leche materna. También le gustan los objetos de tacto blando (como una manta mullida) y las caricias suaves. A los bebés de esta edad no les gusta las brusquedades. Debes cogerlo con seguridad y firmeza.

Desarrollo físico de treinta a noventa días

¡Vas a ver muchos cambios en ese tiempo! Seguirá ganando peso, de 680 a 900 gramos todos los meses. La cabeza le seguirá creciendo más deprisa que el resto del cuerpo. Al año, la parte blanda del cráneo ya se le habrá cerrado. Los huesos le crecerán más rápido e incluso se le desarrollarán los músculos a medida que empiece a moverse más y desaparezca la grasa.

Se le fortalecerá el cuello. Cuando lo pongas boca abajo, empezará a levantar la cabeza y el pecho para mirar alrededor. Podrá flexionar y estirar las piernas intencionadamente, y abrir y cerrar las manos. Se hará mucho más activo, y pasará mucho tiempo mirándose las manos. Podrá girar la cabeza a los lados. Empezará a llevarse los deditos a la boca y sabrá agarrar algunas cosas, como tu pelo (de eso sé mucho).

Su rango visual se expande, y ahora podrá verte la cara entera, aún su juguete favorito. Aprenderá a seguir el movimiento de los objetos en un semicírculo delante de él, y verá de lejos, y en color. Empezará a desarrollarse su coordinación mano-ojo. Comenzará a agitar los brazos arriba y abajo o alrededor. Además, balbucirá ya algunas cosas y responderá al sonido de tu voz. También empezará a hacer gestos, como fruncir el ceño o hacer pucheros. Tu bebé se está volviendo sociable.

Desarrollo social y emocional de uno a treinta días

Los bebés muy pequeños se pueden sobreestimular con facilidad. No saben mirar para otro lado, por ejemplo. Si te parece que tu hijo se está poniendo de mal humor, muy posiblemente sea porque está recibiendo demasiada estimulación. Una habitación tranquila y en penumbra puede hacer maravillas a la hora de calmarlo. Notarás que empieza a relajarse cuando haga ruiditos y/o se chupe los puños o los dedos.

A medida que vaya transcurriendo el primer mes, observarás que el bebé está más despierto y más receptivo. Te escuchará cuando le hables, te mirará cuando lo tengas en brazos e incluso puede que mueva el cuerpo para llamar tu atención o en respuesta a algo que tú hagas. Notarás también que se le acelera la respiración cuando lo cojas en brazos, sobre todo cuando se acerque la hora de la toma. Es su forma de decir: «¡Bien!»

Durante los treinta primeros días o así, experimentarás una de las mayores alegrías de unos padres: la primera sonrisa del bebé. Suele ocurrir por primera vez mientras duermen. Puede que también empiece a gorjear. Tú le responderás con una sonrisa y una risa, y pronto se producirá un juego maravilloso de ruiditos y sonrisas entre los dos. Por tu

Cuándo acudir al médico

Si hacia los tres meses observas que:

- no agarra objetos;
- no sonríe;
- no sigue los objetos con la vista;
- bizquea mucho y le cuesta mover uno o los dos ojos en todas las direcciones;
- no balbuce;
- no levanta la cabeza cuando está boca abajo.

reacción, el bebé sabrá que estás con él, que te importa cómo se sienta, y esa reacción es la base misma de una autoestima saludable.

Temperamento

Sí, es cierto que los bebés vienen al mundo con su propio temperamento. Algunos son tranquilos y silenciosos, otros son activos. Otros parecen malhumorados y se sobresaltan con facilidad. A algunos no les gustan los cambios, otros son más despreocupados y se adaptan a lo que venga. Los hay que duermen mucho, otros no tanto. Ésa es una de las cosas estupendas de ser padres: descubrir qué clase de persona es ese ser diminuto que tenemos a nuestro cuidado. No se puede pedir el bebé que uno quiera; tu labor consiste en cuidar del que te ha tocado. Si prestas atención a las pistas que te va dejando en todo lo que hace, desde comer hasta dormir o llorar, empezarás a entender quién es y qué es lo que os une. Me he topado con muchas matronas que tienen una intuición especial para detectar con acierto el carácter de un recién nacido. Se puede saber, es cuestión de experiencia.

Desarrollo social y emocional de treinta a noventa días

A medida que vayáis pasando más tiempo juntos, el apego de tu bebé hacia ti irá creciendo de forma inconmensurable. Cuando cumpla los tres meses, sonreirá al oír tu voz y cuando te vea la cara. Puede que observes que es más receptivo hacia sus padres que hacia cualquier otro adulto, pero muy probablemente empezará a interesarse cada vez más por otros niños y bebés. Quizá lo veas imitar los gestos y los sonidos de otros bebés.

Identifica tu voz y, a estas alturas, ya detecta el tono. Si hablas enfadada delante del bebé, se pondrá a llorar. Si, por el contrario, hablas con dulzura, verás cómo sonríe. Está aprendiendo a distinguir tus estados de ánimo y tu personalidad al mismo tiempo que tú aprendes los suyos. Puede que lo veas imitar tus gestos y seguir tus movimientos con la vista. El bebé es muy sensible a todo lo que tú haces.

La posibilidad de sonreír además de llorar le proporciona otro modo de comunicarse contigo, y a lo mejor descubres que sonríe y balbuce para que le hagas caso. Si respondes en seguida y de forma positiva, le indicas al bebé que es importante para ti, que puede expresar sus necesidades y verlas satisfechas, lo que fomentará su confianza ahora y su autoestima más adelante.

Cuando le hablas como respuesta a una sonrisa o un balbuceo, el bebé empieza a comprender que la comunicación es un proceso bidireccional. Aunque te cueste creerlo, en esta etapa ya aprenden muchos aspectos de la conversación, como el tono de voz, el ritmo y la necesidad de hablar por turnos.

El sistema nervioso de tu bebé está empezando a desarrollarse, por eso notarás que es más capaz de hacer frente a sus frustraciones que cuando era sólo un recién nacido. Posiblemente aún tenga berrinches, pero ahora te resultará más fácil calmarlo o distraerlo.

Hogar seguro

Cuando nos planteamos el refuerzo de la seguridad de nuestros hogares, solemos pensar en mantener al bebé lejos de los enchufes y en evitar que se ahogue o que se caiga. Por supuesto que debemos proteger a nuestros hijos de esos peligros, pero un hogar seguro para el bebé es mucho más: se trata de crear una seguridad general y un entorno sano en el que el bebé pueda desarrollarse.

Sé por experiencia que los padres novatos tienden a caer en uno de los dos extremos: o todo les da igual o todo es un peligro y lo raro es que los bebés sobrevivan a la infancia. Ambas actitudes resultan problemáticas, porque no te permiten ser realista a la hora de hacer todo lo posible para evitar los accidentes. La vida tiene sus peligros, sobre todo para los bebés, y es importante que los evitemos en la medida de lo posible; pero debemos hacerlo de forma que no genere ni en nosotros ni en nuestros hijos histeria o un temor abrumador.

Al crear un entorno seguro sin ser sobreprotector, enseñamos a nuestros hijos a tomar las debidas precauciones a medida que vayan creciendo y que sepan que pueden contar con nosotros para estar fuera de peligro en la medida de lo posible. No pretendemos evitar hasta el más mínimo chichón, porque los golpes les ayudan a adquirir destreza y coordinación, pero sí debemos evitar emergencias graves. Más vale prevenir que curar, ¿verdad?

En el capítulo 3 ya hablamos de los accesorios de seguridad y el mobiliario doméstico. A medida que tu bebé vaya progresando a lo largo de su primer año, tus inquietudes sobre su seguridad irán cambiando conforme a su desarrollo y su evolución. Cada uno de los apartados de «Hogar seguro» de este libro parte del anterior, de modo que, por ejemplo, cuando propongo el uso de prendas de dormir resistentes al fuego o que no dejes al bebé solo con la mascota durante los tres primeros meses, todo eso es válido para el primer año de vida entero.

En estos apartados he incluido los consejos que considero más útiles para la seguridad *general* de un niño hasta que cumple el año, divididos en etapas. Con algunos de esos consejos, pensarás: «¡Bah!, eso no es necesario para mi hijo, porque él ya lo sabe» o «A nosotros no nos hace falta una cerradura ahí» o «Sí, sí, si tienes razón, pero nuestro bebé es muy pequeño para llegar a los fogones de la cocina.» Es comprensible. Tendrás que adaptar mis consejos a tu situación particular y al carácter de tu hijo. Lo único que pretendo es que sepas qué cosas debes tener presentes y lo que quizá tengas que hacer.

Primeros auxilios del lactante

CONSEJOS ÚTILES

Dado que, a pesar de nuestra buena intención, ocurren accidentes, te recomiendo encarecidamente que hagas un cursillo de primeros auxilios del lactante. Puedes hacerlo sola o en grupo, quizá proponiéndoselo a los padres del barrio. En la cuarta parte he incluido unos primeros auxilios básicos para emergencias, pero éstos no sustituyen a una preparación en condiciones.

Contaminantes

¿Recuerdas lo que comentaba de los pulmones diminutos de tu bebé? Los bebés absorben el doble de toxinas del aire que los adultos, por lo que, para que respire bien, es fundamental que lo mantengas alejado de cualquier contaminante. Eso significa que el aire que lo rodea debe estar libre de humo de tabaco. Con suerte, ni siquiera fumas, pero, si lo haces, sal fuera a fumar y obliga a las visitas a hacer lo mismo. Los niños expuestos al humo del tabaco cogen más catarros y sufren más otitis, y son más propensos a padecer asma, neumonía y bronquitis, y también corren mayor riesgo de ser víctimas del síndrome de muerte súbita del lactante (SMSL).

Ten siempre limpios los suelos y las alfombras; incluso a esta edad, tu hijo pasará mucho tiempo en el suelo, sobre una manta o en su moisés. En estas superficies es donde se acumulan las sustancias químicas más pesadas y las partículas pequeñas. Procura que no haya objetos en las escaleras y los pasillos que puedan hacerte tropezar cuando lleves al bebé en brazos.

Dormitorio

Asegúrate de que no hay nada encima de donde duerme el bebé, como una estantería con chismes que se le puedan caer encima. No lo dejes solo en tu cama y JAMÁS lo pongas en una cama de agua, es demasiado blanda y podría ahogarse.

No cubras nunca su colchón con un plástico, también supone un riesgo de asfixia.

No les pongas lazos o cordeles a los chupetes, ni le pongas nada alrededor del cuello. Si utilizas un calentador eléctrico o una luz de noche, asegúrate de que no esté cerca de la ropa de cama ni de las cortinas, para evitar un incendio. Procura ponerle a tu hijo un pijama de tejido resistente al fuego cuando lo acuestes.

No lo dejes nunca solo en el cambiador. No sabes cuándo aprenderá a darse la vuelta. Las cosas pasan de repente. Crees que no sabe hacer algo y, de pronto, ya sabe.

Baño

Jamás dejes al bebé solo en el baño, ni por un segundo, aunque esté en el asiento de baño. Las ventosas del asiento podrían soltarse y se caería de bruces. Pon el grifo del agua caliente al mínimo y prueba siempre el agua con el codo antes de meterlo en el baño, para asegurarte de que no quema. «¿Por qué el codo?», te preguntarás. Porque nuestras manos están habituadas a soportar temperaturas mayores y son menos sensibles. Compra un termómetro de baño si quieres. Guarda todos los aparatos eléctricos, como secadores de pelo, pinzas rizadoras, cepillos de dientes y demás, bien lejos de la bañera o el lavabo, para evitar el riesgo de electrocución.

Cocina

No tengas en brazos al bebé mientras cocinas o bebes líquidos calientes, podría quemarse. Déjalo en el moisés a unos metros de ti, o en la hamaca, o en el gimnasio infantil, para que se divierta estirándose, cogiendo el espejito o los muñecos que cuelgan de arriba mientras tú te tomas un café. Recuerdo meriendas en las que los bebés estaban en el centro de la habitación jugando y las mamás y las niñeras alrededor, bebiendo y charlando.

Si calientas los biberones, te aconsejo que lo hagas poniéndolos al baño María en lugar de meterlos en el microondas, porque los microondas calientan de forma irregular y puedes terminar escaldándolo. No obstante, entiendo que hay que ser realistas y algunas personas recurren al microondas porque es mucho más rápido, en 30 segundos ya tienes el biberón caliente. Usa el sentido común. Agítalo bien después de calentarlo para evitar que haya partes muy calientes, prueba la leche en el reverso de la muñeca y espera un poco antes de dárselo al bebé.

Guarda una lista de teléfonos de emergencias en la habitación que vayas a ocupar con más frecuencia para tenerla siempre a mano: el del pediatra, el de urgencias, el del hospital infantil más próximo, etc. Cuélgalo en un tablón de corcho junto con otra información importante.

Coche

Ya sabes que el bebé debe ir en su silla, de espaldas al conductor, siempre que lo subas al coche, pero piensa también en lo que le pones al lado. Mete las bolsas del súper y otros artículos pesados en el maletero, para que, si tienes que dar un frenazo o te dan un golpe, los objetos que salgan disparados no le hagan daño. Si tienes que llevarlos en el coche, ponlos en el suelo del asiento del copiloto.

Todos estamos al tanto de la trágica noticia de algún padre que se ha dejado olvidado al bebé en el asiento trasero del coche en un día caluroso, algo muy peligroso que puede causarle la muerte. Una forma de acordarte es ponerte una nota adhesiva en el salpicadero siempre que lo lleves contigo o sentar a uno de sus peluches en el asiento del copiloto cuando el bebé vaya detrás.

Para que el coche esté fresco y tu hijo protegido del sol mientras conduces, compra parasoles laterales con ventosas. En caso de apuro, puedes bajar un poco la ventanilla, meter el borde de una toalla por la ranura y volver a subir la ventanilla para sujetarla. Mantén los asientos frescos poniendo toallas en ellos también. Aparca en la sombra, aunque luego tengas que caminar más, para que el coche no sea un horno cuando vuelvas a meterte dentro.

Protege al bebé por completo del sol en esta etapa, porque no deberías usar protectores solares cuando es tan pequeño. Usa la sombrilla del carrito, ponle al bebé una gorra que le haga sombra en la cara y le cubra la nuca y el cuello. Yo los llamo *gorras de la legión extranjera.* Procura no salir entre las once de la mañana y las tres de la tarde, y si vives en algún sitio donde hace mucho calor, no salgas en toda la mañana. Humedécele la cara y el cuerpo continuamente con una gasa húmeda.

Protección solar rápida

CONSEJOS ÚTILES

El sol no sólo es peligroso para la piel del bebé, sino también para sus ojos. Cuando saco a pasear a un recién nacido siempre pongo una gasa por encima del carrito o la sillita para protegerlo instantáneamente del sol. La gasa es de algodón, que deja pasar el aire, pero no el sol. Me resulta más cómodo que andar con la sombrilla de aquí para allá si tengo que entrar y salir de un coche.

Mascotas

Nunca dejes a tu hijo solo en una habitación con una mascota. Los animales domésticos son muy celosos y pueden tener reacciones impredecibles, hasta los más tranquilos. Cuando el bebé sea muy pequeño, controla que la mascota no se acerque en absoluto al bebé. De hecho, la distancia es lo mejor para el primer año. Para el animal, esa criatura diminuta es un desconocido, uno que hace mucho ruido y huele raro. A medida que el bebé se haga mayor, quizá provoque sin querer al animal tirándole de la cola o agarrándolo de la piel. Ten presente también que los animales domésticos pueden causar alergias. ¡Lo sé de buena tinta! La separación es especialmente importante si el bebé tiene asma o nació con eczema, y así evitas también que el animal le pase garrapatas, la tiña y otras cosas desagradables.

Si tenías pensado comprar una mascota, espera a que el niño sea mayor. Si ya tienes una y crees que te va a costar cuidar del bebé y del animal, piensa en la posibilidad de llevarlo a un hogar para animales durante la primera o las dos primeras semanas, o quizá en dejárselo a alguna amiga. Si no te parece que vaya a ser una carga, supongo que es porque tú y tu pareja os habéis sentado a decidir quién va a cuidar del animal, y que los dos os vais a encargar de que vuestro hijo no se quede solo en la misma habitación que la mascota. Quizá os convenga una verja para bebés que los mantenga separados. Jamás atéis la correa del perro al carrito del bebé cuando paseéis, podría volcarlo.

Síndrome del bebé zarandeado

Por muy frustrada, molesta, impaciente o enfadada que estés, JAMÁS ZARANDEES AL BEBÉ. Podría causarle daños permanentes en el cerebro y la médula espinal, provocarle ceguera, parálisis o la muerte. Como ya he dicho antes, si no deja de llorar y te está poniendo de los nervios, déjalo en el moisés y tómate un respiro en otra habitación. Llama a una amiga o a un pariente y pide ayuda.

Siempre hago esta advertencia, porque los padres sienten la necesidad imperiosa de controlar el llanto de sus bebés. La sensación de impotencia que experimentan cuando no pueden les genera una frustración que puede convertirse en ira. Es fundamental que entiendas esto, porque cuanto más claro te quede que no puedes controlar el llanto de tu hijo y que lo que necesitas en ciertos momentos es paciencia, menos frustrada te sentirás.

Buenos hábitos

Sentar una base firme significa crear rutinas saludables de paseo, sueño y estimulación, así como manejar el llanto de forma eficaz. No me canso de resaltar la importancia de las rutinas. Cuanto antes puedas establecer rutinas, más te facilitarás la vida, no sólo durante el primer año, sino durante toda la infancia del bebé. Las rutinas generan seguridad y estabilidad para el bebé y para ti. Los dos os sentís menos abrumados y te ayudan a organizarte bien el tiempo para poder hacer otras cosas también.

Con eso no quiero decir que obligues al bebé a seguir un horario rígido, tengo claro que unos buenos padres deben saber establecer rutinas y ser flexibles a la vez. Hay un punto medio, ni demasiado estricto ni demasiado permisivo. Requiere práctica.

Por ejemplo, pongamos que el bebé tiene ya tres meses y suele dormir una siesta en la cuna a las dos de la tarde. Tú estás comiendo fuera con una amiga. ¿Debes salir corriendo para no romperle la rutina si el bebé se está quedando dormido en la sillita? Eso es ser demasiado estricto. Yo no soy partidaria de que duerman siempre a la misma hora y en el mismo sitio, pero merece la pena seguir un patrón fijo de sueño y tomas. Si se queda dormido en la sillita, se ha dormido a su hora, solo que en un lugar distinto.

Rutinas

Al principio, el bebé duerme tanto y come tantas veces que, sobre todo si tienes otros hijos, te resultará más fácil mantener tu rutina anterior y encajar al recién nacido en ella.

No obstante, al cabo de un tiempo, cuando esté más alerta, tendrás que ajustarlo todo al bebé. Tu máxima prioridad durante el primer año de vida es asegurarte de que el bebé ve satisfechas sus necesidades de sueño, alimento y estimulación mediante el juego, porque depende por completo de ti. Para eso, tendrás que organizarte bien, sobre todo si tienes más hijos.

Yo siempre aconsejo llevar un diario del bebé durante las ocho primeras semanas, y te he dejado espacio al final del libro para que lo hagas. Es una forma de saber cuándo duerme y cuándo está despierto, para que puedas empezar a ver un patrón y establecer una rutina que te funcione cuando el bebé sea un poco mayor.

Sueño

Una de las primeras tareas de desarrollo del primer año es el sueño. Eso es porque la cantidad de sueño adecuada es fundamental para el correcto desarrollo físico y mental. En el Reino Unido, la Fundación Nacional del Sueño recomienda que los lactantes duerman entre diez horas y media y dieciocho horas al día hasta que cumplan los tres meses, y yo estoy de acuerdo, por eso te aconsejo que hagas todo lo posible para que esa tarea te resulte más fácil, y segura. Hay una serie de cosas que puedes hacer para reducir el riesgo del síndrome de muerte súbita del lactante (SMSL):

— Acuéstalo siempre boca arriba en una superficie firme para reducir la posibilidad de asfixia; los bebés que duermen boca abajo tienen un riesgo un veintiuno por ciento mayor de sufrir el SMSL.
— Coloca al bebé siempre con los pies cerca de la parte inferior de la cuna o el cochecito, para evitar que se vaya escurriendo hacia abajo y quede enterrado bajo las sábanas o la manta, y no le subas la sabanita y la colcha más arriba de los hombros. Sujeta bien la ropa de cama por los lados para evitar que se deslice sobre la cabeza del bebé.
— Procura que el bebé no pase mucho calor (ni mucho frío). La temperatura ideal para la habitación del bebé es de 18 °C.
— No fumes en la habitación donde esté el bebé.
— Es preferible que dejes la cuna del bebé en tu dormitorio durante al menos los cuatro primeros meses. Aunque te guste tenerlo contigo para achucharlo o darle de comer, vuelve a dejarlo siempre en la cuna antes de dormirte, porque hay una relación estrecha entre la muerte súbita y los bebés que comparten la cama, el sofá o el sillón con sus padres.

Truco para la cama

Para no tener que cambiar las sábanas continuamente, pon una sábana bajera ajustable y coloca una gasa en la parte superior del colchón y remételа bien por los lados de forma que, cuando acuestes al bebé boca arriba con la cabecita de lado después de comer, babee y vomite en la gasa y no en la sábana. Así sólo tendrás que cambiar la gasa.

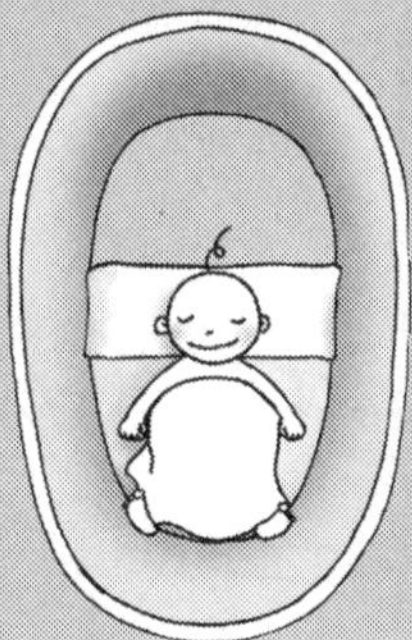

En las ilustraciones de la siguiente página verás dos posiciones seguras para dormir, boca arriba completamente plano o boca arriba con un hombro elevado, que va muy bien para los bebés con reflujo.

Durante los tres primeros meses no es necesario que acuestes al bebé en el dormitorio cuando duerma una siestecita, aunque es una buena costumbre para ti. Si se queda dormido en la hamaca, perfecto. Es importante que el bebé se duerma oyendo los sonidos de la casa para que se acostumbre a un cierto nivel de ruido mientras duerme. Con eso no quiero decir que, en cuanto se duerma el bebé, enciendas la aspiradora, pero tampoco es preciso que guardes silencio absoluto. Conviene que tu bebé sea un niño tolerante y amoldable, que no necesite tener su propia habitación en oscuridad total y silencio absoluto para poder dormirse. Si así

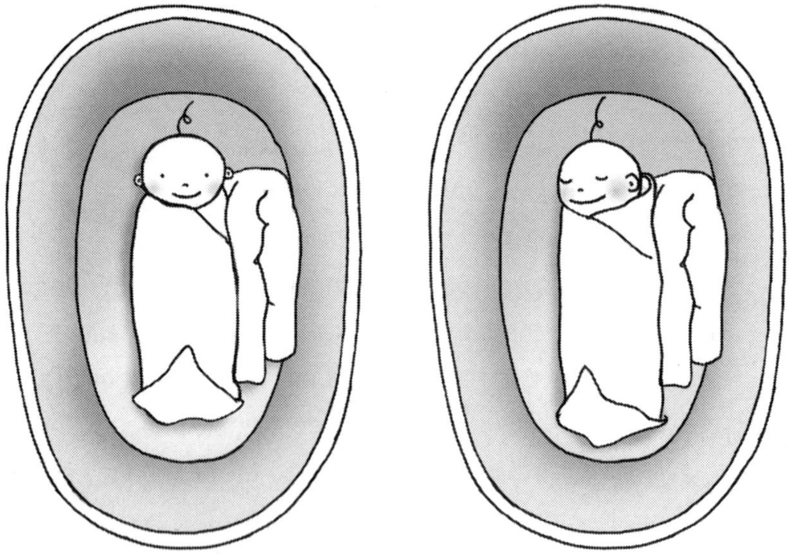

fuera, tu hijo se convertiría en uno de esos niños que no se duermen en ningún otro sitio.

Si utilizas la cuna desde el principio, haz sólo la mitad inferior y procura que las mantas lleguen sólo hasta la tripita del bebé, no más arriba. Si lo acuestas en la parte superior de la cuna, puede que se vaya escurriendo y se ahogue. Si lo colocas en la parte inferior, no podrá bajar más. Tampoco uses nunca colchas ni edredones ni en el moisés ni en la cunita. El bebé podría quedarse atrapado bajo ellas y eso es muy peligroso.

Los especialistas médicos no aconsejan que se duerma con los lactantes, porque el adulto, mientras duerme, puede volverse sin querer sobre el bebé y asfixiarlo. Además, el calor corporal de un adulto puede sofocar al bebé.

También desaconsejo que se traslade a menudo a los lactantes a la cama de los padres porque se genera un hábito que más adelante causará muchos problemas. En mi trabajo como niñera he tenido muchos casos de niños de más de un año que están tan acostumbrados a dormir en la cama de los padres que no saben dormir en otro sitio. Conseguir que se habitúen a dormir en su cama se ha convertido en un problema. Debes procurarle a tu bebé buenos hábitos de sueño desde el principio. Por eso he titulado este apartado «Buenos hábitos».

Tanto si tu hijo duerme en el moisés en tu dormitorio como si lo colocas en su propio cuarto, no esperes que duerma toda la noche de un tirón hasta que empiece a comer alimentos sólidos. Muchas madres dicen: «Mi bebé de un mes duerme de un tirón toda la noche», pero muy probablemente no sea de forma constante, una semana sí y otra no. La tripita se le vacía muy deprisa. Al cumplir los tres meses, puede que el bebé tenga una toma a medianoche y luego duerma toda la noche hasta el día siguiente. ¡Aleluya! ¡Así podrás dormir tú también! Pero no es probable que esa pauta se haga constante hasta que empiece a comer alimentos sólidos.

Siempre que llore durante esta época, debes ofrecerle comida y mirar si ha ensuciado mucho el pañal.

Aún no ha llegado el momento de establecer una rutina de sueño, es muy posible que el bebé llore porque tenga hambre. Siempre que llore durante esta época, debes ofrecerle comida y mirar si ha ensuciado mucho el pañal. Sólo le quedan unos cuatro meses para que su sueño se normalice.

Cómo arropar al bebé

Dobla una de las puntas del arrullo formando un triángulo de modo que el lado más largo quede en la parte superior, y tumba al bebé encima, con los hombros alineados respecto a ese lado más largo del triángulo.

Coge una de las puntas laterales y pliega el arrullo sobre el cuerpo del bebé, luego sube el extremo inferior en dirección a la tripita del bebé. A continuación, lleva la otra punta lateral hacia el lado contrario y cúbrele las piernecitas por debajo.

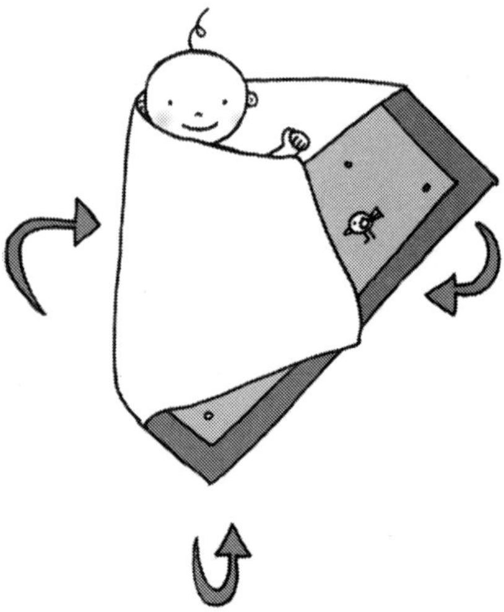

A algunos bebés les gusta tener los brazos por fuera y a otros tenerlos tapaditos. Prueba de las dos formas y en seguida sabrás qué prefiere el tuyo.

Arropar al bebé

A tu hijo recién nacido le vendrá bien que lo arropes, de ese modo se sentirá seguro, debido a lo recogidito que ha estado en el seno materno. Yo suelo arropar a los bebés para que se duerman, pero, cuando están despiertos, conviene que dispongan de espacio para poder dar pataditas y saber dónde tienen los dedos de las manos y los de los pies, salvo que sea uno de esos bebés que se enfadan mucho cuando no se sienten arropados. Si descubres que a tu bebé no le gusta que lo arropen para dormirlo, no lo hagas. Puedes probar de las dos formas durante varios días y sabrás cuál le gusta más.

Para arropar al bebé, dobla una de las puntas del arrullo formando un triángulo de modo que el lado más largo quede en la parte superior y tumba al bebé encima, con los hombros alineados respecto a ese lado más largo del triángulo. Coge una de las puntas laterales y pliega el arrullo sobre el cuerpo del bebé, formando un ángulo, y méteselo por debajo del culete, luego sube el extremo inferior en dirección a la tripita del bebé. A continuación, lleva la otra punta lateral hacia el lado contrario para terminar de arroparlo, y cúbrele las piernecitas por debajo desde el otro lado (consulta las ilustraciones). A algunos bebés les gusta tener los brazos libres, otros prefieren tenerlos tapados. Prueba de las dos formas y sabrás cuál es su favorita.

En cualquier caso, no olvides que no debes acalorar al bebé. Procura que no haga demasiado calor en la habitación. Debes conseguir que se temple la estancia sin resecar demasiado el ambiente. Si el ambiente está demasiado reseco y cargado como consecuencia de la calefacción central, coloca unos boles de agua encima de los radiadores para humedecer el aire, o compra un humidificador.

Acostar a un bebé dormido

CONSEJOS ÚTILES

Cuando el bebé se duerma en tus brazos y quieras acostarlo sin que se despierte, muévete despacio. Con cuidado, apóyale primero la cabeza, luego el resto del cuerpo, sin retirar las manos de debajo de su espalda hasta que lo hayas tumbado del todo. Retira primero una mano, lentamente, después la otra, haciendo una pausa entre ambas para que pueda acomodarse. A continuación, quédate de pie a su lado uno o dos minutos y acarícialo o dile algo para tranquilizarlo si parece que va a despertarse.

Dormir al bebé

Muchos bebés se duermen contemplando un móvil musical colgado sobre el moisés o la cuna, y eso está bien. Sin embargo, he descubierto que, al principio, no hay nada como mecerlo en brazos hasta que caiga. Encontrarás tu propio ronroneo y te moverás a su ritmo. Lo que funciona es la repetición, pero procura no marear al bebé (o marearte tú) balanceándolo a la velocidad de una atracción de feria. Hazlo despacio y canta bajito. Se trata de que se duerma, no de acelerarlo.

Pautas de sueño

Cada bebé es distinto. A continuación, verás la pauta de sueño de un recién nacido hasta el primer mes, y del mes al mes y medio, para que te hagas una idea de lo que puedes esperar. Pero no olvides que no hay dos bebés iguales.

EJEMPLO DE RUTINA DE SUEÑO 0-6 SEMANAS

0-4 semanas		4-6 semanas	
7.00	despierto	6.00	despierto
	dormido la mayoría del tiempo salvo algún intervalo de 20-30 minutos despierto		despierto por la mañana, luego dormido durante la mayor parte del día
21.00-2.00	duerme intermitentemente	18.30-22.00	dormido
		22.00-1.00	despierto
3.00-7.00	dormido	1.00-6.00	dormido

Hasta que el bebé coma cada dos a cuatro horas, no tendrá una pauta de sueño estable. Todo es nuevo, tendrás que ir tanteando. No te agobies si te cuesta unas semanas establecer una rutina.

Mi filosofía del chupete

Me gusta ponerle el chupete al recién nacido para dormirlo. ¿Por qué? Por instinto, el bebé succiona y luego se duerme. Si le das algo que chupar, se dormirá antes, por la asociación. Así pues, el chupete viene bien para dormirlo. Sin embargo, no a todos los bebés les gustan los chupetes, compruébalo.

A medida que el bebé se hace mayor, el chupete se convierte en algo que él mismo coge con sus manitas para tran-

Recién nacidos llorones

CONSEJOS ÚTILES

Si el bebé no está malito, te servirá alguno de los siguientes consejos:

- Mira si tiene el pañal muy sucio y luego ofrécele comida.
- Si no tiene hambre ni necesita que le cambies el pañal, prueba a moverlo: paséalo, mécelo, balancéalo, dale palmaditas en la espalda.
- Acércatelo al corazón. Está acostumbrado a oírlo desde el útero.
- Cántale o tararéale en voz baja. Prueba a ver qué te funciona mejor. Normalmente es preferible que oiga tu voz, porque está habituado a oírla desde el útero, sobre todo si la acompañas de muchos besitos.
- Prueba con los ruidos de fondo, como la secadora, la aspiradora o una de esas maquinitas que hacen un ruido adormecedor.
- Mira a ver si arroparlo lo tranquiliza.
- Ponlo en la hamaca o en el gimnasio, a lo mejor está aburrido.
- Pídele a tu pareja que lo intente.

quilizarse, de modo que, además de ayudarlo a dormirse, le sirve para tranquilizarse.

Por desgracia, muchos padres abusan del chupete para no tener que pensar en qué tipo de estímulo o consuelo necesita el bebé. Además lo usan demasiado tiempo. Ningún niño debe seguir usando el chupete después de cumplir el año, y cuanto antes pueda dormir sin él mejor. El abuso del chupete puede impedir que el niño aprenda otras formas de consolarse. Por otra parte, deforma la boca, puede producir llagas, dientes salientes y retrasar el habla. De modo que retíraselo como muy tarde a los doce meses para su uso diario y a los dieciocho para el uso nocturno.

Si usas chupete, procura tenerlo siempre limpio, porque, como es lógico, es un nido de gérmenes. Lávalo a mano, con agua tibia y un jabón muy suave y acláralo bien. Si lo metes en el lavavajillas o en el esterilizador, se escalda la goma.

Aprender a distinguir el llanto del bebé

El llanto es el modo en que el bebé te comunica que tiene hambre, está cansado, asustado, aburrido; que se siente frustrado, agobiado; que tiene mucho pis, frío, calor, o que le duele algo. La vida fuera del útero materno le resulta muy estresante, y al recién nacido le cuesta un tiempo acostumbrarse y adaptarse a ella. No tardará en habituarse a la vida en el estimulante mundo exterior, estará menos tenso y a ti se te dará mejor entender y satisfacer sus necesidades.

Averigua por qué llora tu hijo. ¿Qué significa ese llanto? ¿Y el tono del llanto? ¿Es esporádico? ¿Qué nivel alcanza? Si prestas atención, desarrollarás un sexto sentido: «Ah, eso es que tiene hambre. Hace dos horas que ha comido y acabo de cambiarle el pañal...» Hay un período al que yo llamo de eliminación, en el que revisas toda la lista de posibilidades, y cuanto más lo haces, más rápido repasa tu cerebro todas las opciones.

Cuando el bebé es muy pequeño, no llora para manipularte, ponerte de los nervios ni desesperarte como lo hacen después de cumplir el primer año (que es cuando yo sugiero ignorarlos en determinadas circunstancias). Los lactantes sólo tratan de expresar una necesidad auténtica, por lo que debes procurar, en la medida de lo posible, descifrarla y responder a ella. Algunos bebés tienen un sistema nervioso muy sensible, lo que te comunica es «¡Ay!», y a lo mejor no puedes hacer mucho al respecto. Cuanto más lo observes, más aprenderás del llanto de tu hijo.

Hay bebés que lloran hasta vomitar. En esos casos, quizá se trate de una rabieta que ha llegado a un punto en que ni siquiera el propio bebé sabe ya por qué llora, y eso le provoca un espasmo, que a su vez genera el vómito. Limpia lo que haya manchado y procura calmarlo lo máximo posible.

Alimentación

Las necesidades alimentarias del bebé

Tanto si le das el pecho como si no, la leche materna o la leche de fórmula es lo único que precisa tu hijo durante los tres primeros meses. Darle al bebé alimentos sólidos antes de los cuatro meses, cuando su aparato digestivo aún no se ha desarrollado debidamente, puede ocasionar alergias y problemas digestivos. Si tiene hambre, dale más leche materna o de fórmula. Jamás le des leche fresca de vaca, ni siquiera diluida en agua. Tiene demasiadas proteínas para que un lactante pueda asimilarlas.

Soy partidaria de dar de comer al bebé tantas veces como lo pida durante las primeras semanas. El que no llore no significa que no tenga hambre. Por lo general, los recién nacidos comen cada dos horas, entre ocho y diez tomas al día, al principio. Si le das el biberón, serán de ocho a diez biberones de 55-110 mililitros cada uno. No te preocupes, cuando le crezca el estómago, ya no tendrá que comer tantas veces.

A partir de la cuarta semana, más o menos, llega el momento de establecer un horario de tomas (consulta mis consejos de la pág. 157). A partir de entonces, conviene que anotes las horas a las que come en el diario del bebé del final del libro, ya que eso te ayudará a formular una rutina cuando llegue el momento. Llevar un diario del bebé es también una forma de averiguar si lo que comes le produce gases: «Uf, ayer cené chino y hoy el pobre está fatal.»

Los bebés se desarrollan por fases a lo largo del primer año; por lo general, sufren cambios a las tres semanas, entre las seis y las ocho semanas, a los tres meses y a los seis meses. Sabrás que tu hijo está pasando por una de esas fases porque de pronto tendrá más hambre y comerá más.

Problemas de alimentación

- Los bebés tienen hipo, incluso en el útero materno. Si se enfada o se disgusta mucho mientras le das de comer, hipará más. Si le da el hipo mientras mama, retírale el pezón, ayúdalo a echar el aire y espera a que se le pase el hipo.
- Si se duerme mientras come, sóplale flojito en la cara para despertarlo, sobre todo si es prematuro o no come suficiente y quieres que se alimente. También puedes ponerle un paño húmedo encima si ves que está acalorado.
- Los bebés tienen tendencia a vomitar después de comer, algo que a lo mejor te desespera al principio si vomita mucha cantidad. El músculo de su esófago aún no está desarrollado del todo. Esto suele ocurrirles porque han comido mucho o han tragado demasiado aire.
- Si tu hijo vomita mucho después de la toma, dale de comer antes de que tenga hambre de verdad, ayúdalo a expulsar el aire más a menudo, dale de comer en una habitación silenciosa y tranquila, y ponte una gasa limpia en el hombro para limpiar lo que vomite y ropa que no te importe que se estropee. Ponlo recto cuando termine de comer. Siéntalo a dormir en una silla para lactantes. Si le das el biberón, procura que el agujero de la tetina no sea ni muy pequeño (tragará demasiado aire) ni muy grande (tragará demasiada leche). Conviene que busques una tetina de un solo agujero por la que la le-

che pase despacio para que el bebé reciba una cantidad pequeña de leche con frecuencia. Esto mismo se aplica a los bebés prematuros.

- No te preocupes demasiado por que tu hijo vomite después de comer salvo que el bebé se muestre apático; tenga dificultades para respirar; gane poco peso; o el vómito sea violento, de color verdoso (bilis) o contenga sangre. Si se presenta cualquiera de estos síntomas, llévalo al médico de inmediato. Quizá sufra reflujo esofágico, con el que el bebé se inquieta durante las tomas y no se alimenta bien.
- Si le das el biberón, a cada bebé le gusta a una temperatura distinta, de modo que tendrás que ir probando hasta que encuentres la que prefiere tu hijo.

Lactancia materna

¿A que no sabías que la lactancia materna no es algo natural? Al menos no lo es para muchas madres. No te agobies demasiado si te cuesta cogerle el tranquillo o si al principio se te da bien y de pronto empiezas a tener problemas. Cuanto más te estreses, peor te irá probablemente. La matrona te ayudará en todo momento. Entre los problemas más corrientes están el que el bebé no se agarre bien al pecho (lo veremos con detenimiento más adelante) y que la cantidad de leche no se ajuste a las necesidades del bebé. Puede que te lleve hasta un mes establecer una buena rutina. Y si lo encuentras demasiado agotador, física o emocionalmente, no olvides que tampoco pasa nada por que le des el biberón. Eso sí, no renuncies por completo a darle el pecho. Puedes hacer las dos cosas.

La naturaleza nos ha hecho de forma que el pecho produce más leche en respuesta a la succión del bebé, por lo que la cantidad de leche satisfará, por lo general, las necesidades del bebé si le das de mamar siempre que te lo pida. Salvo que te lo diga el médico, no completes su alimentación con leche de fórmula hasta transcurridas las seis primeras semanas para aprovechar este efecto de oferta y demanda. Lo más probable es que produzcas la suficiente si (y esto si es muy importante) te cuidas bien. Sólo tendrás bastante leche si duermes lo suficiente, comes bien y bebes mucha agua y otros líquidos. ¡Te sorprenderá el hambre y la sed que tienes! Con la lactancia materna se queman muchas calorías, de modo que tendrás que reponer.

El estrés puede reducir tu suministro de leche, por lo que conviene que tu entorno sea lo más tranquilo posible. Te aconsejo que busques toda la ayuda que puedas conseguir y que no te atormentes con la perfección doméstica. Debes cuidarte para poder alimentar a tu hijo. Haz algo que sepas que te relaja, y procura descansar. En ese aspecto, la cesárea es una especie de bendición, porque te obliga a descansar.

Comer por dos

Lo que comas llegará al cuerpo de tu bebé a través de tu leche, por lo que es aconsejable que evites la cafeína y el alcohol, así como los medicamentos con o sin receta, salvo que te los mande expresamente el médico. Las comidas fuertes o muy ácidas pueden darle un sabor extraño a tu leche y causarle indigestión al bebé. Los alimentos que producen gases, como el brócoli, las judías blancas, el repollo y demás, también pueden producirle gases al bebé. Igual que los derivados lácteos. Claro que esto son generalizaciones, cada bebé es un mundo. Pronto sabrás cómo reacciona el tuyo.

No creo que tengas que hacer una dieta blanda porque le estés dando el pecho a tu hijo. Te sugiero lo siguiente: come lo que quieras y, si ves que al bebé no le sienta bien, deja de comerlo. O atente a las consecuencias y sé consciente de que tu hijo tendrá que hacer lo mismo. Sólo hay una excepción: mantén al mínimo la ingesta de alcohol y cafeína, o mejor suprímelos por completo, si eres capaz de conseguirlo. No digo que esté completamente prohibido celebrar la llegada del bebé con una copa de champán, pero piensa en los dos. ¡El cerebro de tu bebé no lo necesita!

Lo que tú comes tarda entre cuatro y seis horas en llegar a la leche que toma el bebé; tenlo en cuenta cuando trates de averiguar qué es lo que le ha sentado mal. Y no lo suprimas todo de golpe, porque de ese modo no podrás saber cuál es el alimento problemático.

Procura tomar suficiente calcio, hierro, vitamina D, ácido fólico y otros nutrientes con una dieta equilibrada. Optar por las comidas y los aperitivos sanos en la medida de lo posible, es decir, muchas frutas y verduras al día. Necesitas 550 calorías adicionales para producir leche suficiente para un bebé. No comas cazón, ni atún, ni emperador, ni pez espada, porque los estudios demuestran que contienen mucho mercurio y otros contaminantes que pueden llegar hasta el cerebro de tu hijo.

Leche materna

Al principio, tus pechos producen algo llamado *calostro*, un fluido acuoso en ocasiones amarillento que contiene importantes anticuerpos. Actúa como laxante y ayuda al bebé a eliminar el *meconio*, un residuo negro, parecido al alquitrán, que produce el bebé antes de nacer y que se encuentra alojado en sus intestinos. Al tercer día, más o menos, empezarás a producir *leche de transición*, algo intermedio entre el calostro y la leche materna, que contiene menos proteínas y anticuerpos que el calostro y más grasas, calorías y lactosa (una forma de azúcar). En unos días más, producirás *leche madura*, con un alto contenido en lactosa y un bajo contenido en proteínas, que es lo que el bebé necesita para que su sistema digestivo inmaduro maximice la ingesta de calcio y otros nutrientes.

Cuando te suba la leche, seguramente experimentarás una profunda tristeza, como consecuencia de los cambios hormonales. Es tan corriente que hasta tiene nombre: lo llaman *tristeza de los tres días* o *de la lactancia*. Esta fase también puede ser dolorosa, notarás que te arden y te pesan los pechos. Tu leche será entonces de un blanco azulado, sobre todo al principio de cada toma. A medida que el bebé vaya mamando, el flujo disminuirá porque irá aumentando la cantidad de grasas. La naturaleza lo diseñó así para que el bebé pueda saciar su sed primero y luego ingiera más grasa, que lo alimenta más, de forma que tenga bebida y comida en cada toma.

Lactancia materna paso a paso

La postura

Lo primero de todo, ponte cómoda, sentada en la cama o en una silla. Apoya la espalda y ponte el cojín de lactancia en el regazo, alrededor del abdomen. Si tienes los pechos grandes, ponte un paño o una toalla enrollado debajo del pecho con el que le vayas a dar primero. Luego coge al bebé y vuélvele la cabeza hacia tu estómago, con el culete hacia el codo de tu otro brazo, el brazo con el que lo sujetas rodeando su cuerpo y apoyado en el cojín para ayudarte a aguantar su peso (véase la ilustración). Súbete al bebé hasta el pecho, en lugar de inclinarte tú hacia él, para no forzar la espalda ni presionar la cicatriz del parto si fue por cesárea. También puedes tumbarte como se indica abajo.

El agarre

Colócale la naricita enfrente de tu pezón para que la postura sea correcta. Deja que eche la cabeza hacia atrás de forma natural al tiempo que abre la boca mientras tú sigues sujetándole el cuello. Exprime una gota de calostro o leche del pezón, pásale el pezón por los labios y acércatelo en seguida al pecho. Su labio inferior y su barbilla serán lo primero que entre en contacto con tu pecho. Cuando haya agarrado, notarás la presión, como si te hubieran puesto un manguito de tensiómetro alrededor del pecho. Debería remitir en unos treinta segundos. Aunque lo hagas bien, es posible que te duelan un poco los pezones hasta que se acostumbren.

Cuando el bebé se haya agarrado correctamente, sus labios se sellarán al pecho y al menos un tercio de la zona oscura del pezón (la areola) quedará dentro de su boca. Entonces tendrá que succionar para que le llegue la leche. Si sólo succiona el pezón, no drenará bien el pecho y posiblemente termines con los pezones agrietados y doloridos, y una acumulación de leche en los conductos mamarios, lo que podría producirte una mastitis, una infección dolorosa. Si sólo te coge el pezón, interrumpe la succión metiéndole tu meñique en la boca y vuelve a intentarlo. No trates de retirarlo tirando de él, te dolerá. Utiliza siempre el dedo.

Si agarra bien, lo oirás succionar y tragar. ¡Lo has conseguido! En esta postura, el bebé puede respirar y mamar mientras tú lo sostienes y te sostienes de forma cómoda para los dos.

Pásalo al otro pecho cuando te parezca que ha vaciado el primero. Lo sabrás porque dejará de succionar y tragar. No se pueden especificar tiempos concretos, porque varía mucho de un bebé a otro, desde apenas diez minutos hasta in-

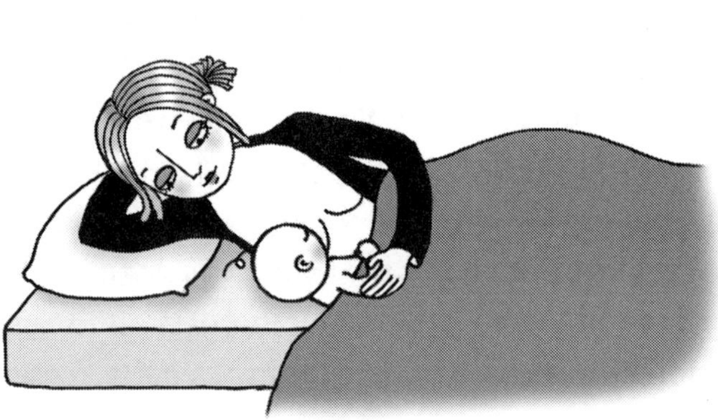

cluso cuarenta, dependiendo de si mama despacio o deprisa.

Antes de cambiar de pecho, procura sacarle el aire (véase la pág. 154). No pasa nada si sólo toma de un pecho. La próxima vez, dale del otro.

Lo que debes saber de la lactancia materna

Descubrirás que tu bebé tiene su propia forma de mamar. Algunos son unos tragones, otros son tranquilotes. Los hay que se duermen un poco y luego siguen mamando. Otros se ponen muy nerviosos al oler la leche materna y les cuesta agarrar. A algunos les da por sobar a su madre mientras

Cuándo acudir al médico

Las infecciones mamarias ocurren, y son graves. Acude al médico de inmediato si:

- Tienes fiebre o te parece que has pillado la gripe.
- Tienes los pechos calientes y tan duros que te duelen (que no es lo mismo que llenos).
- Te notas un bulto duro o dolor en el pecho. Puede que sólo sea un conducto mamario obstruido, algo que puede solucionarse con calor y masajes, pero es preferible que te lo miren.
- Si te salen ronchones o rayas rojas en el pecho.
- Si tienes los pezones agrietados y te arden cuando mama el bebé (podrías tener aftas).

Sigue dándole de mamar hasta que te vea el médico. Si lo dejas, empeorará la infección.

maman. Luego están los que comen, te vomitan la mitad encima y después quieren volver a comer en seguida. ¿Te suena familiar? No olvides que tu bebé es único. Descubrir y valorar esa singularidad es una de las grandes alegrías de ser padres. Sí, incluso cuando tienes que cambiarlo varias veces al día, como si fuera una modelo de pasarela, debido al reflujo.

Puede que notes que el bebé prefiere un pecho al otro. En ese caso, empieza por el que menos le guste cuando tenga más hambre. De ese modo no se te secará la leche de ese lado y no terminarás escorada.

Si parece que el bebé se agarra bien, pero se retira a los pocos minutos llorando, puede que tenga reflujo, no succione bien o en realidad no se haya agarrado correctamente. O a lo mejor es que la leche le llega demasiado deprisa para tragársela (suena un poco como cuando a los adultos se nos va un líquido por otro lado). Prueba a sacarte un poco antes de darle el pecho. Si eso no resuelve el problema, quizá sea algo que has comido, o el bebé se ha acatarrado y no respira por la nariz o le duelen los oídos. Si no es ninguna de estas cosas, tal vez tenga un mal día. Terminará teniendo suficiente hambre para comer. Si tienes dudas o inquietudes, busca ayuda. Lo mejor es la asistencia telefónica. ¡No sufras en silencio! Lo conseguirás. Algunos bebés tontean un poco hasta que le cogen el tranquillo.

Existe cierta controversia sobre si las mujeres deben dar de mamar a sus hijos en público. Yo no estoy ni a favor ni en contra. Lo importante es que procures estar en un lugar en el que te sientas relajada. Si quieres estar sola, perfecto. ¡Haz lo que te resulte más cómodo!

Si no le das el pecho en casa, los portabebés de bandolera

Cuidado del pecho

- Lávate bien las manos antes de darle el pecho a tu hijo.
- Ponte una bolsa de frío en los pezones antes de empezar. Así no sólo reduces el dolor, sino que además favoreces la erección y el bebé se agarrará mejor.
- No te limpies los pezones con jabón. Cuando el bebé termine de mamar, lávatelos con una cucharadita de vinagre diluida en un vaso de agua para esterilizarlos y deja que se sequen al aire para evitar que se agrieten.
- ¿Te duelen los pezones? Ponte unas bolsitas de té usadas y frías sobre ellos durante un par de minutos. También los puedes humedecer con un poco de leche materna.
- Los escapes son normales, sobre todo en las primeras semanas. Te puede pasar si oyes llorar a un bebé, cuando hagas el amor con tu pareja o cuando estés a punto de darle el pecho a tu hijo. Si te resulta molesto, usa discos de lactancia o un sujetador grueso de algodón.
- Si notas el hormigueo característico de cuando va a empezar a salir la leche y no es un momento adecuado, apriétate los pechos fuerte con el brazo y quizá evites el escape.
- Si te duelen los pezones, sácate la leche durante un día y dales un descanso.
- Usa un sujetador con cierre delantero que puedas desabrochar con facilidad para sacarte el pecho y dar de mamar al bebé, y no te lo compres con refuerzo metálico, porque bloquean los conductos mamarios.

van muy bien. Basta con que lo ajustes de forma que la cabeza del bebé esté a la altura de tu pecho, ponlo a mamar y sujétalo con el brazo opuesto. Incluso puedes colocar el tejido de forma que no se vea nada.

Una de las cosas que angustian a las madres cuando el bebé está mamando es que no ven cuánta leche toma. Hay una forma de saber si todo va bien. Después de la primera semana, el bebé deberá:

- mojar de seis a ocho pañales al día (vierte unos 55 mililitros de agua en un pañal para hacerte una idea de cuánto debe pesar);
- ganar peso (recuerda que el bebé pierde peso la primera semana);
- hacer una caca de la consistencia del requesón y de color mostaza;
- mostrarse alerta y receptivo cuando esté despierto, y dormir tranquilo;
- no vomitar demasiado;
- mamar durante treinta minutos, sin retirarse del pecho, respirando y succionando con fuerza.

Una infección corriente es la mastitis. Se cura con antibióticos y dando de mamar al bebé para limpiar los conductos mamarios, pero te hará llorar y al bebé puede que le duela la tripita con la medicación. Cuanto antes la trates, menos dolorosa será.

Sacarse la leche

Como ya he comentado antes, no me opongo a sacar la leche de los pechos, porque proporciona a la madre alivio y descanso, sobre todo para la última toma de la noche y la primera de la mañana, y permite a los papás establecer un vínculo afectivo con sus hijos si son ellos quienes les dan el biberón de leche materna. Además, así las madres pueden salir solas de vez en cuando.

Aconsejo empezar entre la cuarta y la sexta semana. Antes de eso, salvo que te la saques con regularidad, puede que afecte a la cantidad de leche que produzcas. Después de la sexta semana, quizá el bebé rechace un pezón artificial o puede incluso que rechace el pecho.

No le des tú el biberón. Al bebé le confunde que le metas una tetita en la boca si huele la «tetina de verdad» por ahí cerca. Pruébalo por primera vez cuando tenga mucha hambre. Exprime un par de gotas de la tetina y pásaselas por los labios, luego métele con cuidado la tetina en la boca. Si te cuesta que la acepte, prueba a cogerlo de forma distinta a cuando le das el pecho. Dudo que lo rechace siendo tan pequeño, por el instinto de supervivencia, pero, para los bebés algo mayores, el paso del pecho al biberón requiere paciencia.

Si no puedes sacarte la leche al tiempo que le das el pecho, sácatela todos los días a la misma hora, al menos una hora después de la toma y otra antes de la siguiente, y siempre que el bebé no te vacíe los dos pechos. Al principio, te parecerá que es poca cantidad, pero poco a poco tus pechos empezarán a producir más para satisfacer la demanda creciente. No olvides que debes descansar bien para que tu bebé se alimente mejor.

Cuidado y manejo de la leche materna extraída

La leche materna dura unas seis horas a temperatura ambiente, en el frigorífico veinticuatro horas, congelada dos semanas y ultracongelada tres meses. Una vez descongelada, aguanta veinticuatro horas si la guardas en la nevera. No vuelvas a congelarla después de descongelarla. Guárdala en raciones de entre 55-110 mililitros, en bolsitas de plástico con cierre hermético, y anota en ellas la fecha y la cantidad. Para descongelarla, usa agua del grifo templada, no caliente, para no acabar con los anticuerpos de la leche. Viértela en el biberón y agítala bien, porque la grasa se quedará en la superficie.

Biberones

Los biberones hacen posible que papá o cualquier otra persona te eche una mano a cualquier hora del día. Actualmente hay muchísimos tipos de biberones. Los hay de cristal, de plástico, y de plástico con rellenos desechables. Yo prefiero los de plástico, porque suelen producir menos burbujas de aire y son más fáciles de lavar. Los rellenos también evitan que se formen burbujas de aire, pero hay que sacarles el aire al llenarlos.

Eliminar las burbujas de aire es importante, porque lo bueno de darle biberones al bebé es asegurarse de que toma leche suficiente sin tragar demasiado aire; de lo contrario, tendrá gases y estará incómodo. Si el bebé tiene muchos problemas de gases, quizá te venga bien un biberón con regulador de flujo, que reducen al mínimo la cantidad de aire que traga el bebé al succionar.

También es importante usar la tetina adecuada. El orificio de la tetina debe ser lo bastante grande para que pasen unas cuantas gotas de leche por segundo, e imitar, en la medida de lo posible, la forma del pezón femenino para que el lactante pueda agarrarse bien a ella. Algunas tetinas llevan más de un orificio y permiten un flujo pequeño, medio y grande. Si el bebé traga mucho aire, cámbiale la tetina por una más pequeña o para de vez en cuando si lo frustra que no salga suficiente leche. Las tetinas marrones de látex son lo más parecido al pezón, pero yo prefiero las de color claro, que resultan algo más firmes, es más fácil ver si están limpias porque transparentan, y son más duraderas.

Cuando prepares un biberón de leche de fórmula, mide bien el agua.

Llena la cucharita hasta arriba y después déjala rasa con un cuchillo plano. Es fundamental que la mezcla tenga las proporciones adecuadas.

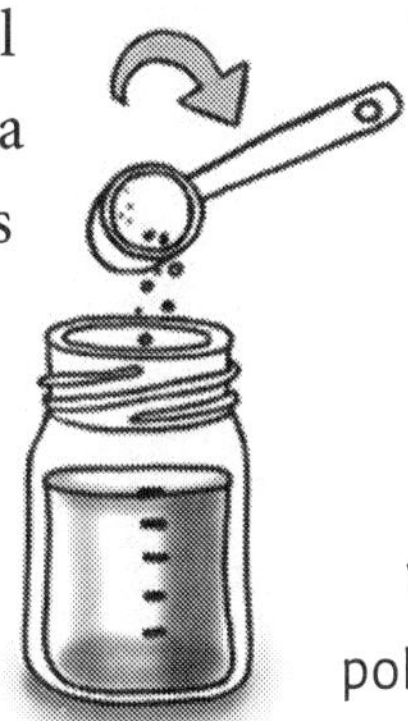

Vierte la leche en polvo en el biberón.

Enrosca bien la tetina y agita el biberón para mezclarlo todo.

Consejos de esterilización

Aunque dicen que no pasa nada por lavar los biberones en el lavavajillas desde el primer momento, yo aconsejo usar un esterilizador durante al menos los seis primeros meses, porque los deja clínicamente limpios. Si se usa bien, el esterilizador reduce las posibilidades de que el niño enferme o sufra diarrea.

- Aclara todas las piezas del biberón en agua caliente con un poco de jabón antes de esterilizarlo.
- Si usas un esterilizador de agua fría, deja las piezas del biberón en una solución esterilizadora durante al menos media hora cada veinticuatro horas. Ten presente que, con algunos esterilizadores de agua fría, puede que al bebé le salgan llagas en la boca si no aclaras bien el biberón antes de usarlo, de modo que aclara bien los biberones y las tetinas después de esterilizarlos en agua hervida enfriada y antes de usarlos.
- Si utilizas un esterilizador de vapor, pon los biberones y las tetinas boca abajo. Tendrás que volver a esterilizar todos los biberones que no hayas usado y lleven más de dos horas esterilizados. Aclara siempre los biberones esterilizados en agua hervida enfriada antes de usarlos.

Consejos para el uso de leches de fórmula

— Las leches de fórmula tienen una base de leche o de soja. Los estudios realizados demuestran que la soja no reduce las alergias (de hecho, muchos bebés son alérgicos a la soja) ni de cólicos. Elige una y, si el bebé tiene problemas (vomita a menudo, tiene muchas diarreas y/o le salen sarpullidos en el culete o en la cara), cambia. Procura que la que uses lleve un refuerzo de hierro.

— La leche de fórmula se vende en polvo, en concentrados líquidos y lista para servir. Las leches en polvo, una vez abiertas, aguantan un mes si están bien tapadas y se guardan en un lugar fresco y seco. Las latas de preparados líquidos, una vez abiertos, deben guardarse en frigorífico, pero nunca más de veinticuatro horas.

— Lávate bien las manos, limpia bien la encimera y la parte superior de la lata antes de abrirla.

— Si usas preparados en polvo o líquidos, sigue al pie de la letra las instrucciones del fabricante. Una cantidad excesiva puede provocarle estreñimiento y dolor al bebé; con un exceso de agua, el bebé no estará bien alimentado.

— Cuando rellenes el biberón, deja la tetina y la tapa en el esterilizador hasta que vayas a ponerlas. Agítalo bien para que no haya grumos.

— No hace falta calentar la leche de fórmula, basta con que esté a temperatura ambiente. Si el bebé la prefiere caliente, calienta el biberón al baño María. No uses el microondas, porque calienta de forma desigual y el bebé podría quemarse; además, el contenido del biberón sigue calentándose después de sacarlo del microondas. Si no te queda más remedio, hazlo sólo cuando el bebé ya tenga al menos seis meses, agítalo bien y pruébalo echándote unas gotas en la muñeca para asegurarte de que no está demasiado caliente.

— Después de unos días, cuando ya sepas cuántos biberones usa el bebé, prepáralos todos de una vez para no tener que hacerlo cuando empiece a llorar. Ahorrarás tiempo y ganarás tranquilidad si lo tienes todo listo.
— Si no se termina un biberón, tira lo que quede. En la leche de fórmula se crean bacterias en seguida.

Postura para dar el biberón

Siéntate y coge al bebé con un brazo. Ponte el cojín de lactancia debajo del brazo y alrededor del cuerpo para apoyarte en él. Sostén al bebé en un ángulo de 45 grados de forma que las orejitas estén más altas que la boca y la barbilla sobresalga un poco. No lo tengas nunca completamente tumbado mientras le das el biberón, porque la leche podría entrarle en las trompas de Eustaquio y provocarle una otitis. Sujeta el biberón firmemente con la mano libre, exprime un par de gotas de leche y tócale al bebé la mejilla que tengas más cerca de tu cuerpo. Cuando se vuelva hacia ti, rózale los labios con la tetina y métesela despacio en la boca. La tetina entera debe estar dentro de la boca del bebé y apuntando hacia arriba, hacia el paladar.

Para que no trague mucho aire, deberás ajustar el ángulo del biberón a medida que vaya comiendo, de forma que la tetina esté siempre llena de leche. Ten cuidado, no lo levantes más de lo necesario, porque entonces saldrá mucha leche y el bebé tragará demasiado aire y leche. Cuando se aire, puede que empiece a hacer arcadas y termine vomitando el biberón entero. Si deja de tomar, para, ayúdalo a sacar el aire y vuelve a intentarlo, sin forzar. El bebé cogerá su propio ritmo, de forma que le llegue suficiente leche y pueda respirar sin pararse.

Cambiarle el pañal

Los bebés que toman biberones hacen menos caca que los que toman el pecho (puede que una vez cada dos o tres días, aunque yo nunca he tenido esa suerte) y ésta suele ser más oscura y sólida. No están estreñidos salvo que la caca sea dura. Los bebés que toman el pecho hacen caca cuando comen, y ésta es líquida, granulosa y de color mostaza. También es común la caca verdosa. Puede que oigas sonidos explosivos. Son normales y algunos casi asustan. Ten siempre a mano pañales y ropa limpios. Cuando el bebé empieza a ingerir alimentos sólidos, las cacas se hacen más firmes y, en el caso de los bebés que toman el pecho, menos frecuentes. Si tu hijo hace caca negra, blanca o roja, o demasiado líquida, consulta a tu médico.

Si el bebé se estriñe con frecuencia o tiene diarrea a menudo, fíjate en cuánto dura. ¿Tiene que ver con la dieta? Algunos padres no siguen bien las instrucciones de la leche de fórmula y preparan biberones demasiado fuertes, lo que produce estreñimiento. También puede que tu hijo sea alérgico a la leche de fórmula que usas y le provoque diarrea. Cambia a otra.

En caso de estreñimiento, como remedio inmediato, prueba a darle un baño de agua calentita. Si el problema persiste, habla con el médico.

Nunca jamás

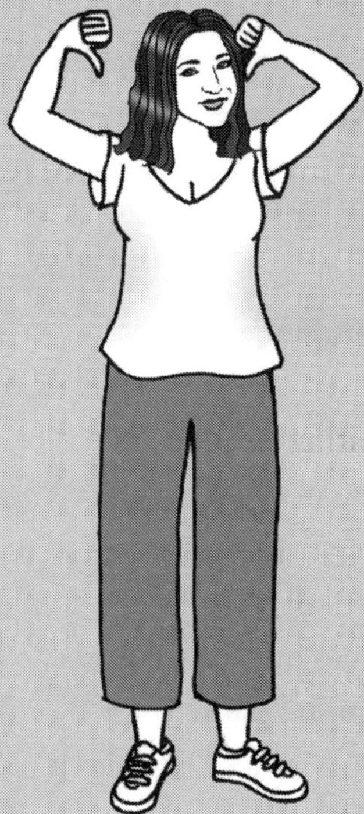

Nunca acuestes al bebé mientras se toma el biberón, estropea los dientes, produce otitis y podría ahogarse si es muy pequeño. En su lugar, usa un chupete limpio.
No le des el biberón al bebé mientras estás haciendo otra cosa. Busca a alguien que te lo sujete, puesto que de lo contrario, el bebé podría ahogarse.

Sacarle el aire

Al comer, el bebé traga aire además de leche, por eso hay que ayudarlo a eructar para que expulse las burbujas de aire que pueden producirle gases. En los bebés que toman el pecho, los gases también pueden deberse a la dieta de mamá. Los gases son un problema, porque producen dolor y esto puede dar lugar a un bebé muy llorón.

Para reducir al mínimo el dolor que producen los gases, ayuda a tu bebé a expulsar el aire a media toma (o con mayor frecuencia si tiene muchos) y cuando termine de comer. Conozco tres sistemas que siempre dan buenos resultados.

El primero es apoyándote al bebé en el hombro (véase la ilustración 1). Lo colocas casi derecho y le das palmaditas suaves en la parte superior de la espalda.

Ilustración 1

El segundo es sentado en tu regazo. Lo sientas mirando hacia ti y lo giras un poquitín en una dirección y luego en la otra, para liberar las bolsas de aire (véase la ilustración 2).

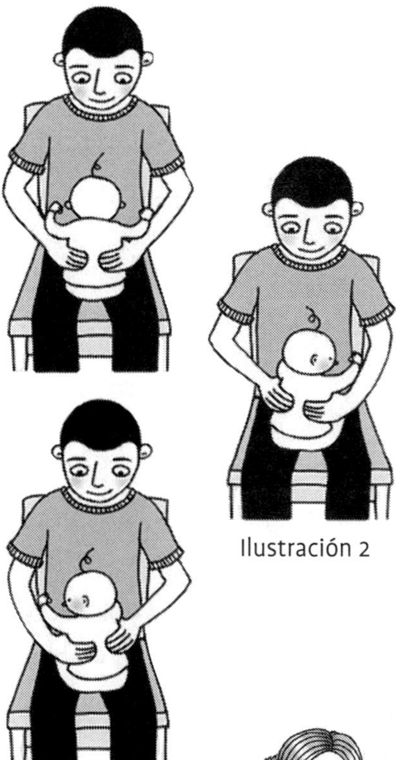

Ilustración 2

El tercero es de lado con una mano por debajo, inclínalo un poco y mécelo (véase la ilustración 3). Este sistema va muy bien si el bebé tiene cólicos, porque la presión en la tripita lo tranquiliza.

Para sacar el aire, también viene bien darle agua un poco más que templada, porque ésta revienta las burbujas. Pónsela en un biberón. No le des más de 25-85 mililitros, y nunca antes de que cumpla los tres meses. La intoxicación por agua es muy peligrosa y puede resultar mortal.

Ilustración 3

No hay nada peor que un bebé que aúlla de dolor porque tiene gases. Además de la tercera postura para expulsar el aire, prueba a masajearle la tripita y a darle un baño de agua templada, y distráelo todo lo que puedas con cualquier estímulo relajante. Algunos bebés tienen canciones favoritas que funcionan en estos casos. Si le cantas mientras lo meces, puede que se tranquilice. Si el bebé tiene dolores, los dos lo pasáis mal: él es un ser indefenso y tú te sientes impotente. Ten paciencia, se le pasará.

Cuando sea algo mayor, puedes probar otros remedios, algún jarabe natural para cólicos o ese granulado homeopático para la dentición, que se le disuelve en la boca veinte minutos antes de comer. Con estos remedios, puede evitarse la formación de burbujas de gas. Consulta las instrucciones y los consejos del reverso del frasco.

Cólico

El cólico del lactante se manifiesta con un llanto que dura al menos dos horas en determinados momentos del día (normalmente a primera hora de la noche) y tiene lugar al menos tres veces por semana. Comienza con el primer mes. Antes se creía que lo producían los gases, pero hoy algunos especialistas médicos piensan que es el resultado de un sistema nervioso inmaduro que se irrita con facilidad. Prueba con los remedios para expulsar el aire que te propongo arriba. Si eso no funciona:

— ponlo cerca de una máquina que vibre, como la secadora;

— llévalo a dar un paseo en el coche;
— prueba a mecerlo de forma repetitiva;
— cógelo en brazos y pégatelo bien al cuerpo;
— ponle el chupete;
— baila con él;
— experimenta con músicas distintas hasta que encuentres una canción que le guste;
— túrnate con tu pareja.

Te prometo que se le pasará según vaya creciendo, normalmente alrededor del cuarto mes, algo difícil de recordar cuando se pasa horas llorando sin parar. Pase lo que pase, no olvides que no debes zarandearlo por mucho que te frustre. Podría producirle daños cerebrales o la muerte. Si ves que pierdes el control, tómate un descanso. Si estás sola, déjalo en el moisés y vete a otra habitación. Llama a alguna amiga, o a algún servicio de asistencia telefónica y cuéntales lo que te pasa hasta que vuelvas a calmarte.

Si tu bebé tiene cólicos, procúrate toda la ayuda posible, de tu pareja, de amigos, de parientes... Un llanto incesante no es algo que una persona deba sufrir sola. Puede que os desespere a ti y a tu pareja. Pero no puedes hacer otra cosa, y es bueno que el bebé sepa que os tiene ahí para que lo abracéis, que siempre puede contar con el amor de sus padres.

Establecer un horario de tomas

Hacia la cuarta semana puedes empezar a establecer un horario de tomas. Conviene que lo hagas, porque, de otro modo, podrías sobrealimentar a tu hijo, tanto si le das el pecho como biberones. Como los bebés succionan no sólo cuando tienen hambre sino también porque los consuela, si le ofreces comida siempre que lloran, pueden terminar comiendo demasiado y sufriendo un mayor reflujo como reacción al exceso de alimento. No debe preocuparte el que no coma lo suficiente mientras siga ganando peso. Lo sabrás cuando lo peses cada semana. Para estar más tranquila, anota los resultados en la cartilla sanitaria del bebé.

Para preparar un horario de tomas, debes hacer lo siguiente. Si has estado apuntando las horas a las que come y duerme el bebé, observarás que tu hijo come, se duerme, se despierta al cabo de un par de horas y vuelve a querer comer. Eso significa que puede pasar un par de horas sin comer, ha crecido y su estómago tiene una capacidad mayor. Al principio, sólo podía ingerir 55 mililitros, ahora ya puede tomar 110 mililitros o así, y esa cantidad le dura más. De modo que ya puedes estirar un poco esas dos horas y darle de comer a las dos horas y cuarto, o a las dos horas y media. Prueba a ponerle el chupete y mira a ver si con eso aguanta un poco más. Conviene que vayas alargando el intervalo hasta conseguir que el bebé no coma cuando quiera, sino regularmente, cada dos o tres horas (cuatro si le das biberón), salvo que tu hijo tenga mucho reflujo, en cuyo caso es preferible que las tomas sean más frecuentes.

Según vaya haciéndose mayor, podrá tomar más leche en cada toma, y ésta le durará más. Entre las seis y las ocho semanas, si le das biberones, añade 25 mililitros; si se lo toma todo, aguantará cuatro horas, como verás en la tabla que figura a continuación. Durante los tres primeros meses, los bebés que toman biberones deben pasar de diez biberones de 55-110

HORARIO DE TOMAS 4-6 SEMANAS

A continuación encontrarás dos posibles rutinas para que tengas una idea de cuáles son los horarios más corrientes.
El tiempo puede ser bien el de cuando el bebé empieza a comer o bien el de cuando acaba.

RUTINA 1

7.00	pecho 30-40 minutos o biberón de 55-110 mililitros
9.00	igual
11.00	igual
13.00	igual
15.00	igual
17.00	igual
19.00	igual
21.00	igual
23.00	igual (última toma, puede que duerma toda la noche)
4.00	igual

RUTINA 2

6.30	igual
9.00	igual
11.00	igual
13.30	igual
15.30	igual
19.00	igual
21.30	igual
23.30	igual
4.00	igual
7.00	igual

HORARIO DE TOMAS DE 6 SEMANAS A 3 MESES

Tendrás que procurar pasar por estas tres fases en las seis semanas.

6.30	pecho 30-40 minutos o biberón 110-140 mililitros
9.30	igual
14.00	igual
17.30	igual
21.30	igual
00.30	igual

6.00	pecho 30-40 minutos o biberón 140 mililitros
10.30	igual
14.30	pecho 30-40 minutos o biberón 140 mililitros
19.00	igual
23.00	igual

5.00-6.00	pecho 20-30 minutos o biberón 140-170 mililitros
10.00	igual
14.30	igual
19.00	igual
23.00	convendría que le dieras biberón aquí, porque lo llenará más y aguantará más tiempo

mililitros al nacer a seis biberones de 110-140 mililitros y después a cinco biberones de 140-170 mililitros.

Si le das el pecho, tendrás que calcularlo en tiempo, porque no ves lo que come. De las seis a las ocho semanas, aumenta el tiempo en diez minutos, y continúa aumentándolo progresivamente. Verás cómo la ingesta de tu hijo aumenta a medida que se hace mayor.

Podrá tragar más deprisa y verás que come más en menos tiempo. Si le das el pecho, notarás que se te vacían y te dirás: «Hoy sí que ha comido bien.» Es como cuando los bebés que toman el biberón pasan de la tetina de flujo lento a la de flujo rápido. Y verás que come lo suficiente en veinte minutos cuando antes tardaba treinta o cuarenta.

Alteraciones

Si el bebé está malito (tiene fiebre, llagas o infección), es fundamental que esté bien hidratado, pero puede que pierda el apetito, sobre todo si tiene llagas, que son muy dolorosas. En esos casos, olvídate de la rutina; el bebé necesitará tomas más frecuentes para mantenerse hidratado y no perder peso.

La dentición y los estirones, o los viajes a otras zonas horarias, también alteran la rutina. Tanto la alimentación como el sueño pueden verse afectados. Apáñatelas lo mejor que puedas y restablece la rutina lo antes posible.

Habilidades parentales

En este apartado aprenderás todos los trucos del oficio de ser padres: cambiar pañales, vestir al bebé, bañarlo, cortarle las uñas, tomarle la temperatura, sacarlo a pasear. Con mis técnicas, todo esto te parecerá muy fácil.

Cogerlo y llevarlo en brazos

Sí, tu bebé es un ser diminuto y vulnerable, pero lo bueno es que es mucho más robusto de lo que tú imaginas. No es de cristal. De hecho, cuanto más lo cojas y lleves en brazos con suavidad pero firmeza, más seguro se sentirá y más contento estará.

Probablemente ya sepas que debes sujetarle siempre la cabecita. Eso se debe a que la cabeza es muy grande en comparación con el resto del cuerpo, lo que la hace inestable. No sería la primera vez que, al ir a besar al bebé, algún padre se ha llevado un ojo a la funerala.

Una forma básica de cogerlo en brazos es con una mano sujetándole la cabeza y la otra por debajo del culete. Úsala para cogerlo o para dejarlo, para llevarlo apoyado en un hombro, para darle el pecho o el biberón. De esa forma, no le parecerá que se cae, ni reaccionará con el reflejo de Moro, agitando los brazos y las piernas y asustándoos a los dos.

Una de las tareas fundamentales del bebé durante su primer año de vida es establecer un fuerte vínculo afectivo con las personas que lo cuidan. Constituye la base de su posterior capacidad de establecer vínculos afectivos con otros adultos. La proximidad física, las caricias y los abrazos son formas de favorecer ese apego fundamental. La proximidad permite al bebé sentirse seguro y genera una intimidad que le indica que alguien lo quiere y se preocupa por él. El cogerlo en brazos también contribuye a establecer un vínculo afectivo, y además genera una seguridad que lo ayuda a dejar de llorar. Un bebé en brazos es un bebé contento.

Esto no cuesta porque, por lo general, lo que más te apetece en el mundo es achuchar a tu bebé. Sin embargo, como, nada más nacer, los bebés no regulan bien su temperatura, el calor de tu cuerpo puede sofocarlo, de modo que conviene que lo dejes de vez en cuando, por su bien y por el tuyo. Que aconseje que lo cojas en brazos no significa que lo lleves encima a todas horas. Tienes cosas que hacer, aunque no sea más que ir al baño. Es preferible que dejes al bebé en un sitio desde donde pueda verte a que lo lleves pegado a la cadera mientras intentas cocinar. ¡Eso es un peligro!

Cuando tengas que dejar al bebé tumbado o sentado, procura tenerlo a la vista, porque es muy pequeño. Se asustará si no sabe dónde estás. Dale algo para que se distraiga. Ponle uno de esos gimnasios para bebés encima de la silla o el moisés. Se acostumbrará a verte de lejos mientras juega.

Si tienes que ir de una habitación a otra, háblale: «¡Chiquitín! ¡Estoy aquí, en seguida vuelvo!» Esto es muy importante, porque cuando no te vea y después vuelva a verte, aprenderá que has vuelto. Es una especie de *cucutastás*, ¿verdad? El bebé termina por entender que el que no estés delante no significa que no estés, y eso lo ayuda a sentirse seguro.

En lo relativo a coger al bebé en brazos, siempre me dirijo también a los papás, los abuelos y las tías. Para los padres, coger en brazos al bebé es una ocasión de conectar de verdad. Quizá la última vez que sostuviste algo en las manos con determinación fue ese balón de fútbol o la pelota de baloncesto hace unos domingos, cuando jugabas con tus amigos en el parque. Ahora, mientras tienes en brazos a tu hijo, hablas de negocios. Para algunos padres es muy fácil; a otros, en cambio, les cuesta un poco al principio, porque se ven muy grandes en comparación y les da miedo sostener a un pequeñín recién nacido. Pero, cuanto más practiques, más cómodo te sentirás. Tanto si eres un alto ejecutivo como si no, eres uno de los protas de la vida de tu hijo y necesita todo tu afecto y tu atención igual que el de mamá.

Un amigo mío que tuvo un hijo hace poco deseaba sentarlo en el último modelo de silla para coche, de hamaca y de sillita de paseo, se entusiasmó con todos estos accesorios desde el principio. Cuando me reí de él, me replicó: «Eh, ¿qué pasa?, es un tiarrón como su padre, y ya sabes que a los tíos nos encantan los cacharros, lo estoy iniciando.»

En cuanto el bebé cumpla los tres meses, resultará más fácil cogerlo, porque tendrá los músculos del cuello más fuertes y su peso estará mejor repartido por todo el cuerpo. Te será más fácil manejarlo, y al bebé le encantará que os lo vayáis pasando, porque ya estará familiarizado con el tacto, el rostro, el olor y la voz de cada uno. Toda esa discriminación le permite estar relajado en un entorno afectivo, pero estad atentos para detectar en seguida si el bebé se cansa de ir de mano en mano.

Cambio de pañal

Para evitar que se le irrite el culete, cámbiale el pañal al bebé a menudo. Míraselo con frecuencia para asegurarte de que está seco. Cuanto más limpio y seco tenga el culete, menos irritaciones. Esto es muy importante si le das biberones, porque éstos aumentan dicha posibilidad. Ten en cuenta también que, si le das el pecho, lo que tú comas puede terminar irritándolo. Límpiale siempre bien el culete.

Tanto si usas pañales de tela como de celulosa o los nuevos combos, la primera vez que pongas un pañal, verás que hace falta práctica para acertar a colocarlo bien en el culete de un bebé que no para de moverse y a lo mejor hasta llora.

No te preocupes, en poco tiempo serás todo un profesional. Muy probablemente tengas que cambiarlo ocho o diez veces al día, o más al principio. Así es como se hace:

— Asegúrate de que tienes cerca todo lo que necesitas antes de empezar.
— Tumba al bebé en el cambiador limpio para evitar infecciones vaginales y urinarias.
— Quítale el pañal sucio. Si el bebé es niño, puede que te rocíe de pis en cuanto le dejes el pene al aire. Para evitarlo, conviene que le pongas el pañal limpio inmediatamente después de quitarle el sucio. Aparta el pañal sucio para que el bebé no meta el pie en la caca sin querer. Tendrás que tomar esa precaución, sobre todo, cuando vaya siendo mayor y tenga más movilidad.
— Límpiale el culete y los genitales con una toallita (de delante hacia atrás si es niña, para evitar infecciones vaginales). Procura pasar bien la toallita por todos los pliegues de la piel. Con los recién nacidos, cuando estoy en casa, prefiero usar un algodoncito humedecido en agua templada. Es mejor para esas pieles tan delicadas. Reserva las toallitas desechables para cuando estés fuera de casa, y procura que sean hipoalergénicas. El uso constante de toallitas también puede producir irritación en el culete.

— Sécalo bien con su toalla de baño y procura no dejarte ningún pliegue.
— Si tiene el culete irritado utiliza una pomada específica. Además, procura dejárselo al aire un rato, sin pañal, y no lo limpies con ningún jabón o similar, porque le escocerá.
— Levántale el culete, colócale el pañal limpio debajo y sujétaselo de forma que quede lo bastante ajustado para que no se salga nada, pero no tanto que se le clave o esté incómodo. Si el bebé es niño, procura que el pene quede hacia abajo dentro del pañal, para que no se moje el bodi o la camiseta. Si aún no se le ha caído el ombligo, asegúrate de que el pañal no se lo tapa.
— Deja al bebé en un sitio seguro y limpia el cambiador con un aerosol desinfectante. Tira toda la caca que puedas al váter para evitar los malos olores, o usa una bolsa especial para pañales.
— Si usas pañales de tela y los lavas tú misma, procura usar un detergente especial para ropa de bebé.
— No uses nunca suavizante para la ropa ni sábanas antiestáticas, porque pueden irritar la delicada piel del bebé.

Habrás notado que no he mencionado los polvos de talco. Los estudios realizados demuestran que pueden resultar peligrosos para los pulmones del bebé, de modo que te aconsejo que no los uses. Si optas por los polvos, cada vez que cambies al bebé, límpialo bien para que no queden restos en los pliegues de la piel donde pueden formarse bacterias. Vosotros decidís, papás; yo sólo os cuento lo que hay.

Un último comentario sobre los pañales: independiente-

Cuándo acudir al médico

- Si el bebé tiene irritados los muslos, los genitales o la tripita en lugar del culete (síntoma de aftas).
- Si el bebé no tiene más de seis semanas y la irritación no desaparece en tres días.
- Si además tiene fiebre, come mal o pierde peso.
- Si la irritación se extiende a otras partes del cuerpo.
- Si aparte del enrojecimiento de la piel le ves hinchazón, granitos o heridas abiertas.

mente del tipo de pañal que utilicéis, puede que tengáis que aumentar de talla antes de que el bebé alcance el límite de peso establecido. Sabréis que ha llegado el momento cuando el pañal empiece a perder por arriba.

Curar el pene

Si a tu hijo lo han circuncidado, no le limpies el pene en cuatro días. Unta una gasa esterilizada con vaselina y pónsela en la punta cada vez que le cambies el pañal para evitar que se le irrite. Transcurridos los cuatro días, límpiale la punta con un algodón mojado y sécasela con una gasa, con cuidado y sin frotar. Puede que te encuentres un poco de pus, una costra o unas gotas de sangre. Llévalo al médico si supura sangre, si no orina cada seis horas más o menos (lo sabrás por el peso del pañal) y si se lo notas inflamado (podría haber infección).

Si al bebé no lo han circuncidado, no le retraigas el prepucio cuando lo limpies, podrías hacerle sangre.

Curar el ombligo

El ombligo del bebé tardará de dos a cinco semanas en secarse y desprenderse. Hasta entonces, mantenlo seco y al aire todo lo que puedas. Procura que el borde del pañal quede por debajo del ombligo. Pliégalo, si es necesario. Sécalo bien después del baño. No lo arranques de un tirón, aunque cuelgue de un hilo. Si ves que el bebé tiene pus o enrojecimiento alrededor del ombligo, consulta a tu médico.

Vestir al bebé

A la hora de vestir al bebé, busca ropa fácil de poner y quitar. Ten en cuenta las texturas y los tejidos. Algunos bebés tienen dermatitis o eczema y hay que vestirlos con prendas de algodón que transpiren y no les irriten la piel.

A algunos bebés no les gusta que los desvistan, a otros les da igual. Si el tuyo es de los que lloran, no te angusties, no estás haciendo nada mal. Es su forma de reaccionar al cambio de temperatura: el bebé tiene frío. Si le pones una manta por encima en cuanto lo desnudes, se callará.

La parte más grande del cuerpo de tu hijo recién nacido es la cabeza, de modo que, para ponerle cualquier prenda que entre por la cabeza, remángala, estírala por el cuello como si jugaras a «las cunitas», con las manos extendidas y los dedos separados, pásale la cabecita por el agujero hasta que asome, y después los brazos. ¡Es casi como un parto! Primero la cabeza y luego los brazos. Si se trata de una prenda de manga larga, te resultará más fácil meterle los bracitos si recoges las mangas primero. Con pijamas, peleles, bodis y otras prendas con corchetes tumba al niño, (boca abajo o boca arriba según la posición de los corchetes) métele primero los brazos, luego las piernas y abróchaselo.

No te molestes en ponerle zapatos, de hecho, son malos para los pies del lactante. Como los huesitos de los dedos de los pies de los bebés son muy blandos, debes procurar que no se vean comprimidos o no crecerán bien. No le pongas zapatos duros hasta que pueda andar, y entonces sólo cuando salga. Si lo que lleva puesto no le tapa los pies, ponle unos patucos suaves o unos calcetines para que no se le enfríen los deditos, y procura que no le aprieten.

Como los bebés no regulan bien su temperatura, tengo por norma vestirlos siempre con una capa más que yo. Pero tampoco te pases. Que tenga demasiado calor también puede ser problemático. Si tienes pensado envolverlo en el arrullo, tenlo en cuenta y no lo abrigues tanto.

Hora de ir desnudito

Para que el ombligo se seque y se desprenda, o para que se cure la irritación del culete, deja a tu recién nacido desnudito algún rato. Asegúrate de que no pasa frío, sobre todo en invierno.

La mitad de los recién nacidos sufre ictericia, aunque sea leve, en sus primeros días de vida. Se debe a que el bebé nace con más glóbulos rojos de los necesarios. Para deshacerse de ellos, el organismo produce una sustancia llamada *bilirrubina*, que debe absorber el hígado, y si el hígado no puede hacerlo lo bastante deprisa, aparece la *ictericia*, que se manifiesta en el color amarillento de las mejillas y del blanco de los ojos. Cinco minutos al sol de primera hora de la mañana o última de la tarde pueden ayudar a evitarla o curarla, siempre con un gorrito que le proteja los ojos, claro.

Debes saber que hay dos tipos de ictericia, y que los dos pueden ser peligrosos. El más peligroso de los dos suele presentarse a las veinticuatro horas del parto. Si notas que el bebé está lánguido o se pone amarillo, consulta con el médico y asegúrate de que no tiene ictericia de la grave. Si a tu hijo se le pone la piel amarillenta, o el blanco de los ojos, cuando ya haya cumplido el mes, llama al médico enseguida.

Baño

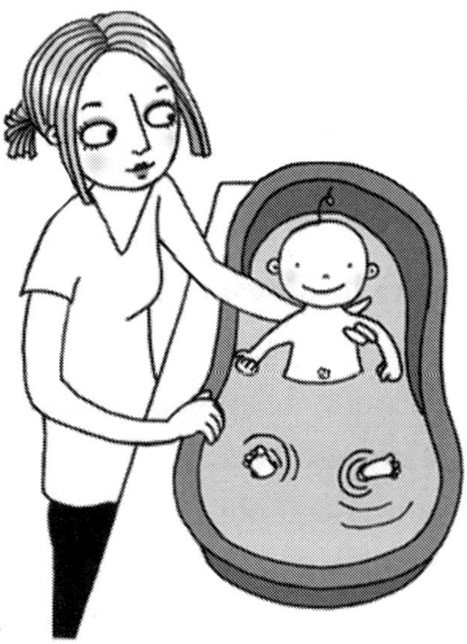

Hasta que se le caiga el ombligo, lava un poco al bebé con una esponja o un paño mojado en agua templada y un jabón líquido suave en el cambiador. Procura que no haga frío en el cuarto de baño y que no le llegue el aire directo de alguna corriente o sistema de ventilación. Quítate el reloj y los anillos para no arañar la delicada piel de tu hijo. Lávale la cabeza lo último, porque es lo que más calor pierde. Aclaralo con una gasa humedecida en agua templada y sécalo con cuidado, sin frotar.

Cuando ya puedas darle un baño de verdad, calienta el cuarto de baño y llena la bañerita del bebé con unos 5 centímetros de agua templada. Pruébala con el codo. Sostén al bebé sobre la bañera, sujetándole la cabecita con el pulgar y el índice de una mano; con la otra, lávale la cabeza con un jabón líquido suave y sin perfume para bebés. Luego mételo en la bañera, sujetándole la cabeza con el antebrazo y rodeándole el cuerpo. Te aconsejo que lo bañes cada tres días más o menos, según lo seca que tenga la piel. Si la tiene muy seca, báñalo con menos frecuencia.

A las niñas siempre hay que lavarles los genitales de delante hacia atrás, para evitar las infecciones, ¡y no uses baños de espuma ni aceites! Irritan la vulva y la vagina. Seca al bebé con cuidado, sin frotar, prestando especial atención a los pliegues de las piernas y del cuello.

El alivio del agua calentita

CONSEJOS ÚTILES

Un baño calentito en su bañera puede ser un gran alivio para el bebé si tiene muchos gases o reflujo o se muestra irritable. Ponle un brazo por debajo del cuello y los hombros, el otro sujetándole el culete y los muslos, y mécelo en el agua. Para el bebé es tan relajante como para nosotros sumergirnos en una bañera grande.

Cuidado de la cabeza

Todos los bebés nacen con unos puntos blandos en el cráneo, las *fontanelas*, para que la cabeza pueda crecerles a la velocidad a la que lo hace durante los primeros meses. La fontanela de la parte superior anterior de la cabeza se cierra entre los nueve y los doce meses; la otra, la de la parte superior posterior de la cabeza, es más pequeña y se cierra a los tres meses.

Aunque se llamen *puntos blandos*, la cabeza es muy sólida. Claro que debes tener cuidado con la cabecita de tu bebé, pero, a pesar de lo que hayan podido decirte, no debes preocuparte por estos puntos blandos. Quizá los veas latir, y eso también es normal. Si los ves muy hundidos, puede ser porque el bebé esté deshidratado; procura que coma bien. Si te preocupa mucho, consúltalo con tu médico.

También es posible que veas unas escamas gruesas de color amarillo en el cabeza de tu bebé. Se llama *costra láctea* y es una escamación, aunque desagradable a la vista, completamente inocua. Hay champús que ayudan a eliminarla, pero,

Eau de bebé

CONSEJOS ÚTILES

¿Sabes ese olor increíble de tu pequeño que te encanta? Pues se debe a un aceite natural que segrega la cabeza del bebé y que, al olerlo, nos ayuda a crear un vínculo afectivo. «Chanel Bebé», de la fontanela de tu hijo.

si quieres acelerar su curación, úntale la cabecita al bebé con aceite de oliva natural, déjaselo unas horas y luego dale un suave masaje circular. Se le caerá.

Cuidado de los oídos

No le hurgues al bebé en los oídos, son demasiado sensibles. Y jamás le metas un bastoncillo de algodón. Podrías perforarle el tímpano y provocarle lesiones auditivas irreversibles. La cera de los oídos no hace ningún daño, quitarla es una manía de adultos. De hecho, en realidad, nos protege de infecciones. De modo que déjala estar, salvo que le salga por las orejas. Entonces puedes quitarla. Lo que sí debes hacer es limpiarle los lóbulos de las orejas y por detrás de éstas.

Cuidado de los ojos

A algunos lactantes les supura el rabillo de un ojo o de los dos, o se les forma una especie de costra amarilla, como consecuencia de la obstrucción de uno de los lagrimales. Límpiaselo con un trocito de algodón humedecido en agua templada. Se le irá en un par de días. Si no se le pasa y se le inflama el ojo por dentro, de forma que al presionar un poquito con el meñique lo notas blandito, llévalo al médico, que te dará una solución salina para limpiárselo.

Cuando se van haciendo mayores, hay bebés que presentan problemas de ojos legañosos o irritados, es decir, sufren conjuntivitis. Sabrás si tu hijo la tiene porque se le pondrán los ojitos muy rojos, le saldrá una costra amarilla y tendrá las pestañas pegajosas. Es muy contagiosa. Llévalo al médico y ten mucho cuidado cuando le limpies los ojos con una gasa humedecida en agua templada desde el lagrimal hacia fuera. Lávate bien las manos y lava también la gasa.

Acné neonatal

Los recién nacidos a menudo tienen acné debido a los cambios hormonales que experimentan después de su nacimiento. Suele aparecer al cumplir el primer mes. Si le lavas la cara todos los días con agua, se le irá. Resulta más molesto para la vanidad de los padres que para el propio bebé.

Observa qué tipo de piel tiene tu hijo. ¿La notas caliente o fría, suave o áspera? Quizá descubras que tu bebé ya tiene lo que se conoce como *zona T*, es decir, que la piel de su cara es más grasa en la frente, la nariz y la barbilla. Las distintas épocas del año afectan al bebé del mismo modo que a los adultos. Cuando sea un poquito mayor, lo que puedes hacer, si el invierno es duro, es darle un poquitín de vaselina pura por las mejillas.

Cortarle las uñas

El bebé puede arañarse la piel o los ojitos con las uñas de las manos o los pies. Un arañazo en un ojo podría causarle una abrasión de la córnea, por eso es conveniente que las lleve siempre cortas.

Cuando el bebé es muy pequeño, hasta que tiene un mes, sus uñas son muy blanditas y puedes pelárselas tú misma con los dedos. Si lo haces, ten muchísimo cuidado de no tirar de muy abajo, o le arrancarías también la pielecilla de debajo.

En cuanto las uñas se endurezcan, podrás cortárselas. Hazlo así:

— Usa un cortaúñas para bebé o unas tijeras de seguridad.
— Siéntatelo en el regazo, mirando hacia fuera, cógele una manita y córtale las uñas como si fueran las tuyas. Es mucho más fácil.
— Presiona un poco la yema del dedo para que sobresalga la uña y puedas cortarla mejor.
— Distráelo cantándole algo o explicándole lo que haces. «Éste fue a pescar...» De esa forma, te prestará más atención a ti que a lo que haces y en un momento habrás terminado.
— Córtaselas todas rectas, para que no le crezcan hacia dentro.
— No hace falta que le cortes las uñas de las dos manos en el mismo momento. Si se retuerce mucho, córtale unas cuantas y deja el resto para luego.
— Si le pellizcas sin querer la carne, no te asustes. Prácticamente todos los padres lo hemos hecho alguna vez. Coge una gasita o un pañuelo de papel y presiona un poco hasta que deje de sangrar. Se le cerrará solo.

Cortarle las uñas al bebé es una tarea que requiere seguridad en uno mismo. Cuanto más lo hagas, más cómodos os sentiréis los dos. Si estás nerviosa, pondrás nervioso al bebé

El truco del calcetín

CONSEJOS ÚTILES

Si al principio te da un poco de miedo cortarle las uñas a tu hijo, ponle unos calcetines en las manos mientras duerme para evitar que se arañe la cara. Prefiero los calcetines a las manoplas, porque tienen un poco de elástico en los bordes y se sujetan mejor a la muñeca.

también. En mis años de niñera, me he convertido en una experta en cortar uñas, y las mamás me traen a los niños para que se las corte.

Tomarle la temperatura

Saber tomar la temperatura a tu hijo es importante, porque los bebés suelen tener fiebre. Para tomarle la temperatura a un recién nacido, lo mejor es un termómetro rectal. La temperatura rectal normal de un niño menor de tres meses es de 38 °C.

- — Hazte con un termómetro rectal. Compra uno digital y márcalo con una R. Evita los de cristal, por si se rompen.
- — Conéctalo.
- — Unta la punta de vaselina.
- — Tumba al bebé boca arriba, sobre un pañal (por si hay algún escape) y con las rodillas dobladas sobre el pecho.
- — Introdúcele el termómetro despacio por el ano unos 2,5 centímetros y luego júntale las nalgas. Espera a que pite.

Llama al médico si el bebé tiene menos de tres meses y más de 38 °C de temperatura, si tiene de tres a seis meses y más de 38,6 °C, o si está entre los tres y los seis y tiene más de 39,5 °C. Entretanto, puede que lo alivie que le quites ropita y lo dejes sólo con el bodi. Procura darle suficiente líquido (el pecho o el biberón). También puedes darle un baño de agua tibia y dejar que se seque al aire. Si con eso no le baja la fiebre, llévalo a urgencias.

Si el bebé tiene una fiebre de 40 °C, no lo dudes ni un instante, llévalo a urgencias inmediatamente. Una fiebre tan alta puede ser síntoma de una infección grave y peligrosa.

En el apartado «Recursos útiles», de la última parte del libro, encontrarás una descripción de las afecciones más corrientes durante el primer año, así como una guía de primeros auxilios para casos de emergencia.

Ataques febriles o convulsiones

Algunos lactantes sufren convulsiones cuando les sube mucho la fiebre. No suelen ser peligrosas, salvo que las cause una meningitis, pero asustan mucho a los padres. Pueden empezar ya a los seis meses, aunque se conocen casos de bebés más pequeños que las han tenido. El niño se convulsiona y pone los ojos en blanco, normalmente durante un par de minutos, aunque pueden durar hasta diez.

Si le pasa esto a tu bebé, ponlo donde no se pueda golpear la cabeza con nada y cronometra las convulsiones. Mientras tanto, llama a una ambulancia o llévalo a urgencias. Que lo vean bien, porque algo le está produciendo ese pico de fiebre.

Masaje

¿Quieres favorecer la digestión de tu bebé, mejorar su circulación, su sueño, su crecimiento, reducir el estrés de los dos y aumentar el vínculo afectivo que hay entre vosotros? Prueba a darle un masaje para lactantes. No hace falta que hagas ningún curso. El procedimiento es el siguiente:

— Hazlo cuando el bebé esté tranquilo, quizá después de comer, de un baño o de una siesta.
— Calienta la habitación a unos 24 °C como mínimo.
— Quítate todas las joyas y el reloj. Asegúrate de que no llevas las uñas largas.
— Extiende el cambiador y coloca una toalla suave encima.
— Desnuda al bebé y túmbalo en pañal sobre la toalla.
— Lávate las manos con agua templada.
— Úntatelas con un poco de aceite, crema o gel para bebés.
— Masajea suavemente al bebé con las yemas de los dedos. No le toques la cara con las manos untadas de aceite.
— Brazos: frótaselos de arriba abajo, con suavidad, primero uno y luego el otro, como si pintaras con una brocha. Piernas: estrújaselas y amásaselas con cuidado, una por una. Tripita: frótale con la palma de la mano en círculos. Espalda: ponle una mano a cada lado de la columna y sube una mientras bajas la otra, luego al revés. Pecho: traza un movimiento en forma

de corazón con las yemas de los dedos. Pies: usa los dos pulgares, uno para el talón y otro para la base de los dedos. Realiza movimientos ascendentes.

— No inviertas más de diez o quince minutos en todo el masaje.

¿Cómo darle una medicina?

CONSEJOS ÚTILES

Si el médico te receta una medicina para tu bebé, mide la dosis con cuidado y sigue este método para conseguir que se la tome toda:

- Llena el cuentagotas o la jeringuilla.
- Con un dedo, tírale de un lado del carrillo para formar una especie de bolsa.
- Ve depositando la medicina en la bolsa formada por el carrillo, gota a gota, hasta que desaparezca toda.
- Si al bebé no le gusta nada cómo sabe, prueba a enfriarla primero (las medicinas frías saben menos fuertes) o pregúntale al médico si hay otras con distinto sabor.
- Cuando el bebé sea algo mayor, se la tragará mejor si le inclinas la cabeza un poco hacia atrás.

Salidas y paseos

Los médicos a menudo aconsejan que no se saque mucho a los bebés menores de tres meses porque su sistema inmunitario aún no se ha desarrollado del todo y todavía no se les ha vacunado de todo, pero a los bebés les encanta el traqueteo del cochecito, y no veo qué daño puede hacerles dar un saludable paseo por el parque, que quedes con alguna amiga para comer de cuando en cuando, o que te lo lleves al súper (puedes sujetar la silla del coche al carro de la compra o usar el asiento que incorpora el propio carro, después de limpiarlo bien con una toallita). Conviene que te dé un poco el aire fresco y que quedes con amigos. Si te ves con ánimo, ¿por qué no? No es que lo vayas a hacer todos los días, ni que vayas a sacar al bebé si caen chuzos de punta. Usa el sentido común. Si el bebé, tu amiga o tú estáis malos, quédate en casa.

No es aconsejable que uses la silla de paseo hasta que el bebé tenga al menos seis meses, edad en la que la espalda es lo bastante sólida para que se tenga bien sentado. Sin embargo, ahora las hacen ajustables, y en algunas pueden ir tumbados, de forma que las puedan usar desde recién nacidos. Hasta los seis meses, el cochecito o la silla para el coche con ruedas son lo mejor.

En realidad, es más fácil sacar de paseo a un recién nacido que a un bebé con cierto grado de movilidad. Lo único que necesitas es la bolsa de cambio (véase el capítulo 3), un biberón de leche de fórmula (salvo que le estés dando el pecho), una silla para lactantes o un cochecito, y listo. Con suerte, se dormirá durante el trayecto y no se despertará hasta que hayas terminado de hacer lo que sea. Mentalízate de que tendrás que volver a casa si empieza a llorar y no consigues consolarlo.

Para excursiones más largas, coge una muda para el bebé y ropa de recambio para ti por si acaso, y acuérdate de llevar suficiente leche de fórmula si le das biberones.

Estimulación y exploración

Aprendizaje a través del juego

Ya conoces la importancia de atender las necesidades físicas de tu bebé. Ha llegado el momento de centrarnos en las mentales y emocionales. La estimulación del cerebro de tu hijo es esencial para su desarrollo intelectual y su salud mental. Su cerebro es muy activo, el doble que el de un adulto. Los investigadores calculan que un cincuenta por ciento del desarrollo del cerebro humano tiene lugar durante los primeros seis meses de vida, y que al final del primer año ya se ha completado un setenta por ciento de ese desarrollo. Es una proporción enorme, que demuestra por qué es especialmente importante interactuar con el bebé durante sus primeros doce meses.

No se trata de comprarle juguetes educativos caros. Los estudios más recientes revelan que el cerebro del bebé se forma en realidad por la interacción con otros seres humanos y la exploración del entorno. Es como una especie de circuito eléctrico, todo potencialidad, esperando a que actives la corriente mediante la interacción y la estimulación. De modo que lo mejor que puedes hacer es achuchar a tu bebé e interactuar con él todo lo que puedas mientras esté despierto, e instarlo a que alcance los puntos clave de un desarrollo sano de los que ya hemos hablado en el apartado «Desarrollo del bebé».

Éstas son algunas de las habilidades fundamentales que debes contribuir a estimular:

— desarrollo auditivo: el oído y el habla;
— desarrollo visual: visión de cerca y de lejos; seguimiento visual, la capacidad de seguir objetos con la vista; memoria visual, la capacidad de recordar caras, imágenes y objetos, todos ellos imprescindibles para aprender a leer;
— equilibrio: la capacidad de mantener el cuerpo en determinadas posiciones contra la fuerza de la gravedad;
— coordinación ojo-pie: calibrar con la vista la distancia y la profundidad, y procesar esa información para coordinar el movimiento;
— coordinación ojo-mano: controlar la posición y el movimiento de las manos en respuesta a la información visual para coger cosas;
— motricidad fina: permite movimientos prensiles como los de coger objetos pequeños o usar la cuchara;
— motricidad gruesa: permite el movimiento del cuerpo entero de forma coordinada;
— permanencia de los objetos: el concepto de que un objeto o una persona existen aunque no los veamos;
— confianza: la seguridad de que nuestras necesidades básicas se verán satisfechas.

Como ya he dicho antes, no olvides que los bebés progresan a distintos ritmos y unos adquieren ciertas habilidades antes que otros. Es importante que sepas cuándo tu pequeño ha alcanzado un objetivo para que puedas animarlo a que pase al siguiente, en lugar de esperar porque no tenga una edad determinada. Por ejemplo, en cuanto veas que el bebé controla mejor los brazos, las manos y las muñecas, anímalo a que progrese en el desarrollo de la motricidad fina.

En la cuarta parte de este libro, encontrarás una lista que he elaborado con todos los juguetes de los que el bebé puede disfrutar durante su primer año de vida, en lugar de tenerlos reservados para determinadas etapas; es preferible que conozcas todas las posibilidades y seas tú quien decida qué conviene más a tu hijo en cada momento. En general, los juguetes para recién nacidos están hechos de tejidos suaves para que se puedan coger bien. Para niños un poco mayores, suelen ser de madera o plástico. Cuando los compres, ten en cuenta la edad recomendada en el envase para hacerte una idea de su idoneidad, aunque puede que no sean adecuados para tu hijo.

Aun con la mejor de las intenciones, es posible que te regalen cosas que tu hijo no pueda usar todavía. Por ejemplo, quizá alguien le compre un triciclo de madera, en el que sabes que tu pequeño no puede montar. Aunque podrías subirlo encima, sujetarlo tú y empujarlo, es preferible que guardes estas cosas hasta que sea un poco mayor y las disfrute. No hay nada peor que usar algo que supera con creces su nivel de desarrollo; frustrará al bebé y te frustrará a ti.

Del mismo modo, tampoco conviene que sigas recurriendo a juguetes que ya tiene más que controlados. Últimamente he ido a muchas casas donde los niños de más de un año siguen jugando con juguetes de bebé. Conviene que vayas un paso por delante y añadas cosas que le supongan un reto. Retírale los juguetes de recién nacido en cuanto pase esa etapa y guárdalos para el próximo bebé, dónalos a alguna institución benéfica o regálaselos a alguna amiga o pariente.

No lo plantes delante del televisor. La tele y los DVD no proporcionan la clase de interacción que el bebé precisa y pueden causarle obesidad después, por falta de movimiento. Si necesitas un descanso urgentemente, no pasa nada porque le pongas la tele un rato, pero no lo conviertas en costumbre.

Los indicios de aislamiento dicen muchísimo de un niño que no ha disfrutado de interacción humana. Cuanto más le aportes durante sus primeros años, mayor será la recompensa con el tiempo. Cuando entro en una casa, veo en seguida si no ha habido estimulación, porque el niño no está donde debería estar si hubiera recibido tiempo e interacción. Afecta a su desarrollo físico y emocional, y a su intelecto. La estimulación lleva tiempo. Afortunadamente, a casi todos los padres les divierte.

Cuando juguéis, estate atenta a los signos de cansancio (que mire para otro lado, que se ponga de mal humor...). Los bebés no tienen un rango de atención muy grande y en seguida te dejan claro que están hartos. Aprende a interpretar las pistas que te da tu hijo. A veces simplemente no es el momento adecuado, quizá acaba de comer y tiene aires. Se trata de probar, errar y rectificar. Si pruebas algo y ves que el bebé no te responde, prueba otra cosa distinta.

Pero sé realista. No eres un parque de atracciones. No tienes que ocupar hasta el último minuto del día, ni convertirte en la montaña rusa perenne de tu hijo. Tienes otras cosas de las que ocuparte. Debes ofrecerle dosis pequeñas de estimulación que te permitan sentirte satisfecha como madre y a tu bebé satisfecho con el tiempo que pasas con él.

También forma parte de la estimulación saludable la generación de experiencias para que otros individuos de tu círculo de confianza conecten con el bebé. No tienes por qué hacerlo todo tú sola.

Clases

Las clases de actividades para bebés son estupendas, porque ofrecen un tipo de interacción humana más amplia. Muchos padres me preguntan cuándo es un buen momento para empezar, y yo siempre les contesto que depende por completo de ellos. Si quieres saber para qué edad es adecuada una actividad concreta, en la mayoría de las clases te indicarán la edad de inicio. Además de las clases de pago, algunas iglesias cuentan con ludotecas y organizan desayunos, y también hay empresas que ofrecen actividades para los hijos de los empleados en los propios centros de trabajo.

Actitud juguetona

Es importante que no conviertas el juego en una obligación. Por mucho que quieras que tu bebé alcance nuevas metas en su aprendizaje, tampoco es cuestión de que hagas una lista y vayas tachando: «A ver, ayer ya trabajamos la estimulación visual, así que hoy vamos a dedicarnos a la capacidad auditiva.» Debe ser algo espontáneo. El juego es algo natural en los bebés, por eso es fundamental que tú lo sientas igual, aunque se te haga un poco raro al principio. Algunos padres nunca se han relacionado con bebés, y de pronto se encuentran con uno y se dicen: «¿Y ahora qué hago?» ¡Diviértete!

El bebé no nace sabiendo que el mundo es un lugar maravilloso. Su profesora eres tú. Eres tú la que le muestras lo divertido que es y construyes ese conocimiento a través de todo lo que haces con él. En realidad, es algo emocionante: estás creando un mundo para tu bebé. ¿Ves qué importante es que juguéis juntos?

Hace poco un padre me dijo que el exceso de información los desborda y los asusta. Con este libro me propongo recuperar lo elemental; por eso, en este apartado, encontrarás cosas muy sencillas que puedes hacer sin necesidad de grandes herramientas. A continuación verás algunas propuestas con las que empezar.

Ideas de juego

Con el bebé recién nacido, lo más importante es pasar mucho tiempo cara a cara. Muchos abrazos, muchos besos, hablarle en un tono de voz agudo, cariñoso y cálido, y llamarlo por su nombre. Al final, el bebé responderá volviendo la cabeza, con un gorjeo o una sonrisa. Cuando estamos delante de un bebé, casi todos nos volvemos sentimentales, pero, si no es así, no te preocupes. Empieza a hacer algo.

Todo es nuevo para tu bebé. No te extrañe si, en un arrebato de entusiasmo, le das a tu hijo un achuchón tan grande o un beso tan sonoro que se pone a llorar. Algunos recién nacidos reciben los ruidos o movimientos repentinos como si nada, ni se inmutan; otros, en cambio, se asustan mucho. Ahora mismo, el aprendizaje de tu bebé y el tuyo van paralelos. A mí me gusta jugar con la voz y hacer ruidos distintos y cantar nanas diferentes para averiguar sus preferencias.

Igualmente importante es que dejes al bebé a su aire. Dormirá muchísimo, sobre todo durante las cuatro primeras semanas, por lo que es importante que encuentres tantos momentos para estimularlo como para tenerlo en brazos, mirándole a los ojos y hablándole en voz baja. El sonido de tu voz y el tacto de tus manos son muy valiosos para el bebé.

Buena parte de su primer año de vida debe ser una preparación para el desarrollo futuro. Al principio, los bebés sólo ven en blanco y negro, pero aun así les damos objetos de colores. Sabemos que al año no leen, pero les leemos cuentos. No lo entienden, pero el hacerlo ahora los ayuda a asimilarlo mejor después.

Estimulación sensorial

Estimula los sentidos del tacto, el oído y la vista de tu hijo. Agita suavemente distintos sonajeros para que el bebé oiga cosas diferentes. Ponlo en su mantita y arruga trozos de papel para enseñarle nuevos sonidos. Acariciale los brazos, las piernas y la carita con una pluma o con una brocha de maquillaje limpia. ¿Cómo responde?

Aunque a los bebés los fascinan los sonidos y las voces porque ya los oían desde el útero materno, no saben de dónde procede el sonido, de modo que otra cosa que puedes hacer es agitar un sonajero o mover un juguete ruidoso de izquierda a derecha delante del bebé para que empiece a saber de dónde viene. Cuando reconozca los sonidos que tiene delante, haz el mismo ruido en un lado para ver si vuelve la cabeza.

De recién nacidos, la visión de los bebés es borrosa, pero eso no significa que no se les puedan poner objetos cerca para que los miren. Ponle objetos junto a la hamaca y un móvil por encima de la cabeza. Sabrás cuándo empieza a enfocar porque apuntará con la manita a algún objeto. Entonces ya podrás ponerle objetos por encima de la cabeza, para que aprenda que puede levantar la vista y mover la cabeza para verlos. Lo estarás ayudando a desarrollar el seguimiento visual. También es un buen momento para colgarle un juguete bonito que pueda ver desde su silla para coche anclado en contra de la marcha.

Cuéntaselo todo

Estimula a tu hijo hablándole mucho. La charla para bebés está muy bien, pero intercala palabras de adulto que supongan un reto para el desarrollo lingüístico de tu pequeño. Los bebés a los que se les habla mucho son más decididos y aprenden idiomas con más facilidad. Siempre les digo a los padres que se muestren animados, porque a los bebés les encanta.

A algunos padres les cuesta muchísimo empezar a hablarles a sus hijos. Se quedan mirando al bebé, pensando: «¿Y qué le digo?» Háblale de lo que ves: «¡Qué ojos tan bonitos tienes. Y esa barbillita tan chiquitina!» Se les puede decir casi cualquier cosa, mientras no sea una perorata sobre el día tan espantoso que has tenido.

Otra forma fácil de empezar es coger al bebé y ponerlo delante del espejo: «¿Quién es ése, eh?, ¿quién es?» Al principio, no lo sabrá, pero llegará un momento en que hará gorgoritos y sonreirá y mostrará interés en lo que le dices. Recuerda que cuantas más oportunidades le des a tu bebé de practicar estas habilidades, antes las desarrollará.

La estrella del pop que llevas dentro

Una de las aptitudes fundamentales de un padre es aprender a cantar sin vergüenza. Libera a la estrella del pop que llevas dentro. A los niños les encanta la música. Al principio, cántale a tu hijo canciones infantiles. ¿No te sabes ninguna? ¿Por qué ibas a saberlas? Sal a comprar un CD y, de paso, compra un libro con las letras. O invéntatela.

El tarareo también es estupendo, porque genera una vibración relajante, para ti y para el bebé. Tararéale o cántale mientras lo bañas, le das de comer, lo vistes, lo llevas en coche, etc., y verás cómo esas tareas os resultan más fáciles a los dos.

Hora de estar boca abajo

Como el bebé debe dormir boca arriba por su seguridad, cuando tenga ya casi dos meses, procura ponerlo algún rato boca abajo cuando esté despierto para favorecer su desarrollo físico: los bebés levantan la cabeza más fácilmente que cuando están boca arriba. Pero, cuando lo hagas, asegúrate de que tu hijo tiene ya los músculos del cuello lo bastante fuertes, de lo contrario terminará con la cabeza enterrada en la mantita.

Una de las razones por las que estoy en contra de tener al bebé en brazos todo el día es que le viene bien estar tumbado en el suelo, contigo a su lado, boca arriba al principio, mientras tú le haces cosquillas y caricias, para que vea que interactúas con él al tiempo que le dejas su propio espacio. Tírate al suelo y ponte a cuatro patas delante de la cara del bebé para estimular su habilidad visual. Enséñale de lejos los objetos de entre 20 y 40 centímetros para que los vea bien. Ayuda a tu hijo a mejorar su coordinación ojo-mano moviendo objetos delante o encima de él de forma que pueda darles manotazos e intentar alcanzarlos.

«Tócala otra vez, Sam»

La repetición es importantísima. Cántale las mismas canciones infantiles y agítale el mismo sonajero una y otra vez. Al final, sonreirá, se volverá y te dirá cositas. Reconocerá el patrón y eso le hará mucha ilusión. Lo recordará y terminará imitando lo que le hayas enseñado.

Cambio de escenario

Llévate al bebé contigo de una habitación a otra y sácalo cuando tengas que ir a algún sitio. Le encantará recibir nuevos estímulos visuales, auditivos y olfativos. Preséntale a otros niños y adultos, de uno en uno si tu hijo es uno de esos niños tímidos y sensibles. Aunque te cueste creerlo, hasta los bebés tan pequeños se aburren.

Juguetes para el primer año

Juegos y juguetes musicales
Ordenar figuras/números/animales
Apilar anillas/cubos/bloques
Casa/tienda de muñecas
Utensilios para jugar a las casitas: cacharritos de cocina, cepillo y recogedor de juguete

Juguetes de empujar y tirar, como perros y gusanos con cuerda, o andadores de actividades
Puzles de madera grandes para suelo
Pinturas y ceras para dibujar con los dedos (si el bebé es muy avanzado)
Cuentos, sobre todo de tela y de cartón
Juguetes de pulsación con piezas giratorias
Pelotas blandas
Balones hinchables en los que apoyarse
Peluches blandos y suaves
Tápers o boles de plástico y cucharas de madera
Marionetas
Trenecitos de actividades
Muñecas
Cajas
Juguetes de baño
Cubos
Llaves y teléfonos móviles de plástico
Teléfonos de plástico
Bicis o vehículos de madera
Cojines
Burbujas
Almohadones
Bufandas de colores
Espejos
Túneles
TÚ

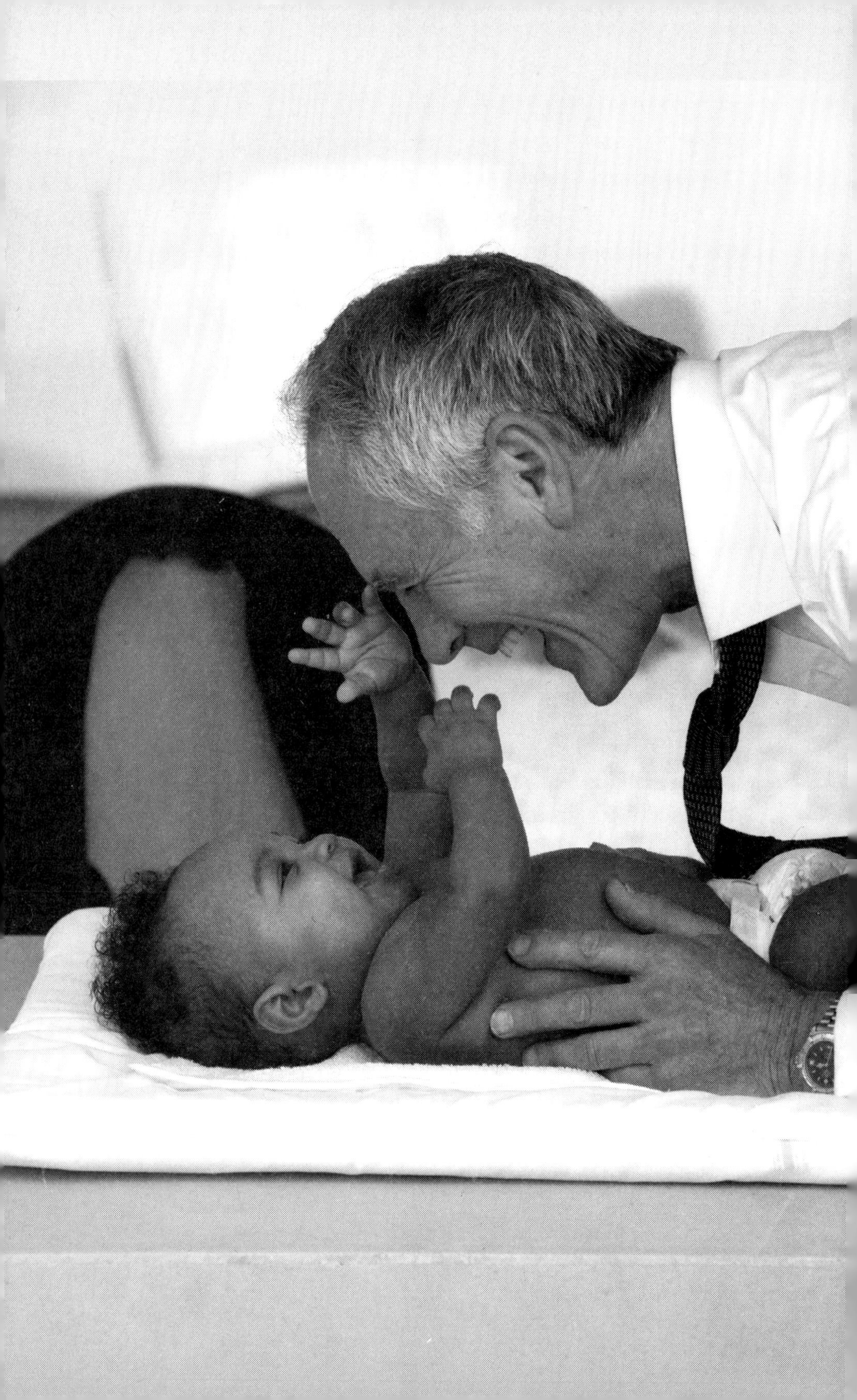

CAPÍTULO 5: DE TRES A SEIS MESES

Vivencias de los padres

¡Bien hecho! Has recorrido un largo camino en poco tiempo. Ahora todo es más fácil, ¿verdad? ¡Me alegro por ti! Has prestado atención al bebé y empiezas a ser capaz de ver pautas en su forma de llorar, de comer y de dormir. Lo sabes interpretar mejor y por eso disfrutas de más momentos de calma. Habéis pasado tres meses juntos y sabes lo que le gusta y lo que no, cuál es su sonajero favorito y en qué postura prefiere echar el aire. Estáis más sincronizados, sintonizáis mejor, y eso te permite ir un paso por delante del bebé. En lugar de limitarte a responder a sus necesidades, empiezas a anticiparte a ellas. Te encuentras a medio camino entre el progenitor que quiere saberlo todo del bebé y el que de verdad lo sabe todo.

A estas alturas, tu hijo ya empieza a mostrar su temperamento. He visto a muchos padres bromear sobre esto: «Sí, sí, le gusta comer, como a su padre.» Has recuperado el sentido del humor, ¿verdad? Al principio, te lo tomabas todo muy en serio, porque querías hacerlo bien. Ahora que ya lo tienes bajo control, puedes empezar a divertirte un poco más. Además, el bebé es más activo, y cuidarlo te resulta más agradable. Con todas esas sonrisas y esas risas, ya sabes que vas por buen camino.

Además de identificar las necesidades del bebé, tu pareja y tú sabéis lo que necesitáis vosotros, cuándo os hace falta tiempo para los dos y cómo compaginar la atención que le dedicáis al bebé con el resto de vuestra vida. Con un poco de suerte puede que no estés tan cansada. Os habéis organizado las labores domésticas de algún modo, y tus emociones ya no están tan a flor de piel. Recuerdas haberte sentido exhausta y desbordada, pero la sensación probablemente ya ha desaparecido. Por fin pisas tierra firme.

Te encuentras a medio camino entre el progenitor que quiere saberlo todo del bebé y el que de verdad lo sabe todo.

Además has aprendido de tus errores: «Me fui al parque sin toallitas.» Esos errores te han enseñado a ser moldeable: sabes que, si no dispones del equipo necesario, se te ocurrirá algo para salvar la situación. Tu competencia y tu seguridad van aumentando. Como te ha ido bien de los cero a los tres meses, sabes que también te irá bien de los tres a los seis, ¿verdad?

Esta etapa consiste en crear montones de oportunidades para estimular el desarrollo de tu hijo. Ha llegado el momento de salir al mundo juntos más a menudo, de apuntaros a clases de mamás con sus bebés, tan buenas para tu hijo como para que tú te relaciones con otras mamás en tu situación. Puede que a tu pareja y a ti os apetezca buscar más recursos y formas de establecer contacto con otros padres en vuestra misma situación. Siempre ayuda saber que uno no está solo:

«Sí, el bebé de Zotanita también está acatarrado.» O «No soy la única a la que no le apetece el sexo todas las noches».

Has entrado en un mundo en el que cuanto más sabes, más quieres averiguar y más recursos quieres encontrar. Buscas más información porque te das cuenta de que ahora cuentas con más opciones y eso te da mucho poder. Quieres ser la mejor. Ya querías ser la mejor al principio, pero ahora te sientes lo bastante segura como para que no te preocupe no saberlo todo. Entrégate a la exploración, porque te otorgará aún más seguridad en ti misma.

Una de las cosas más maravillosas de tener un bebé es que no dejas de quererlo en ningún momento. Tu amor crece sin parar. Eso es porque cada vez pasáis más tiempo juntos. Y esto es sólo el comienzo de esa extraordinaria conexión.

Desarrollo del bebé

Desarrollo físico

Durante esta etapa, el bebé seguirá ganando peso todos los meses (entre 680 y 900 gramos de media al mes), pero su peso y su altura son menos importantes que el hecho de que crezca. Todos los bebés tienen su propio índice de crecimiento, que el médico se encargará de seguir. Mientras crezca siempre al mismo ritmo, no hay necesidad de alarmarse. Si algo te preocupa, habla con el pediatra.

Ahora estará despierto más tiempo durante el día y, como tiene el estómago más grande, probablemente no necesite la toma de madrugada. En consecuencia, hacia los cuatro meses, dormirá de siete a ocho horas de golpe (y tú también). ¡Genial! Si esto no ocurre, quizá necesite más estimulación a última hora de la tarde, o más comida: dale de comer más tiempo o añade una toma más justo antes de acostarlo por la noche.

En esta etapa, lo importante es que el bebé empiece a moverse, algo que aprenderá por fases, a medida que vayan desarrollándose los músculos de su cuello y su sentido del equilibrio. Primero, sostendrá el cuello y la cabeza cuando lo pongas boca abajo. Luego, hacia los cinco meses, hará una especie de flexión de brazos infantil. También lo verás «nadar», dar patadas con las piernas y agitar los brazos con la cabeza erguida. Será fácil ponerlo de pie.

Llegará un momento en que se dará la vuelta, por lo general de boca arriba a boca abajo primero. Esto suele ocurrir «de repente», por eso nunca debes dejar al bebé solo sobre ninguna superficie alta. Al principio, cuando se vuelva boca arriba, se quedará clavado, porque sus músculos aún no serán lo bastante fuertes para devolverlo a la posición original. Sin embargo, hacia los seis meses, será ya todo un experto, y empezará a propulsarse por el suelo apoyándose en la barriguita, el primer paso hacia el gateo. Con los seis meses ya cumplidos, se mantendrá sentado sin ayuda y se pondrá de pie cuando lo levantes.

Hacia los cuatro meses, se llevará cosas a la boca con las manitas; ten cuidado con lo que le dejas cerca. Se cogerá los dedos de los pies y puede que se los meta en la boca también. Aún no sabrá usar el pulgar (no lo aprenderá hasta los nueve meses), por lo que su manejo de objetos con las manos aún será torpe. Cogerá mejor los objetos pequeños que los grandes, y notarás que se agarra con fuerza a las cosas, entre ellas tu pelo y tu ropa.

Además empezará a explorarse otras partes del cuerpo, como los genitales, mientras lo cambias. Si le apartas algo, se esforzará por alcanzarlo. Empezará a chapotear en el baño y a metérselo todo en la boca.

Por esta época imitará sonidos que tú hagas y podrá oír sonidos más bajos. Su visión continúa desarrollándose, y probablemente prefiera los objetos azules o rojos. Ahora ya puede diferenciar una cara de verdad de una foto de la cara.

Hacia los seis meses probablemente le salga su primer diente, pero esto varía mucho. Algunos bebés nacen ya con dientes; a otros ni siquiera les ha salido uno al cumplir el primer año.

Desarrollo social y emocional

Además de las sonrisas y los ruiditos, a los cuatro meses, el bebé empezará a responderte levantando los bracitos para que lo cojas. Éste es un momento muy valioso. Igual que su primera risa, que suele producirse al quinto mes. Te verás haciendo todo tipo de payasadas por oír esa maravillosa carcajada.

Más o menos en esta época, el bebé descubrirá el principio de causa y efecto: «El sonajero hace ruido cuando lo agito. Y mamá y papá reaccionan cuando tiro algo al suelo.» Empezará a tirar cosas a propósito para que le respondáis. Está experimentando con el entorno y descubriendo la consistencia de los objetos. Quizá observes también que recuerda a las personas y las rutinas, y puede que le coja especial cariño a un juguete. Esperará su toma ya no sólo como el momento de alimentarse, sino también como un acontecimiento social.

A los cinco meses, puede que muestre indicios de celos si te ve coger en brazos a otros bebés, y empezará a recelar de los desconocidos, aunque quizá aún no le produzcan verdadera angustia. También es el momento en que el bebé comienza a poner de manifiesto sus preferencias: volviendo la cara cuando no tiene hambre y mostrándose frustrado cuando no consigue hacer algo que quiera. Empezarás a oírle sonidos indicativos de diversas emociones: miedo, enfado, aversión. El llanto de enfado no sonará igual que el de cansancio o el de hambre.

Hacia los seis meses empezará a imitar tus emociones y tus acciones. Pruébalo: sonríe, a ver qué hace tu hijo. Luego frunce el ceño. Agita un peluche. Estornuda. Te sorprenderá lo bien que te imita. Comenzará a imitar sonidos combinados (da, da, da) y observará tu boca con atención cuando hables. Quizá responda también a la música, botando, tarareando o balanceándose.

¿Tu bebé es de trato fácil o testarudo? ¿Tranquilo o bullicioso? ¿Tímido o extrovertido? Todas estas tendencias congénitas emergerán ahora con mayor intensidad. No hay mucho que puedas hacer para cambiar el temperamento de tu bebé. Eres tú quien debe amoldarse al bebé nervioso y excitable con más rutina y tranquilidad, más tiempo y atención como calentamiento ante cualquier situación novedosa para el bebé tímido, más estimulación física para el bullicioso. Eres tú quien debe saber cómo es tu hijo y qué necesita, y proporcionárselo lo mejor que puedas.

Cuándo acudir al médico

Si el bebé:

- No deja que lo achuchen a los cuatro meses.
- No muestra afecto por la persona que lo cuida habitualmente.
- No se sienta con ayuda hacia los seis o siete meses.
- No responde a los sonidos.
- No se ríe a los seis meses.

Plantas venenosas corrientes

Algunas de las plantas que figuran a continuación son más mortíferas que otras. Además, en esta lista no están todas. Es preferible mantener al bebé alejado de todo tipo de plantas, sobre todo porque algunos bebés son alérgicos al polen.

- Poinsetias, acebo y muérdago
- Diefenbachia
- Hiedra venenosa
- Hortensias
- Hiedra sueca
- Algunos filodendros
- Lirio del valle
- Hiedra inglesa
- Rododendros y azaleas
- Adelfa
- Dedalera
- Espuela de caballero
- Jacinto, narciso y bulbos de narciso
- Laurel
- Tejo
- Belladona
- Orejas de elefante
- Guisantes de olor

Hogar seguro

Antes de que tu bebé empiece a moverse, tendrás que asegurarte de retirar de su alcance todos los peligros: pesticidas, detergentes, alcohol, lejía, fertilizante para las plantas, plantas de interior (muchas son venenosas si se comen), medicinas; tendrás que guardar en sitios altos o en armarios con llave cualquier cosa peligrosa que pueda llevarse a la boca. Lo mismo se aplica a los objetos punzantes: cuchillos, tijeras y demás.

Se venden montones de dispositivos de seguridad. Procura invertir el tiempo necesario en esto. Estas cosas pueden ser complicadas, pero la media hora que dediques a poner una cerradura en esa puerta podría muy bien salvarle la vida a tu hijo, porque los bebés tan pronto no son capaces siquiera de gatear como te los encuentras en el armario sacándolo todo y metiéndose cosas en la boca.

Mira en todas las habitaciones. He visto familias que encierran bajo llave los productos de limpieza de la cocina y se olvidan de que guardan en el baño productos similares en armarios fácilmente accesibles.

Guarda todas las medicinas y los líquidos en sus envases originales para saber lo que son y lo que debes hacer en caso de ingestión accidental. Tira las medicinas caducadas a un contenedor que no se pueda abrir.

Éste es también el momento de tapar todos los enchufes para que el bebé no pueda meter los deditos en ellos, y de instalar barrotes en todas las ventanas peligrosas. Pon bombillas en todos los casquillos vacíos. Oculta los cables de la tele, el DVD y demás con cubrecables.

Asegúrate de que los humidificadores, los calentadores portátiles y aparatos similares se encuentran lejos de su alcance mientras esté en la cuna.

Deshazte inmediatamente de las bolsas de plástico de la tintorería y del súper. Si las guardas para reutilizarlas, compra una bolsa contenedor donde meterlas todas y cuélgala alto, en algún sitio al que el bebé no llegue. Las bolsas pueden provocar asfixia.

Inspección diaria

Hacia los seis meses, el bebé cogerá todo lo que tenga a su alcance y se lo meterá en la boca. Procura que los juguetes que lo rodeen no tengan piezas pequeñas que se puedan despren-

Causas corrientes de asfixia

- monedas
- botones
- cuentas de collares
- canicas
- anillos
- pendientes
- alfileres
- tapones de bolígrafos y rotuladores
- clips
- globos
- pelotas de espuma que se comprimen
- ruedas de coches de juguete
- ojos de plástico de peluches y muñecos
- pilas botón
- tapones de botellas

der (como las ruedas de los cochecitos de su hermano mayor). Separa los juguetes del bebé de los de sus hermanos mayores. Lo mismo con los juguetes y la comida de la mascota.

Al acostarlo, mira bien alrededor y asegúrate de que no hay piezas pequeñas con las que pueda ahogarse. Comprueba también que no hay nada entre los cojines del sofá. Cuando hay un bebé cerca, me convierto en un detector de metales, pi-pi-pi-pi. Encuentro de todo. Por ejemplo, papá iba con prisa esta mañana y ha estrenado una camisa que venía empaquetada con alfileres. ¡Me encuentro uno en el suelo! Mira siempre bien, y míralo todo, todos los días.

Las piezas pequeñas y redondas son muy peligrosas para los bebés, porque sus vías respiratorias son muy pequeñas y sus músculos no están bien desarrollados, con lo que les cuesta más tragar que a los adultos. Por eso, cuando empieces a darle alimentos sólidos hacia los cuatro meses, tendrás que triturarlos. Y nunca lo dejes solo mientras coma (de esto hablaremos más adelante).

Si no estás segura de si algo es un peligro de asfixia o no, hazte con un tubo de asfixia o un verificador de piezas pequeñas, o usa el tubo de un rollo de papel higiénico (de los de medio centímetro). Si el objeto cabe dentro, es demasiado pequeño.

La trona del bebé no debe estar cerca de ninguna ventana ni electrodoméstico; además, ten siempre fuera de su alcance todos los líquidos calientes (café, té, sopa...). Cuando tu hijo esté sentado en la trona, sujétalo bien con el arnés. Muchos padres no les ponen a sus hijos el arnés porque lloran. Ésta es una de vuestras primeras oportunidades de hacer lo que más conviene al pequeño, le guste o no. Ya se acostumbrará.

Procura que el cajón de los trastos esté cerrado con llave o en un lugar al que el bebé no tenga acceso.

Los juguetes no deben tener cordones que cuelguen (córtalos), ni pilas, salvo que se encuentren ocultas en un compartimento seguro (que sólo pueda abrirse con un destornillador). Si un juguete se rompe y le queda algún borde cortante o punzante, deshazte de él. Lo mismo si el juguete presenta piezas pequeñas que puedan desprenderse. Los cajones para guardar juguetes deben tener bisagras de seguridad y orificios de ventilación. No dejes que el bebé mordisquee libros ni otros materiales impresos; la tinta puede ser tóxica.

Haz una limpieza general de todos los juguetes de tu hijo a diario, porque los bebés escupen, babean y vomitan la comida, y luego se llevan los juguetes a la boca. Lava lo que puedas lavar (los muñecos de felpa, por ejemplo) y limpia el resto.

Comprueba que las otras viviendas en las que está el niño (la de la canguro, la de la abuela) también son seguras, y presta especial atención cuando tengas visitas de amigos o familiares. Que los bolsos no se queden al alcance del bebé. Y no lo dejes solo fuera ni un minuto.

Protección solar

Defiendo a ultranza la protección solar del bebé, la considero esencial. En este aspecto, hay demasiados padres irresponsables; he visto a muchos bebés con las caritas como tomates dando brincos en el agua, y sus padres como si nada. No es algo que deba tomarse a la ligera. La protección solar es una responsabilidad moral de los padres. Los estudios realizados demuestran que incluso UNA quemadura solar de niño predispone al cáncer de piel en el adulto.

Usa un filtro solar hipoalergénico para bebés (FPS 30 o superior) en toda la piel expuesta y pónselo al menos quince minutos antes de salir. Busca el que mejor le vaya a tu bebé; algunos producen sarpullidos en bebés de piel delicada. También los filtros solares resistentes al agua deben volver a aplicarse con frecuencia, sobre todo si el bebé se ha mojado.

Ponle siempre una camiseta, aun cuando esté en el agua; pónsela después de aplicarle la crema. Y no te olvides del sombrero, ¡hasta en el agua! Cuando haga calor, tenlo en la sombra siempre que puedas. Independientemente de cuánta crema le pongas, si se pone colorado, se está quemando; aléjalo del sol.

Además debes predicar con el ejemplo. De nada sirve que a los quince meses le digas: «Ven, ponte esto», si nunca te lo ha visto hacer a ti.

Buenos hábitos

Rutinas

Ahora ya tienes una historia a la que recurrir. Puedes echar la vista atrás y ver lo bien que te ha ido, y pensar: «¡Eh, funciona! Voy a hacerlo como ayer porque me salió bien.» Cuando crees una rutina, ten presente que a veces los bebés son impredecibles. Quizá algo que te fue bien el miércoles no te valga el viernes. Debes tener paciencia, no pruebes algo una sola vez y lo dejes porque no funciona.

RUTINA DE SUEÑO 3-6 MESES

En cuanto el bebé cumpla los tres meses, tendrás que ir introduciendo progresivamente el horario de los seis meses.

A los tres meses	A los seis meses
Juego	Juego
Siesta de media mañana (dos horas)	Siesta de media mañana (una hora)
Juego	Juego
Siesta (dos horas)	Siesta de la tarde (dos horas)
Juego	Juego de treinta a cuarenta minutos
Siestecita de la tarde (media hora)	Hora de dormir
Hora de dormir	

No olvides que hay muchas cosas que podrían desmontarte la rutina. Tendrás que ser flexible, acomodarte a las circunstancias y restablecer la rutina en cuanto sea posible. Se trata de establecer piedras angulares en tu rutina de forma que no pase nada si los lados se desmoronan alguna vez.

Según la Fundación Nacional del Sueño británica, entre los tres y los once meses, el bebé debe dormir de nueve a doce horas por la noche, más entre una y cuatro siestas de media hora a dos horas que sumen un total de doce a quince horas. Estoy completamente de acuerdo. En la tabla encontrarás mi propuesta de rutina para esta etapa, con un punto de partida a los tres meses y un horario final a los seis.

Dormir toda la noche

Si ya has empezado a darle alimentos sólidos y tienes en marcha un plan de comidas coherente (véase «Establecer un horario de tomas» en la pág. 157), a los cinco o seis meses, puedes establecer una rutina de acostarse, que consiste en acostarlo, pongamos, a las diez de la noche y que no se despierte hasta por la mañana. Primero, crea una rutina breve, de unos veinte minutos: por ejemplo, le das un masaje, lo meces un poco, le cantas una nana y a la cama. La idea es adormilarlo, no dormirlo, para que aprenda a dormirse él solo. En el apartado dedicado a la etapa de entre seis y nueve meses, veremos la técnica del llanto controlado con la que puedes conseguir que el bebé duerma toda la noche de un tirón, pero yo no aconsejo probarla antes de los seis meses.

Entre los cuatro y los seis, si quieres, puedes instalar al bebé en su propia habitación. Empieza metiendo el moisés en la cuna, para que se sienta seguro; si acuestas a tu hijo en la cuna directamente, quizá se sienta inseguro en un espacio tan grande. Al cabo de unos días acuéstalo directamente en la cuna para que duerma la siesta y, cuando veas que se ha acostumbrado, lo metes en la cuna también por la noche. También puedes comprar un reductor de cuna o un cojín antivuelco, con dos pequeños almohadones cilíndricos o semicilíndricos a los lados, entre los que se coloca al bebé para que se sienta protegido. Asegúrate de que no hay peligro de asfixia.

Calentito y bien dormido

A medida que crezca el bebé, quizá prefieras comprarle un saquito para bebés en lugar de arroparlo con el arrullo. A mí me encantan. Los bebés se despiertan a menudo porque les baja la temperatura mientras duermen y tienen frío. Los sacos no sólo los mantienen calentitos sino que además evitan que se acaloren, porque los hay de muy distintos tejidos transpirables. Los hay de verano, con un valor calorífico menor, y tipo edredón para el invierno.

Móntale el móvil en la cuna, o cuélgale de ella ese peluche al que se le tira de la cuerda y suena una nana. El ritual le resultará muy agradable, porque empezará a entender que, cuando lo metes en la cuna y le pones la música, es hora de dormir. Con seis meses, tu bebé ya será bastante despabilado, por lo que conviene que no le cuelgues el móvil tan bajo que pueda enredarse en las cintas o agarrarlo y tirárselo encima.

No me parece mal que, para dormir, el bebé se agarre a su mantita o a su peluche favorito, que luego huelen a ellos años y años. Incluso sé de algunos padres que guardan las mantitas de recuerdo.

A veces, el bebé se hace un lío, y confunde la noche con el día y el día con la noche. Para resolver este problema,

Para ayudarle a dormir

Para que tu bebé se duerma y no se despierte, puedes hacer lo siguiente:
Procura que tome suficiente leche y sólidos durante el día.

- Sácalo a que le dé el aire. Si lo paseas un rato, dormirá mejor por la noche.
- Evita que se canse demasiado, eso le impedirá dormirse. Pon en marcha una rutina de siestas.
- Asegúrate de que tiene seco el pañal.
- Proporciónale ejercicio y estimulación suficientes durante el día (consulta las opciones de estimulación que propongo para este rango de edad en la pág. 221).

procura que haya luz en la habitación durante el día y oscuridad por la noche. Ten al bebé lo más activo y estimulado que puedas por las mañanas, y lo más tranquilo y relajado que puedas por las noches. Se habituará al horario establecido.

Llanto

A estas alturas probablemente ya se te dé bastante mejor averiguar por qué llora tu hijo. En esta etapa deberás añadir la falta de estimulación a las causas del llanto. Muchas veces los bebés lloran de aburrimiento.

Si tienes cosas que hacer, ponlo en la hamaca, para que esté bien sentado y pueda verte, lo que le permitirá disfrutar de estimulación visual y auditiva sin necesidad de que lo cojas en brazos. Si sigue llorando, haz lo que tengas que hacer y luego acércate y tranquilízalo con besos y abrazos. Cógelo en brazos, achúchalo y siéntalo otra vez en la hamaca. Vuelve a lo que estuvieras haciendo y dile: «Estoy aquí, cariño, ¿ves?, mamá está aquí. Mira lo que estoy haciendo.» Llorará menos y, al final, dejará de llorar, te observará y te escuchará.

Elogios

Siempre que tu hijo haga algo bien, házselo saber. Elógialo por comer, por dormir una buena siesta, por jugar, por sentarse en la silla del coche. El elogio verbal lo anima y favorece su desarrollo. ¡Tu chiquitín nunca es demasiado pequeño para alabanzas!

Alimentación

Sólidos

A medida que el bebé vaya creciendo, te llevará menos tiempo darle de comer, porque tanto él como tú le iréis pillando el tranquillo. Sin embargo, cuanto mayor sea, más se distraerá con lo que vea a su alrededor. Procura mantenerlo centrado creando un ambiente tranquilo y silencioso a la hora de comer; de lo contrario, descubrirás que no come lo suficiente y vuelve a tener hambre una hora después.

Entre los cuatro y los seis meses, debes introducir en su dieta los alimentos sólidos. Los pediatras aconsejan empezar a los seis meses, pero, en mi opinión, muchos bebés ya no tienen bastante con la leche mucho antes de esa edad. A lo mejor ves que sólo hace dos horas que se ha tomado el biberón y ya tiene hambre otra vez. Sabrás cuándo ha llegado el momento porque dejará de ganar peso y tendrá cada vez más apetito. Además se interesará por tu comida.

Lo bueno de empezar a darle alimentos sólidos es que muy probablemente duerma toda la noche de un tirón, porque tendrá la tripita más llena. No obstante, al principio, una parte importante de su nutrición procederá de la leche materna o de fórmula.

Los alimentos deben introducirse de forma gradual, unas cuantas cucharadas en una comida concreta. Dale sólo un tipo de alimento cada vez, para saber si algo le sienta mal o no le gusta. Empieza con los cereales infantiles (los cereales de arroz son estupendos, porque rara vez producen alergias), mezclados con leche de fórmula, leche materna o agua hervida y enfriada. Para empezar, ponle un poquito en su cucharita o en tu dedo para que lo pruebe.

Cuando tu hijo pruebe los sólidos por primera vez, seguramente pondrá una cara rara. El sabor y la textura son muy distintos de los de la leche. Aunque lo escupa, no tiene por qué no gustarle, tal vez sólo intenta averiguar qué tiene que hacer con ello. Si se niega en redondo, espera una semana o prueba con otro alimento. Para empezar, basta con un par de cucharadas. Si aparta la cara, será porque está lleno o no le

Alimentos prohibidos

Los niños menores de un año no deben comer lo siguiente:

- Azúcar, sirope de maíz o miel: los bebés no necesitan azúcares añadidos; además, la miel y el sirope de maíz contienen la espora del botulismo, que puede causar la muerte en lactantes.
- Sal: demasiado fuerte para los riñones de un bebé, por lo que no se debe añadir.
- Huevos o productos que contengan huevo: las claras de huevo pueden causar alergias. Podrás darle la yema cocida en cuanto se haya habituado a una buena rutina de alimentación mixta, normalmente entre los ocho y los nueve meses.
- Zumos sin pasteurizar: pueden causar enfermedades o producir la muerte.
- Cítricos: demasiado ácidos.
- Marisco: puede causar alergias, y su sabor es sólo apto para paladares maduros.
- Productos de trigo o maíz: suelen causar alergias.
- Leche de vaca: demasiadas proteínas.
- Semillas y frutos secos: pueden causar alergias y suponen un fuerte riesgo de atragantamiento.
- Tomates y fresas: suelen producir alergias.

gusta. No lo fuerces. También debes tener en cuenta que los bebés de cuatro a seis meses meten y sacan la lengua para generar saliva con la que humedecer los alimentos antes de tragárselos; no lo interpretes como un rechazo.

Al principio se pondrá perdido cuando coma. Procura usar un babero grande y no olvides tener a mano una gasa (mi favorita, siempre encima del hombro) o toallitas. Pon un mantelillo de plástico o una toalla debajo de la trona o la silla infantil si te preocupa mucho lo que pueda manchar. Usa una cuchara de plástico. Puede que le dé muchas vueltas a la comida en la boca, que explore la experiencia de comer, y buena parte de lo que le des termine en el suelo, el babero o la bandeja. Al final le cogerá el tranquillo. Tendrás que ir aumentando la cantidad hasta llegar a unas doce cucharadas por comida.

Cuando ya toleran bien los cereales, a mí me gusta prepararles papillas de alimentos orgánicos. Es facilísimo. Empieza con hortalizas, boniatos... Lávalos bien, pélalos, cuécelos al vapor hasta que estén blandos, tritúralos en la licuadora, vierte la mezcla en una cubitera y congélalo. A la hora de comer, pon uno o dos cubitos en un plato y caliéntalos en el microondas y remuévelo bien para que el calor se distribuya de modo uniforme. Comprueba la temperatura en tu muñeca o usa una de esas cucharas termosensibles que cambian de color si el alimento está demasiado caliente. Luego pasa a las frutas (puré de manzana y pera, plátano triturado); deja para el final otras verduras, como guisantes, calabacín, judías verdes y aguacates, que tienen la piel dura; después, tritúrale carnes blancas, como pechuga de pollo o de pavo, y, por último, dale carne roja. Cocina las carnes en leche o al vapor, luego métela en la licuadora. Me encantan la olla de vapor y el robot de cocina. Cuando me pongo a ello, me lo paso en grande.

Me gusta poder ofrecer al bebé todos los nutrientes que precisa gracias a las estupendas vitaminas de todos estos purés naturales tan fáciles de preparar.

Procura que todos los alimentos estén bien cocinados y triturados para evitar atragantamientos y, si te parece que algo le ha dado alergia, llévalo al hospital de inmediato. Cuanto más variada sea su alimentación en esta etapa, menos caprichoso será con los alimentos de mayor.

Dale zumos infantiles diluidos o agua hervida y enfriada junto con los alimentos para evitar el estreñimiento, que suele producirse con la introducción de alimentos sólidos en la dieta del bebé. Los azúcares naturales del zumo lo ayudarán a mover los intestinos.

Si usas potitos, no compres ninguno que contenga sirope de maíz, fructosa, dextrosa, ni ninguna otra cosa que termine en *-osa* (son azúcares añadidos), ni ningún edulcorante o colorante artificiales. No le des directamente del tarrito, echa algunas cucharadas en un plato para evitar la contaminación bacteriana producida por la saliva. Si no te queda más remedio, no guardes lo que sobre. Guarda los tarritos abiertos en el frigorífico y úsalos antes de dos días o tíralos. Si le das algo que venga enlatado, lava el abrelatas en el lavavajillas antes de usarlo, limpia bien la superficie de la lata y no guardes nunca lo que quede en la propia lata. Conserva los alimentos sólo en bolsas de plástico o tarros de cristal. Si los alimentos no se guardan de la forma correcta, se forman bacterias fácilmente.

HORARIO DE TOMAS PARA LA INTRODUCCIÓN DE SÓLIDOS

Para algunos tramos de edad, propongo dos horarios. El primero es para cuando se inicia la fase, luego se va pasando progresivamente al segundo.

4-6 meses: comienzo		4-6 meses: final	
Mañana	biberón o pecho	Mañana	desayuno: sólidos
Mediodía	comida: sólidos	Mediodía	comida
Noche	biberón o pecho	Noche	biberón o pecho

6-9 meses	
Mañana	desayuno
Mediodía	comida
Noche	cena: sólidos

9-12 meses: comienzo		9-12 meses: final	
Mañana	desayuno	Manana	desayuno
Mediodía	comida/postre	Mediodía	comida/postre
Noche	cena	Noche	cena/postre

Síntomas de alergia

- sarpullido o urticaria
- gases, diarrea, reflujo excesivo, retortijones
- congestión nasal o moqueo
- silbido pulmonar
- párpados, labios o garganta inflamados
- irritabilidad
- vómitos/atragantamiento, tos, salivación excesiva

Habilidades parentales

Cambiarle el pañal

Cuando tu hijo ya sea más activo, procura darle algo con lo que jugar mientras lo cambias. Se moverá menos y el proceso será más rápido.

Vestirlo

A muchos padres les cuesta vestir a sus hijos en esta etapa, porque se retuercen, e intentar ponerles un simple par de pantalones se convierte en una auténtica odisea. A mi juicio, lo mejor es buscar la colaboración del bebé. Dale algo con lo que distraerse y hazlo lo más rápido que puedas.

A partir de los tres meses, creo que lo más práctico son los pololos, sí, para los niños también. Shakespeare los llevaba. No olvides que se trata de vestir al bebé con varias capas para que no pase frío.

Cuidado de la piel

Si cuando empieces a darle a tu hijo alimentos sólidos notas que, de pronto, le salen granitos en la cara, probablemente se trate de una reacción alérgica a algo que ha comido. Procura estar al tanto y trata de averiguar a qué puede deberse.

Baño

No me parece mal que los padres se metan en la bañera con sus pequeñines a partir de los tres meses. Hay algo muy hermoso en pasar tiempo juntos en el agua. Tú estás más tranquila y tu bebé se siente seguro contigo en el agua. Es una transición maravillosa de la bañerita de plástico al baño, solitos en la bañera grande cuando ya sepan sentarse.

Tu seguridad

Has creado un entorno seguro para tu bebé gracias a los consejos de seguridad en el hogar, pero ¿te proteges tú del bebé? Me refiero a los tirones de pelo y de pendientes y a otras «actividades de agarre» de las que ya es capaz tu chiquitín. Puedes reducir al mínimo las situaciones dolorosas peinándote el pelo hacia atrás si lo llevas largo y no poniéndote pendientes ni collares, sobre todo de los que cuelgan mucho, cuando estés con el bebé. Lo mismo puede decirse de las corbatas de papá. Procura quitártela cuando vayas a coger en brazos al bebé.

Yo he llevado coleteros en las muñecas a modo de pulseras durante años para poder llevar el pelo suelo y luego recogérmelo si hacía falta. A veces me gusta llevarlo suelto para hacer cosquillas a los niños con él. Después de diecisiete años se ha convertido en un hábito. Hasta cuando grabamos tienen que recordarme que me quite los coleteros de las muñecas. Había una serie de dibujos en la tele, *Bob*, en la que salía un personaje llamado Tía Flo. Siempre bromeo con que me parezco a Flo, con el moño en lo alto de la cabeza, el único sitio donde sé seguro que el bebé no me lo enganchará.

Y si eres una de esas mamás (o uno de esos papás) que llevan montones de *piercings*, cuidado con ellos. Procura que sean de botón, y no de los que cuelgan, porque, si no, puede que el bebé los atrape.

Cuidado de la boca

En cuanto empieces a darle alimentos sólidos, tendrás que lavarle la boca a tu hijo, aunque no tenga dientes. Puedes utilizar un cepillo de dientes infantil suave humedecido, un trocito de gasa húmeda o un cepillo de dedo especial para bebés. Pero sin pasta. Todas contienen flúor y, si el bebé se lo traga, podría dañarle el esmalte de sus futuros dientes.

Recuerda, además, que no debes acostar al bebé con el biberón en la boca. Produce deterioro dental, dolor de muelas y pérdida temprana de los dientes de leche. El exceso de leche puede alterar el proceso de desarrollo y hacer aparecer los molares antes: demasiada leche para los dientes de leche.

Salidas y paseos

A pesar del desafío logístico que supone, viajar con un lactante es más fácil antes de que empiece a gatear o caminar, así que valora la posibilidad de hacer ese viaje ahora, en avión o en coche. Y asegúrate de que tu destino es apto para bebés.

Independientemente de su edad, viajar con niños es una cuestión de preparación: debes saber con exactitud cuánto tiempo te vas y qué tiempo hará en el lugar de destino, para llevar la ropa adecuada, el protector solar, la sombrilla de la sillita de paseo, los parasoles, el mosquitero o lo que vayas a necesitar para protegerlo. Lleva ropa de más, no sólo para el bebé, sino también para ti, por si ocurre algún accidente con la comida y demás, y procura tenerlo todo listo con tres días de antelación para evitar las prisas del último minuto.

En diecisiete años de niñera he ido de vacaciones con muchas familias y ha sido una auténtica delicia, aun en los viajes de ocho y nueve horas en avión con un bebé. Además de prepararse con antelación, la clave del éxito está en ajustarse lo máximo posible a la rutina del bebé.

Viajes en avión

En cuanto el bebé tenga ya unos meses y su sistema inmunitario esté más desarrollado, puedes pensar en viajar en avión. Tienes un cincuenta por ciento de probabilidades de que el viaje salga bien y otro cincuenta de que salga mal. Cualquiera que se haya sentado alguna vez junto a un bebé llorón en un vuelo largo sabe de qué hablo. Para que la experiencia sea lo más satisfactoria posible:

- Procura que el vuelo sea a una hora a la que el bebé suela dormir.
- Llama a la compañía aérea y pregunta si disponen de moisés para bebé. No obstante, si hay turbulencias durante el vuelo, tendrás que coger a tu hijo en brazos.

— Pregunta también qué puedes llevar en cabina. Esto cambia a menudo debido a restricciones de seguridad.
— Factura la sillita de paseo y la silla de coche cuando vayas a embarcar, salvo que hayas comprado billete para el bebé, en cuyo caso deberás llevar contigo la silla de coche.
— Llévate montones de leche de fórmula si le das el biberón y pídeles a las azafatas agua para mezclarla. Puede que te confisquen en las puertas de embarque los biberones ya preparados o la leche de fórmula líquida debido a las restricciones de seguridad vigentes.
— Si el bebé ya come alimentos sólidos, no olvides llevártelos también.
— Embarca antes que los demás si puedes para tener tiempo y espacio para instalarte. Pregunta a las azafatas.
— Dale de comer al bebé en el despegue y el aterrizaje para evitar el dolor de oídos por los cambios de presión.
— Bebe mucho líquido, sobre todo si le estás dando el pecho, para evitar la deshidratación.
— Extiende el cambiador en el asiento y cambia allí al bebé, en lugar de hacerlo en el baño diminuto y posiblemente muy solicitado.
— No olvides coger algún sonajero, los peluches favoritos de tu hijo y algún libro infantil, gasas y una mantita. Tenerlo entretenido te ayudará a preservar la cordura del resto de los pasajeros.

Un viaje en avión con un bebé no tiene por qué ser una experiencia dramática. Será más fácil con preparación y optimismo. Si lo asumes, lo disfrutarás. Depende de ti, así que esfuérzate por que salga bien. Pero, si el bebé llora mucho, recuerda que no lo hace para fastidiar a todo el pasaje. Va siendo hora de que la gente muestre más consideración en estas situaciones. Los bebés lloran. Confiemos en que el resto de la sociedad sepa aceptarlo y sea un poco más compasiva.

Viajes en coche

Muchas familias con bebés prefieren los viajes en coche, porque así pueden parar en cualquier sitio y darse un respiro. Además, el movimiento del coche suele adormecer al bebé. Por otra parte, al viajar en coche, no se tiene la presión añadida de que todo el mundo te mire si el bebé llora, sólo vais tú y tu familia en el coche, y eso tranquiliza.

La lista de las cosas que debes llevar es idéntica a la del avión.

Estimulación y exploración

Ya eres una experta en estimulación, ¿verdad? Sabes lo que hace reír a tu bebé, lo que le provoca carcajadas y sonrisas, y también qué actividades no le gustan. Evoluciona muy rápido. No sólo ve mucho mejor, sino que además es capaz de alargar el brazo para coger cosas, acercarse los objetos tirando, agitarlos, lanzarlos, llevárselos a la boca. Ahora todo es muy distinto, por lo que es importante que prosigas con las actividades que has estado realizando al tiempo que añades más juegos para desarrollar su motricidad. A partir de ahora, tu hijo te responderá más, y la interacción te resultará muy gratificante a medida que se vaya haciendo más aventurero.

Ideas de juego

Conversación

Ha llegado el momento de despertar la capacidad de comunicación del bebé dándole conversación. Imita lo que dice tu hijo. Si él emite un sonido agudo, haz lo mismo. Pronto empezará a repetir él los sonidos que tú hagas. Esto favorece el desarrollo del lenguaje y de la escucha, así como el desarrollo social. Además te divertirás. Aunque no sepas lo que dices, sabrás por qué lo dices, y eso es lo bonito de todo esto.

Más tiempo boca abajo

Los músculos del cuello de tu hijo ya son mucho más fuertes y le sujetan bien la cabeza. Conviene que fortalezca el tronco, por lo que le viene muy bien, por ejemplo, que lo tumbes boca abajo sobre un cojín cilíndrico o un balón de playa hinchable para que aprenda a mantener el equilibrio (mientras tú lo sujetas, claro). Háblale, para que se distraiga con lo que le dices y aguante cada vez más boca abajo.

Otra cosa que puedes hacer mientras está boca abajo es colocarle una pelota de plástico delante y animarlo a que se estire para cogerla. Tiéntalo moviendo la pelota a unos centímetros de distancia. Cuando la haya alcanzado, no se la quites, lo desanimarías, porque al bebé le cuesta muchísimo esfuerzo alargar el brazo para coger esa pelota. Ten presente el tiempo que dedicas a estas actividades, no conviene cansarlo. Imagínate tú tres horas en el gimnasio. ¿Hace falta que diga más?

A muchos padres les incomoda oír a sus hijos emitir esos gruñidos de determinación cuando están a punto de alcanzar algo, y acuden a su rescate. Es importante dejar que el bebé lo intente solo, porque eso le ayuda a desarrollar la fuerza de voluntad necesaria para seguir intentándolo. Nunca se ha logrado nada pudiendo rendirse tan fácilmente, así que deja que el bebé luche por lo que quiere, salvo que se frustre mucho y lloriquee, claro. La recompensa llega cuando ves al bebé sonreír de satisfacción por haber logrado coger la pelota él solito: «¡Ya es mía! ¡La tengo!»

Coger y soltar

Entre los tres y los seis meses, el bebé será capaz de sostener cosas, pero no mucho tiempo. Puedes ayudarlo a desarrollar la coordinación ojo-mano y la motricidad fina dándole cucharas o llaves de plástico, tápers, sonajeros y demás para que los coja. Los tirará en seguida, pero cuanto más practique las acciones de coger y soltar, mejor lo hará.

Superman

Lanzar al bebé al aire y cogerlo es peligroso, así que no te voy a sugerir que lo tires como si fuera un balón, pero sí puedes tumbarte boca arriba en el suelo con el bebé, levantarlo un poco en el aire y hacerlo volar. Le vendrá muy bien para desarrollar su confianza, ya que disfrutará de la sensación de estar en el aire con la tranquilidad de que tú lo sujetas.

Baños de espuma

¿A quién no le gustan los baños de espuma? Vienen muy bien, porque son muy divertidos y favorecen el desarrollo de la coordinación ojo-mano del bebé. No le llenes mucho el baño, no vaya a terminar tragándose la espuma.

Los baños de espuma también son una distracción estupenda cuando el bebé está disgustado.

Baile de cintas

A esta edad, me encanta coger un montón de cintas de colores y agitarlas delante del bebé. Hacia los seis meses ya puede agarrarlas mientras flotan. Esto le ayuda a desarrollar la coordinación ojo-mano y te permite compartir con tu hijo uno de esos momentos felices para los dos.

Al escondite

Ahora es el momento de jugar al escondite: coge un bloque y escóndeselo un segundo debajo de la manta dejando visible un trocito, luego vuelve a sacarlo. Te sorprenderá lo alucinado que se queda. Estos juegos de esconder y tirar cosas deberás ponerlos en práctica durante muchos meses, mientras el bebé va aprendiendo cada vez más sobre la permanencia de los objetos, el hecho de que las cosas (y las personas) están ahí aunque no las veas.

Lectura

Nunca es demasiado pronto para empezar a leerle. Al bebé le encanta el sonido de tu voz; y los libros para bebés, con dibujos grandes de muchos colores, son estupendos para su estimulación visual. Cuanto más asocies las imágenes con palabras, más fácil le resultará a él hacerlo cuando sea algo mayor. Prueba con libros de cartón o de tela que sean adecuados para su edad.

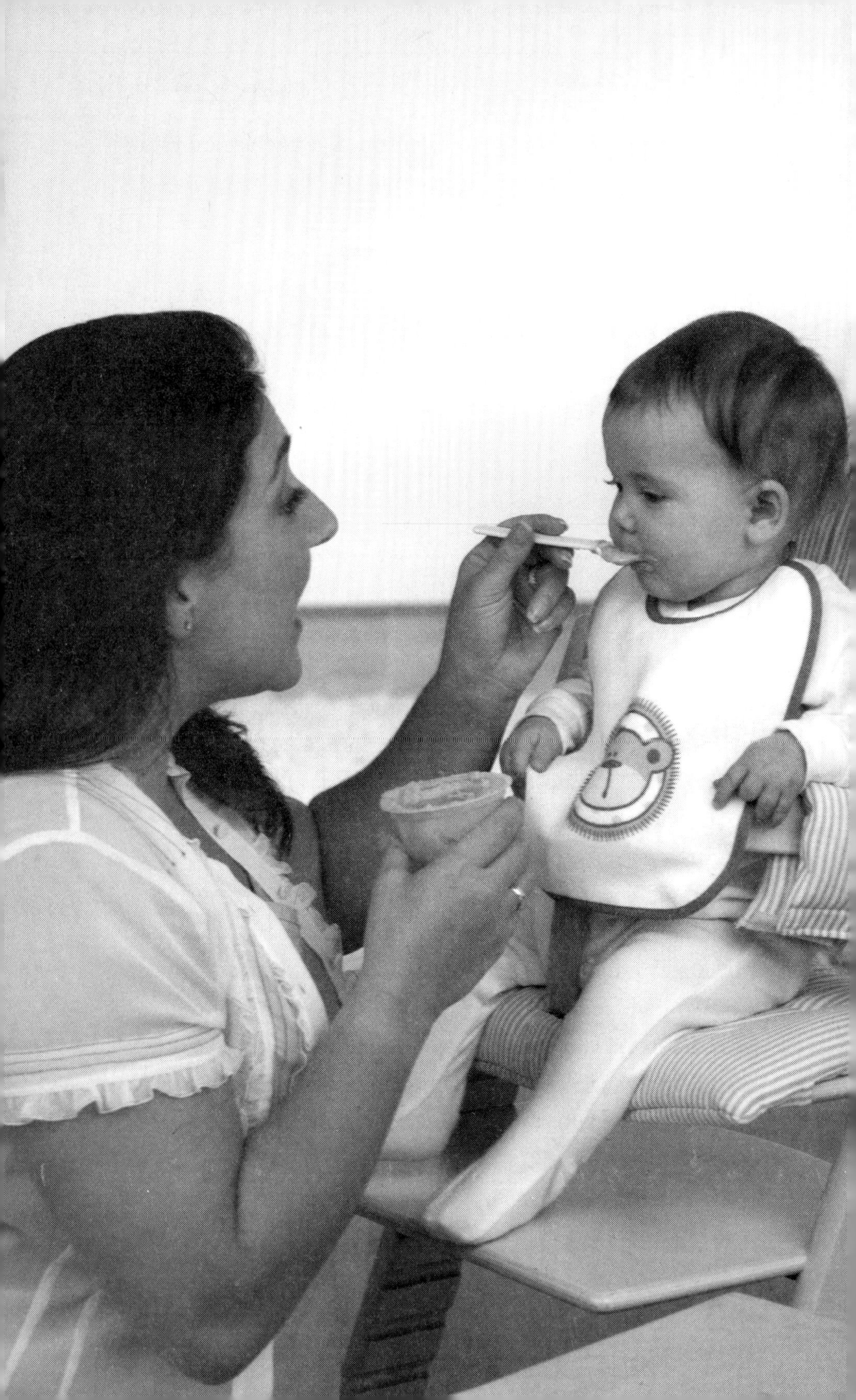

CAPÍTULO 6: DE SEIS A NUEVE MESES

Vivencias de los padres

Quizá descubras que, en cierto modo, la vida hasta ahora ha sido relativamente fácil, porque te limitabas a darle el pecho al bebé, dormir a su lado y llevártelo a donde fueras. A partir de ahora, en cualquier momento, ese bebé que has tenido apoyado en una pila de cojines como si fuera un pequeño Buda, decide darte un susto de muerte y desaparece. La cosa ha cambiado. ¡Ya puede moverse! Para algunos sucede entre los seis y los nueve meses; otros tardan más. Cuando ocurra, tendrás que pasar más rato de pie, para que el bebé esté a salvo en sus excursiones. Te resultará más difícil contenerlo mientras haces lo que tengas que hacer.

Una vez más, tendrás que adaptarte a las nuevas aptitudes de tu hijo. Tus rutinas tendrán que ser lo bastante flexibles para albergar la reciente movilidad del bebé. Lo bueno es que ya tendrás medio año de experiencia, de modo que muchas cosas, como bañarlo o cambiarlo, las harás sin pensar. En muchos aspectos, ya eres una experta. Ahora vas a tener que aplicar tu experiencia a un bebé mucho más nervioso, que no parará quieto. Él pensará: «¡Vaya, mira adónde me pueden llevar las piernas!»

Es ahora cuando te saldrán ojos en la nuca. Te despertarás una mañana, te notarás dos bultos en el cogote y sabrás que no es un dolor de cabeza cuando te veas los dos ojos ahí atrás (¡ojalá!).

Ahora estás en otra capa del pastel de la preocupación paternal. Hasta ahora te preocupaba que comiera lo suficiente y durmiera toda la noche de un tirón. A partir de ahora tendrás que estar pendiente de que no se haga daño ni se lleve nada peligroso a la boca: «¡Madre mía! ¿y qué me va a romper ahora? Eso que se está comiendo, ¿no será la comida del perro?» Aunque hayas acondicionado la casa para el bebé y tomado precauciones de seguridad, ahora verás claro lo importante que es. Muchos padres no lo entienden de verdad hasta este momento.

Ésta es una etapa maravillosa para los padres, porque hay mucha más interacción y más receptividad por parte del bebé. Se crea una relación maravillosa entre vosotros, porque el bebé imita todos tus gestos y tu tono de voz. Podéis mantener algo así como conversaciones. Hacia los nueve meses, ya tendrá los suyos, y su personalidad. Ya no eres tú sólo quien le hace reír, también él te hará reír a ti.

Aunque has entrado en una fase nueva y preocupante, confías mucho más en tu capacidad para manejar al bebé. Probablemente te haya tocado hacer algunas llamadas o visitas al pediatra por catarros u otras enfermedades. Estás tomando decisiones conscientes sobre la ropa que debes ponerle o con quién debe jugar, incluso puede que hayas empezado a llevarlo a clases para papás y bebés.

Muy probablemente, en algún momento de esta etapa le empezarán a salir los dientes. Madre mía, en la etapa de dentición, los pañales sucios son lo peor. Jamás se te habría ocurrido que tu bebé pudiera hacer semejantes pasteles. ¿Dónde está la máscara de gas?

De pronto, tu bebé, siempre tan dulce y risueño, se vuelve irritable, y pasarás por otra época de no poder consolarlo fácilmente. En consecuencia, puede que vuelvas a sentirte impotente. Duele ver que tu hijo está sufriendo y no puedes hacer nada al respecto. No puedes aliviarle el dolor, pero lo sientes tú también. Tu empatía crecerá cuando experimentes en ti el dolor de tu hijo, y no será la última vez. Lo mejor que puedes hacer es intentar consolarlo, y tener la tranquilidad de que ese momento pasará.

Hora de socializar

A partir de ahora, volverás a tomar parte activa en el mundo que te rodea. De hecho, es una vuelta a la normalidad, con alguna concesión a la rutina de tu hijo. Ha llegado el momento de que tu bebé y tú salgáis a desayunar por ahí, vayáis a clases para papás y bebés, acudáis a jugar con otros bebés en parques, iglesias y casas, o quedéis para comer con otros niños para que puedan disfrutar de comida pensada para usar los dedos.

Vuelta al trabajo

Aunque algunas madres vuelven al trabajo cuando sus bebés son más pequeños o mayores que la etapa que tratamos en este capítulo, suele ser en ésta cuando la mayoría de las mamás deben dejar a sus hijos para volver a un trabajo de jornada completa o media jornada. Ésta puede ser una transición muy difícil desde el punto de vista emocional. Con suerte habrás seguido el consejo que te di anteriormente y habrás buscado a alguien en quien confíes de verdad.

Lidiar con tus propias emociones te llevará tiempo. Hay algunas cosas que pueden ayudarte. Primero, no te sientas mal si, al principio, llamas cien veces al día para ver cómo está tu pequeñín. Dile a quien se encargue de cuidarlo que irás reduciendo la frecuencia. Pídele que lleve un diario o un registro de lo que hace el bebé, para que no tengas la sensación de que te estás perdiendo su crecimiento. Procura tener a alguien a quien poder contarle cómo te sientes. Es normal que estés triste o te sientas culpable durante un tiempo.

Reconoce lo que puedes cambiar y lo que no. No puedes cambiar la necesidad de trabajar, pero, si reconoces que tu bebé es tu máxima prioridad, podrás tomar decisiones laborales ajustadas a tu situación. ¿Puedes llevarlo tú a casa de la canguro e ir a buscarlo? ¿Puedes procurar estar en casa antes de que se duerma por la noche? ¿Puedes evitar los viajes de negocios durante el primer año? ¿Puedes trabajar desde casa un día a la semana?

Si después de uno o dos meses sigues sin sentirte bien y la situación te afecta hasta el punto de angustiarte y deprimirte mucho, yo me plantearía otras causas. ¿Te preocupa el lugar en el que dejas a tu hijo o es que tu pareja y tú necesitáis valorar otras opciones que te permitan hacer media jornada?

Una vez estuve cuidando de un bebé durante seis meses, y a la madre, cuando volvía a casa todos los días, se la veía bien. Luego, durante unas seis semanas, cuando llegaba a casa por las noches, yo me decía: «No está bien.» La notaba apática, y como con una tristeza interior. Por fin, la cogí por banda y le dije: «No tienes por qué contármelo a mí, pero tengo la sensación de que no eres feliz.»

Se echó a llorar y me contestó: «Yo quiero estar en casa con mi bebé, pero me da mucha pena haberte contratado por un año. No lo he hablado con mi marido, pero sé que no tendríamos problemas económicos si lo dejara. El trabajo ya no es lo mismo para mí ahora que tengo a mi chiquitín.»

Yo le respondí: «Es tu bebé. Debes hacer lo que te haga feliz, para que puedas ser la mejor madre posible, y tu hijo también esté más contento. Me voy mañana.» Fue la única vez que me alegré de irme, porque siempre es duro despedirse de una familia con la que ya has creado una relación personal.

Si tienes una profesión y un bebé, tendrás que hacer malabares. No se puede ser un profesional de éxito sin dedicarle tiempo. Siempre hay que ceder en algo, sé sincera contigo misma y averigua en qué.

Durante el primer año de vida del bebé, lo principal es que establezcáis un lazo afectivo. Procura emplear el tiempo que puedas dedicar a tu hijo en conectar emocionalmente para no tener mono, porque eso es lo que tienen los padres que trabajan, el mono de no poder estar a todas horas con su hijo. Que ésa sea tu prioridad cuando estés en casa.

Lo mismo digo de divertirse, divertirse, divertirse. Debes disfrutar de la paternidad y dedicarle tiempo a tu chiquitín.

Desarrollo del bebé

Desarrollo físico

Durante esta etapa, disminuirá el crecimiento de la cabeza del bebé. Hacia los ocho meses, pesará ya entre 6 y 8 kilos.

Al séptimo mes podrá tenerse sentado un rato, aunque, por lo general, no aprenden a sentarse solos hasta los ocho meses. Pronto, cuando se vuelque, se servirá de sus propios brazos para parar la caída.

Le encantará ponerse de pie cuando lo tengas en brazos, y botar arriba y abajo. Además sabrá pasarse objetos de una mano a otra. Hacia el noveno mes, empezará a usar el pulgar para sostener las cosas y meterá el dedo en los agujeros.

Cuando empiece a ponerse de pie, hacia los ocho meses, no sabrá cómo volver a sentarse, y quizá llore para pedir ayuda. Dóblale con cuidado las rodillas para que se siente.

Mientras esté de pie, sacará tripita y culete, con lo que la espalda se le balanceará bastante. Eso es completamente normal hasta los dos años y se debe a que aún se está desarrollando su sentido del equilibrio. Puede que meta los pies hacia dentro o los abra demasiado, pero también eso se corregirá a partir del segundo año. Enséñale a caerse de pompis empujándole con cuidado por la tripita de forma que se le doblen las rodillas. Caerá con mucho estruendo. Si te ríes, él se reirá también. Ayúdalo a levantarse y vuelve a hacerlo. Se trata de enseñarle que, aunque se caiga, no pasa nada. Como es lógico, asegúrate antes de que no puede darse en la cabeza con nada. Y recuerda que debes darle sólo un empujoncito.

Por lo general, entre los siete y los nueve meses, los bebés empiezan a gatear, si bien algunos se saltan este paso y empiezan a caminar directamente desde la posición de sentados sin que esto tenga ninguna repercusión negativa. Otros van avanzando con el culete, como si bailaran. Otros se arrastran como serpientes apoyándose en la tripita. Muchos gatean marcha atrás primero, como los cochecitos por control remoto, porque tienen más fuerza en los brazos que en las piernas.

En lo relativo al desarrollo cerebral, durante esta etapa, el bebé aprende a resolver sus propios problemas mediante la experimentación, por lo que lo verás probar algo de formas distintas antes de rendirse. Está aprendiendo a marcarse un objetivo, a ignorar las distracciones y a persistir. ¡Y se acordará de lo que le ha funcionado antes!

Dentición

Ésta suele ser la época en la que a los bebés les empiezan a salir los dientes. Si le das el pecho a tu hijo, ten cuidado cuando le salga el primer diente, porque probablemente te morderá. Si gritas, lo asustarás. Si sigue haciéndolo, retíralo con cuidado y deja que pasen unos segundos antes de volver a ponértelo. Cuando lo retires unas cuantas veces, captará el mensaje.

La dentición de tu hijo puede ser una época difícil, para ti y para él. Éstos son algunos de los síntomas:

— aumento de la salivación, babeo;
— encías calientes, irritadas, rojas, hinchadas o con ampollas azuladas (quistes de erupción);

— irritabilidad;
— mordisqueo de cualquier cosa, de todo;
— pérdida del apetito;
— problemas de sueño esporádicos;
— mejillas sonrosadas con finas líneas rojas que parecen el juego del tres en raya;
— dolor, llanto intermitente;
— febrícula;
— caca abundante y de olor fuerte;

Cuándo acudir al médico

- Si el bebé no muestra interés en el *cucutastás* a los ocho meses.
- Si no alarga el brazo para coger objetos hacia los siete meses, ni puede coger un objeto con una mano.

No hay consenso en cuanto a si la dentición produce fiebre o diarrea. Muchos especialistas médicos creen que hay algo más, quizá que el estrés de la dentición reduce las defensas del bebé. Si algo te preocupa, consúltalo con tu médico. A mi juicio, la dentición puede provocar ambas cosas, y no es nada que no pueda solucionarse con mucho amor y dedicación, ayudas para la dentición y un mordedor fresquito de la nevera.

Un diente puede llegar a tardar hasta dos meses en salir del todo, y eso puede resultar muy doloroso a tu bebé, que te lo hará saber con un llanto inconsolable. Yo tengo una fe ciega en los gránulos homeopáticos para la dentición que son unas bolitas diminutas que se le meten al bebé en la boca. El niño los roe un poco con las encías y le produce cierto alivio, como cuando uno se rasca algo que le pica.

Los geles orales también funcionan, pero no abuses de ellos. También pueden usarse analgésicos como el Apiretal. Jamás le des aspirina al bebé, bajo ninguna circunstancia; se asocia al síndrome de Reye, un trastorno grave que ataca a todos los órganos del cuerpo, sobre todo al cerebro y al hígado, y que parece desarrollarse a partir de la gripe, el catarro u otras enfermedades cuando se administra aspirina.

También puedes probar con anillos de dentición, un paño frío, una bolsa de frío o simplemente frotándole las encías con el dedo. Procura que tenga el culete y la barbilla limpios y secos, y achúchalo mucho.

Ten presente que, si el bebé te muerde, no lo hace a propósito, sino porque le ayuda a aliviar el dolor de la dentición. Puedes decirle que no te muerda para que sepa que no debe volver a hacerlo.

Desarrollo social y emocional

A los siete meses, el bebé ya será capaz de reconocer una cara. A los ocho empezará a relacionar los tonos, las palabras y los gestos (por ejemplo, adiós y la despedida con la mano). Probablemente le encanten los muñecos que hacen ruido al apretarlos o agitarlos.

A los nueve, podrá responder a órdenes sencillas como

«Di adiós», señalará lo que quiera y estará familiarizado con la palabra *no* y el tono en que se dice. Quizá quiera «ayudarte» con la comida, metiendo los dedos en ella y poniéndose perdido, cogiendo la botella o el biberón. Aunque así tardes más en darle de comer, es un paso importante para que aprenda a comer solo. A esta edad, ya sabrá comer con los dedos y beber de un vaso antiderrame si le ayudas. Además, sabrá expresar sus preferencias apartando lo que no quiera y cogiendo lo que sí.

Entre los ocho y los nueve meses es cuando empieza a ponerse de manifiesto el rechazo a los desconocidos. Probablemente muestre cierta preferencia clara por las personas a las que conozca ya, sobre todo por su principal cuidador, y puede que llore desconsoladamente cuando se le acerque un extraño. Dale tiempo para que se acostumbre a otras personas, pidiéndoles que se acerquen poco a poco, y predica con el ejemplo mostrándote contenta de su llegada. Quizá también descubras que sólo os sonríe a ti y a algunos familiares con los que ha pasado más tiempo. Hacia los diez meses, esta fase estará en su máximo apogeo.

Puede que de repente tenga vértigo o le dé miedo el baño. Tal vez observes que se vuelve irritable justo antes de sufrir un gran salto en su desarrollo, como empezar a gatear. Se trata de algo completamente normal. También lo es el que oponga resistencia a acostarse, para dormir la siesta o por la noche. ¡La vida es demasiado emocionante y estimulante!

Hogar seguro

Ahora que tu hijo ya se mueve, asegúrate de haber acondicionado correctamente la casa, siguiendo los consejos que te doy en el apartado «Hogar seguro» de la pág. 200. En un abrir y cerrar de ojos puede rodar por las escaleras, meter los dedos en un enchufe, atragantarse con una pila de botón o ahogarse en tres centímetros de agua.

Cuando el bebé empieza a moverse, crear un entorno seguro para él no significa tirar la casa por la ventana; hay que buscar un punto intermedio. Debes decidir qué cosas quieres guardar lejos de su alcance y qué quieres enseñarle a tu hijo respecto al resto. Por ejemplo, hay padres que dicen: «Nosotros tenemos gato, y no nos vamos a deshacer de él, así que la comida del gato siempre va a estar ahí. Al bebé le diremos: "Deja eso, que es la comida del gato", en lugar de esconderla para que no la vea.»

En esta etapa, se trata de decidir qué cosas quieres que sigan en su sitio, y enseñarle al bebé que no debe tocarlas, y cuáles quieres guardar hasta que sea mayor. Si consigues hacer la distinción, ya tendrás la mitad del problema resuelto, pero no esperes que tu casa esté siempre como una patena. Después de todo, tienes hijos y no vas a pasarte el día diciéndoles que no a todo.

Cuando se ponga de pie

Ahora que el bebé sabe ponerse de pie, asegúrate de que ni la cuna ni el cambiador están cerca de una ventana; es muy peligroso. Antes tenías un bebé inmóvil y, de repente, no para. Si lo cambias en una colchoneta, en el suelo, acabarás de golpe con el peligro.

Éste es también el momento de retirarle los móviles de la cuna, para que, si se pone de pie, no tire y se enrede en ellos. Baja el colchón de la cuna hasta la última posición, de forma que no pueda caerse fácilmente, y quítale los muñecos grandes en los que pueda subirse para saltar de la cuna. Deshazte de las chichoneras, porque también puede usarlas de trampolín para salir de la cuna.

Cuando gatee

Túmbate en el suelo para hacerte una idea de la visión del mundo que tiene tu hijo y asegurarte de que has eliminado todos los peligros: jarrones inestables, lámparas en mesitas auxiliares, tus adornos favoritos, manteles, sillas que se puedan vencer y similares. No se trata sólo de poner a salvo al bebé, sino también tus cosas. En cuanto el bebé empiece a moverse, querrá explorar su mundo todo lo posible, y no vas a estar todo el tiempo pendiente de que la pieza con la que tía Tilly ganó el premio de cerámica se haga pedazos, y mucho menos aún agobiarte por que tu hijo se pueda hacer daño. El niño no va a pensar: «Ah, bueno, éste es un Wedgwood. Vamos a dejarlo. Mejor vamos a por el de Ikea.» El bebé no es consciente de lo mucho que has tenido que trabajar para pagar el adorno de la mesita auxiliar. Se lo cargará como el que se carga latas vacías en una feria. También he visto casas en las que tienen el vino en botelleros al alcance de cualquiera. Y tu hijo se dará cuenta. Guarda las cosas de valor y pon los artículos domésticos en estanterías altas.

Baja los cuentos del bebé a los estantes más bajos y traslada los objetos que quieras preservar a los estantes de arriba. Procura que los muebles estén pegados a la pared, para que el bebé no se los pueda tirar encima. Asegúrate de cerrar bien los cajones y los armarios para que tu hijo no trepe por ellos. Puedes comprar cuñas para las puertas a fin de que no se cierren del todo y tu hijo pueda pillarse los dedos. Los llaman *salvadedos* y tienen forma de C.

También puedes comprar esquineras para evitar chichones y moratones, y cantoneras acolchadas para las mesas de cristal. Retira los muebles en los que el bebé pueda quedarse atrapado si gatea por debajo. Cuando empiezan a gatear, a diferencia de los gatos, los bebés no tienen bigotes con los que determinar la anchura de las cosas, por lo que se meten en sitios de los que luego no saben salir. A veces van avanzando y luego se dan cuenta de que no tienen ni idea de cómo retroceder. Hay que sacarlos, algo que siempre me hace gracia.

Ten desenchufados los aparatos siempre que sea posible y no dejes los cables colgando. En cuanto el bebé pueda moverse, ten siempre presentes los posibles peligros, como puertas y ventanas abiertas y escaleras.

Cubre las chimeneas y retira todo tipo de calentadores. Ata bien los tiradores de cortinas y persianas para que el bebé no llegue, o coloca una abrazadera en la pared para asegurarte de que no hay nada colgando. Los cordones que cuelgan constituyen un riesgo de estrangulación.

Ten más cuidado con las mascotas ahora que el bebé puede moverse. Su gateo puede asustar al gato o al perro y provocar una agresión, de modo que procura estar siempre presente cuando las mascotas y el bebé estén juntos.

Nunca jamás

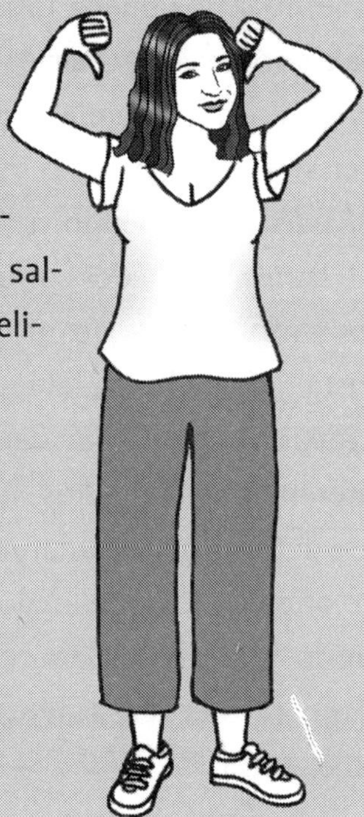

Hay una serie de animales con los que el bebé no debe estar en contacto, porque se ha descubierto que son portadores de la salmonela y otras enfermedades peligrosas:

- pollitos y patitos
- ranas y sapos
- tortugas
- lagartijas
- serpientes

En el baño

Plantéate la posibilidad de instalar un cierre de seguridad en la tapa del váter, de forma que, si a tu bebé le llama mucho la atención, no pueda caerse dentro. Los váteres son peligrosos porque a los niños pequeños les pesa más la cabeza y, si se asoman, de verdad se caen.

Mantén fuera de su alcance maquillaje, medicinas, pasta de dientes, cuchillas de afeitar, pinzas de depilar, rizadores de pelo, secadores y similares. Ten cuidado con dónde pones tus cosméticos y productos perfumados, a tu chiquitín le parecerán bebidas de colores en frasquitos. Como son tan brillantes y llamativos, se los llevará a la boca.

Los perfumes, como contienen alcohol, son especialmente venenosos. Acostúmbrate a dejarlos donde el bebé no pueda cogerlos, y a cerrar la puerta del baño cuando salgas.

En la cocina

Asegúrate de que la tapa del cubo de la basura cierra bien. Guarda las vitaminas fuera del alcance de tu hijo, el envenenamiento por ingestión de hierro es la causa más corriente de muerte por envenenamiento infantil. No lo dejes jugar con los mandos de la cocina y ten cuidado con la puerta del horno, porque se calienta. Lo mismo digo de la plancha y la tabla de planchar. Si tienes mascotas, sus comederos y bebederos son un objetivo tentador para un bebé que gatea. Procura ponerlos en algún sitio adonde el bebé no llegue. En cuanto al cajón del gato, por nada del mundo dejes que tu hijo se meta en él.

La mayoría de las quemaduras de niños de entre seis meses y dos años se deben al derrame de líquidos y alimentos calientes, de modo que ten siempre a tu pequeño en un lugar seguro de la cocina, lo más lejos posible del horno y los pequeños electrodomésticos. Te aconsejo que lo dejes en el gimnasio infantil con el cesto de los juguetes al lado para que se entretenga mientras cocinas. A los ocho y nueve meses, los bebés necesitan estar siempre entretenidos. Si anda suelto, ponlo en un rincón seguro con sus juguetes, y si va gateando hacia ti, vuelve a dejarlo lejos de cualquier peligro.

Aparte de por razones de seguridad, sentar al bebé en la trona junto a los fogones es un problema, porque le estarás dando comida para que se calle hasta que puedas atenderlo. Esto hará que el bebé asocie comida y consuelo. No lo tranquilices con comida.

No lo pierdas de vista

Espero haber contribuido a concienciarte de las cosas con las que debes tener cuidado. En cuanto abras los ojos, ya nunca volverás a pensar: «Puedo sentarme aquí tranquilamente mientras el peque gatea solito por toda la casa.» Debes saber exactamente lo que hay en cada habitación que pueda ser un peligro para el bebé. En esta etapa, tu hijo no debe estar nunca solo el tiempo suficiente para, por ejemplo, acercarse a la lavadora, abrir la puerta y meterse dentro. En resumen, en cuanto desaparezca, id a buscarlo.

Buenos hábitos

Sueño ininterrumpido

A estas alturas ya tendrás en marcha parte de una rutina de sueño ininterrumpido: duerme en su cuna, en su cuarto o separado del resto de la familia por algún dispositivo que lo aísle del ruido y la luz, y ya come alimentos sólidos.

Conviene que lo acuestes despierto, para evitar malos hábitos. Si tu hijo se acostumbra a dormirse en tus brazos, cuando se despierte, se asustará, porque ya no estarás allí.

RUTINA DE SUEÑO 6-9 MESES

Ajusta gradualmente el horario a lo largo de los tres meses, empieza por el primero y termina con el segundo.

A los seis meses	A los nueve meses
Juego	A los nueve meses
Siesta de media mañana (dos horas)	Juego
Juego	Siesta de media mañana (una hora)
Siesta de la tarde (dos horas)	Juego
Juego	Siesta de la tarde (dos horas y media)
Sueño nocturno (de diez a doce horas)	Juego
	Sueño nocturno (de diez a doce horas)

En esta etapa, el bebé estará despierto más tiempo. Eso es maravilloso, pero tendrás que procurar que duerma dos siestas durante el día, una por la mañana y otra por la tarde, de entre una y dos horas cada una.

Técnica del llanto controlado

Ahora que tu hijo ya come alimentos sólidos, podrá dormirse él solo y aguantará dormido toda la noche. Es fundamental que el bebé duerma toda la noche de un tirón, así también tú y tu pareja podréis descansar. Para no tener que levantarte cien veces a consolar al bebé, usa mi técnica del llanto controlado. A mí me ha dado muy buenos resultados en niños de seis meses hasta dos años. Úsala primero en las siestas, luego por la noche.

Necesitarás un cronómetro y mucha fuerza de voluntad. La primera vez que llore, entra a verlo, tranquilízalo y márchate. Espera cinco minutos y, si sigue llorando, vuelve a entrar y repite la rutina. Luego espera diez minutos y vuelve si es necesario, después veinte. En otras palabras, dobla el tiempo de espera cada vez. Pronto tu bebé será capaz de relajarse y dormirse sin tu ayuda.

Cuando entres a callarlo, ponle la mano encima sin establecer contacto visual, luego márchate. No lo cojas en brazos, porque pensará que es hora de levantarse. A algunos bebés, cuando lloran mucho, les dan arcadas. Si vomita, sácalo de la cuna, límpialo y vuelve a acostarlo. Después, empieza de nuevo la técnica.

Si el bebé aún duerme en tu cuarto porque no quieres que comparta habitación con su hermanito de seis años, usa la misma técnica, pero sin salir de la habitación. Si se despierta llorando por la noche y tú estás acostada, espera cinco minutos y luego acércate, túmbalo y pídele que se calle. Luego espera diez minutos, como te decía antes. Será más difícil, porque te verá y berreará desconsoladamente a tu lado, pero, si te mantienes firme, captará el mensaje.

Tanto si lo tienes en tu habitación como si no, la perseverancia es lo que hace que la técnica funcione, además de procurar que disfrute de mucho amor, atención y estimulación durante el día. Si le das todo lo que precisa por el día, esta forma de ignorarlo intencionadamente no es un modo de negligencia, sino un método saludable para enseñarle a relajarse y dormirse solo, un proceso importante que todo bebé debe aprender.

Alimentación

En esta etapa, conviene que le des alimentos sólidos en más de una comida, porque el bebé necesita más nutrientes. Hacia el final del noveno mes o así verás que su necesidad de tomar el pecho o el biberón va disminuyendo hasta reducirse a una vez por la mañana y una por la noche, según lo que decidas. Con esta progresión natural, tu bebé ingerirá todos los nutrientes que precisa. Si sigues ofreciéndole leche materna o de fórmula, puede que no llegue a tener suficiente hambre para comer todos los alimentos sólidos que necesita.

Los bebés de esta edad aún necesitan comer cada tres o cuatro horas, así que, si tienes previsto fijar un horario de comidas, procura darle también algo ligero a media mañana y a media tarde, pero, si no le apetece, no lo obligues. Te aconsejo que sigas el horario de tomas que propongo en la página siguiente.

HORARIO DE TOMAS 6-9 MESES

Además de más cantidad de leche materna o de fórmula, el bebé ya toma alimentos sólidos. Si le das el biberón, empieza por cuatro y redúcelo a dos a lo largo de los tres meses.

6.30	pecho (20-40 minutos) o biberón (225 ml)
8.30	pecho
10.30	pecho (20-40 minutos) o biberón (170 ml)
13.00	comida
14.00	pecho (20-40 minutos) o (biberón 170 ml)
16.30	cena
18.00	pecho (20-40 minutos) o biberón (225 ml)

6.30	pecho (20-40 minutos) o biberón (225-255 ml)
8.30	desayuno
10.00	pecho (20-40 minutos) o (biberón 170 ml)
12.00	comida
13.30	pecho (20-40 minutos) o (biberón 170 ml)
15.30	merienda
16.30	pecho (20-40 minutos) o (biberón 170-225 ml)
18.30	pecho (20-40 minutos) o (biberón 170-225 ml)

7.00	pecho (20-40 minutos) o biberón (255 ml)
9.30	desayuno
13.30	comida/postre
15.30	merienda/yogur
17.00	cena
18.30	pecho (20-40 minutos) o biberón (225 ml)

PARA COMER CON LOS DEDOS

Hay que deshuesar todos los alimentos y cortarlos en trocitos pequeños (de seis a nueve meses en adelante)

- Frutas: manzana, albaricoque, aguacate, plátano (un trozo de plátano congelado va muy bien para los bebés a los que les están saliendo los dientes), clementina, mango, melón, nectarina, naranja, papaya, melocotón, pera, fresa, tomate.
- Los frutos secos son una buena fuente de hierro, pero no abuses. Si al bebé le cuesta masticarlos, ablándalos hirviendo.
- Verduras: berenjenas, judías verdes, brócoli, coles de Bruselas, repollo, zanahorias, coliflor, apio, mazorquitas, calabacines, guisantes, patatas, nabos suecos, maíz tierno, pimientos dulces, boniatos; todas ellas hervidas al vapor.
- Otros alimentos: los purés de frutas o verduras con trozos de pan o galleta van bien para los bebés que no aceptan la cuchara.
- Bocadillitos rellenos de plátano triturado, pollo picadito con salsa de frutas, requesón con manzana rallada, queso crema con mermelada de fresa, sardinas trituradas con limón y una cucharadita de salsa de tomate.
- Empieza por el queso rallado. Cuando el bebé ya sepa masticar, pasa a los pedazos y luego a las tiras. Evita los quesos fuertes, como el azul, el brie o el camembert. Siempre debe estar pasteurizado.
- Pasta en todos sus formatos y tamaños, con puré de verduras y quizá queso rallado por encima.
- Las tiras de pollo son buena idea, sobre todo estofadas, que están más tiernas.
- También va bien el pescado blanco fileteado y guisado en salsa.
- La ternera a la brasa, los guisos de verduras o el estofado de cordero son igualmente recetas estupendas, porque, con tiempos de cocción largos, quedan muy tiernos.

Alimentos soporíferos

CONSEJOS ÚTILES

¿Sabías que algunos alimentos, como la harina de avena y el pavo, adormecen? Se debe a que contienen triptófano, sustancia química que produce sopor. Por eso en las grandes celebraciones de las que el pavo es protagonista, nos entra el sueño en la mesa.

Cuando empiecen a salirle los dientes a tu hijo y pueda tenerse sentado en una trona, podrás empezar a servirle alimentos que pueda comerse con la mano, estupendos para el desarrollo de su psicomotricidad fina y su capacidad de asir cosas con las manos. Para mí, éstos deben ser alimentos que el bebé pueda coger con los dedos, comer con las encías o con dos dientes y que tengan un alto valor nutritivo, salvo los incluidos en el recuadro de alimentos prohibidos de la pág. 211 o los del recuadro de riesgos de asfixia de la página siguiente. Con el estofado de cordero y el pastel de carne picada, obviamente se puede poner perdido. Los cereales, el pan y las galletas están bien como tentempiés, pero tienen demasiada fécula para emplearlos como sustitutivos de una comida. Interesa que el bebé ingiera vitaminas y proteínas. Prueba con trocitos diminutos de plátano, pollo, ternera, cordero o cerdo, zanahorias, guisantes o judías verdes cocidos, y queso, pero nunca de los muy curados o blandos, como el queso azul o el brie. Dale siempre alimentos naturales, sin colores ni sabores artificiales. Como ya hemos visto, ve introduciendo en su dieta alimentos nuevos de uno en uno y ofrécele va-

Evitar el riesgo de asfixia

Para asegurarte de que el bebé no se atraganta con la comida, procura que coma sentado, y que no se ría ni hable. Nunca le des de comer en un coche en marcha. Si frenas de repente, se puede atragantar. No lo dejes llenarse demasiado la boca. Córtale todos los alimentos en trozos no mayores que la base de la uña de tu meñique, hasta los que ya son pequeños y redondeados, como los guisantes y las uvas, y evita por todos los medios los siguientes alimentos por el riesgo de atragantamiento que suponen:

- uvas enteras
- perritos calientes y salchichas enteros
- palomitas, patatas fritas y panes o galletas duros u hojaldrados
- pasas
- frutos secos
- dulces duros, como los chupachús
- mantequilla de cacahuete
- verduras y hortalizas crudas, como zanahorias o palitos de apio
- chicles
- cubitos de hielo
- trozos de pescado que puedan desmenuzarse
- cucuruchos de helado, que se quedan pegados al paladar

riedad, no te limites al puré de manzana. Un alimento nuevo cada semana, más o menos, es un buen ritmo. Si algo no le gusta, inténtalo un par de días más. Si aun así lo rechaza, vuelve a probar al cabo de una semana o así.

En esta etapa, se tomará ya una buena ración en cada comida. Por lo general, los niños saben cuándo están llenos, sobre todo los que son muy pequeños. Confía en que te dirá si no le entra más. Ten presente también que los bebés tienen rachas con la comida, no esperes que coma siempre la misma cantidad.

Hacia los nueve meses puedes empezar a ofrecerle líquidos en un vaso antiderrame. Los vasos de plástico con dispensador y sistema antiderrame sin asas y boquilla blanda son estupendos para empezar. Te aconsejo que le des agua. Si le das zumo, aunque sea diluido, el bebé lo preferirá, porque es dulce. ¡Tampoco es bueno que lo vuelvas goloso!

No olvides ponerle un babero, te evitarás tener que cambiarlo de ropa después de cada comida. Me encantan los grandes de plástico que tienen un depósito de recogida en la parte inferior, porque disfruto viendo cómo los pequeños se concentran en sacar la comida que cae al recogedor y se sienten orgullosos cuando lo consiguen.

Hacia los nueve meses, el bebé te observará y te imitará. Si tú abres la boca para comer, él hará lo mismo: «Que viene el avioncitooo, aaadentro, aaasí, ¡muy bien!» No le pongas juguetes en la trona durante las comidas, te costará más que coma si está intentando jugar. Dale una cuchara de plástico para que la tenga él, aunque no sirva más que para que aporree la mesa con ella mientras tú le das de comer con la otra. Terminará entendiendo para qué sirve. Los yogures son una buena idea para los pequeñines, porque el envase es pequeño y fácil de coger, y al bebé no le cuesta nada meter la cucharita dentro.

Habilidades parentales

Vestirlo

Recuerda mi regla general de buscar la colaboración de tu hijo cuando lo vistas. Cuanto mayor sea, más va a querer tumbarse; de modo que, cuando ya se tenga sentado, no lo tumbes para vestirlo, déjalo que se incorpore y pásale la camiseta o el jersey por la cabeza. También conviene que vayas cambiando de escenario: no lo vistas siempre en el mismo sitio, ni en la misma postura. Verás cómo se resiste menos.

Baño

Cuando tu hijo ya se tenga bien sentado, puedes pasarlo a la bañera grande con uno de esos asientos circulares, sujetándolo siempre y sin dejarlo solo ni un segundo, por supuesto. Cuando ya sea algo mayor y tenga dominada la postura, podrás bañarlo directamente en la bañera grande.

A partir de los seis meses, el baño no es sólo una cuestión de higiene, sino también una diversión y un modo de desarrollar su confianza en el agua. Como es lógico, los juguetes acuáticos hacen que el bebé vea el baño como algo que puede disfrutar y no sólo una parte de su rutina.

A continuación, encontrarás algunos consejos para que la experiencia sea divertida y segura:

- — Asegúrate de que la habitación está bien y a buena temperatura. Si hay algo de humedad, mejor, porque ayuda al bebé a respirar y contrarresta la sequedad del aire.
- — Antes de empezar, prepara todo lo que vayas a necesitar cuando el bebé salga del baño.
- — Cuanto menos segura te sientas, menos agua debes poner. No hay que montarle una piscina en el baño al bebé, pero podrás ir poniéndole un poco más de agua cuando te vayas habituando a la incomodidad de estar agachada y sujetándolo mientras lo bañas.
- — Prueba el agua para asegurarte de que no está demasiado caliente ni demasiado fría.
- — Sujeta bien a tu hijo para que no resbale.
- — Considera la posibilidad de comprar un protector para el grifo, así evitarás que tu pequeño se haga daño si se golpea la cabeza con él.
- — Usa jabón y champú líquidos, se sabe de bebés que se han ahogado con trozos de jabón de tocador.
- — Acostúmbralo a tener una esponja encima de la cabeza que chorree un poquitín de agua.
- — Ten a mano una toalla grande para envolverlo con ella cuando lo saques de la bañera.

Cambiarle el pañal

A partir de los ocho meses puede que el bebé meta los deditos en la caca mientras lo cambias si no eres lo bastante rápida para impedírselo. En esta época de su vida ya hacen caca unas tres veces al día: por la mañana, por la tarde y por la noche. Si prestas atención, podrás evitar que se te vaya de las manos. Pase lo que pase, mantén la calma. Lávale bien las manos y dile con voz clara: «Eso es caca. La caca no se toca, se queda en el pañal.»

En esta etapa puede que se resista a que lo cambies; le roba tiempo y prefiere seguir jugando. Busca una buena distracción. Dale algo para que lo tenga en las manos y habla con él al mismo tiempo.

Comer fuera

Ahora que tu bebé ya come alimentos sólidos y es más activo, comer fuera con él te supondrá un reto mayor. La clave está en convertirlo en una experiencia divertida para los dos. Id a un restaurante de ambiente familiar y procura que la comida sea breve y agradable. Si consigues que sea divertido, te animarás a repetir.

Llévale algunas de sus cosas para que se entretenga (bloques, cuentos, marionetas de dedo) y, por supuesto, siempre tienes el juego de yo lo tiro y tú lo coges.

Improvisa. Quizá convenga que le des de comer en casa y luego le dejes picotear algo en la mesa. No olvides la cuestión del tiempo. Un bebé de ocho meses no puede estar sentado tanto tiempo como un adulto, así que no esperes que te deje hacer una comida de tres platos. Además, a estas alturas, tu hijo ya tiene una rutina muy sólida, y sabes que no tardará mucho en cansarse. No obstante, tampoco pasa nada porque lo bajes de la trona, lo sientes en la sillita de paseo y lo tumbes si lo ves muy cansado.

Ten cuidado con los lápices de colores que regalan a los niños pequeños en algunos restaurantes familiares, porque se los llevará a la boca sin dudarlo. No se lo permitas.

Problemas de arneses

Ahora que tu pequeño se mueve más, sujétalo siempre a la silla, el carrito del súper o la trona con arneses o correas. Puede que te diga que no con la cabeza, que se ponga tieso como una tabla o que tenga una rabieta, ya sea en el coche, en un avión o cuando vayas a hacer la compra. Esos berrinches posiblemente te agobien mucho. Empieza por comprobar si lleva mucho pis o tiene hambre, o si está incómodo por algo. ¿Tiene mucho calor?, ¿mucho frío? Si no es ninguna de estas cosas y lo que no le gusta es ir sujeto, procura distraerlo, con un juguete, una canción, mueve la silla, prueba con el *cucutastás* mientras lo atas. Juega todo lo que puedas con él antes de subirlo al coche.

Hagas lo que hagas, mantén la calma. El bebé es demasiado pequeño para razonar con él. A veces no te queda otra que aguantar el chaparrón mientras haces lo que tengas que hacer.

Sobre todo no te dejes llevar por el «¿Qué clase de madre pensará la gente que soy si lo ven llorar así?». Da igual que te mire todo el mundo. Ésta es una de tus primeras ocasiones de preguntarte: «¿Qué clase de madre soy, de las que no hacen lo que deben hacer porque todo el mundo las mira?» Tu deber es hacer lo mejor para tu hijo, le guste o no, aunque te monte el numerito. Hay algunas cosas esenciales que no le van a gustar, pero que no son negociables. Los arneses son una de ellas.

Estimulación y exploración

¡Prepárate, mundo, que ahí llega el bebé! En esta etapa lo principal es seguir favoreciendo el desarrollo de la psicomotricidad fina y gruesa del bebé para que no tenga problemas al gatear y caminar, así como proseguir la estimulación auditiva y visual.

Ideas de juego

No pares de hablar

Coge los sonidos que hace («ma», por ejemplo) y conviértelos en palabras (como «mamá»). Posiblemente no diga su primera palabra identificable hasta que cumpla el año, pero entenderá tu tono de voz mucho antes.

Cuéntale lo que haces mientras lo atiendes. Procura utilizar un lenguaje sencillo y concreto. Explícale lo que ocurre: «Ahora estás en la bañera. ¿Está buena el agua? Te voy a echar jabón...» Llama a las cosas por su nombre mientras las usas: «¿Quieres la cuchara?» Haz una pausa como si mantuvieras una conversación con un adulto y esperaras su respuesta. Puede que sólo te responda con un gorjeo, pero aprenderá el toma y daca del diálogo, y tu interés por que te responda lo animará a hablar.

A chutar

Vale, no te prometo que tu bebé se vaya a convertir en el nuevo David Beckham, pero no conozco a ningún bebé de esta edad al que no le encante darle patadas a un balón. Sostén bien a tu hijo delante de ti, colócale las piernecitas encima de la pelota y hazla rodar por el suelo. Ésta es una forma de trabajar la coordinación ojo-pie y la motricidad gruesa. Como es lógico, hasta los dos años por lo menos no sabrá chutar él solo. Entretanto, mientras tú pones la potencia muscular, él dará patadas, gorjeará y disfrutará de la experiencia.

Tengo una manita

Al nacer, los bebés no son conscientes de su autonomía, no saben que son una persona distinta de su madre. No existe un proceso mental consciente que les haga ver la realidad, pero cuanto más se mueven, más se dan cuenta de que son personas independientes.

Como refuerzo de esa idea, puedes jugar con él a *cucutastás* frente al espejo e identificar las partes del cuerpo: «Este ojo es de mamá, éste es de Max.»

Aterrizaje seguro

Cuando estés jugando con el bebé y comience a incorporarse echando los bracitos hacia delante como si fuera un trípode, y luego levante las manitas y empiece a caerse de espaldas, es importante que lo dejes caer, amortiguándole la caída con las manos para que no se haga daño. Así no tendrá miedo. Su sentido del equilibrio mejorará pronto y ya no le ocurrirá tan a menudo.

Carrera de obstáculos

¿No es curioso cómo empieza a gatear el bebé? Algunos se desplazan sobre el culete marcha atrás. Me recuerdan a esos muñecos de bebé a pilas, que siempre se chocan con todo en lugar de esquivar los obstáculos. Sólo van hacia delante o hacia atrás.

Puedes alentar a tu hijo a que gatee colocándole algo que le interese justo delante, para que vaya a buscarlo. Tírate al suelo con él y déjalo que gatee por encima de ti. Cuando se maneje un poco mejor, prepárale una carrera de obstáculos con cojines pequeños, los almohadones del sofá y cajas a modo de túnel. Pon a tu hijo en un extremo y asoma la cabeza por el otro, para que gatee por él hasta llegar a ti.

Hazle el *cucutastás* escondiéndote detrás de un objeto. No lo pierdas de vista mientras va salvando los obstáculos, porque podría quedarse atrapado bajo una caja o enterrado debajo de un cojín, se asustaría y además es peligroso. Recógelo todo cuando terminéis de jugar, no vaya a ser que se quede atrapado sin querer.

Teatro de guiñol

A los bebés que ya han cumplido los nueve meses me gusta entretenerlos con marionetas de dedo. Añadiendo un poco de música, puedes montar un teatrillo. Te permite interactuar con el bebé a nivel social, y como ya controla mejor el seguimiento visual, puede ver con precisión lo que le pongas delante e intentar cogerlo.

Comidas divertidas

Mientras das de comer a tu bebé, también puedes jugar con él. Uno de mis juegos favoritos es el de que la cuchara es un trenecito y tú finges que no sabes adónde ha ido a parar cuando el bebé se la mete en la boca, encantado de hacerla desaparecer y de que tú no la encuentres, porque la tiene él. Le encantará tu cara de sorpresa.

Un cajón propio

Cuando el bebé empiece a moverse, sentirá curiosidad por el mundo que lo rodea, procúrale un lugar sólo para él con objetos seguros para que lo explore. Llena uno de los últimos cajones de la cocina de tápers, vasos de plástico y cucharas de medir para que hurgue en él todo lo que quiera.

Su agarre de pinza se desarrollará hacia los ocho meses, y le encantará coger objetos con el pulgar y el índice. Dale, por ejemplo, un juego de cucharitas dosificadoras y un recipiente grande de su cajón y enséñale a meterlas dentro y a sacarlas después. Querrá hacerlo una y otra vez. No olvides que, para los niños, la clave está en la repetición.

Guarda en su cajón también un juego de vasos apilables.

Le encantará hacerlos chocar para oír el ruido que hacen. Empieza a darse cuenta de que puede producir ese sonido él solito.

Juegos de la abuela

Me encantan los juegos a los que solíamos jugar con nuestras abuelas y a los que ellas ya jugaban con sus padres, como:

— al trote, al trote, al paso, al paso;
— aserrín, aserrán, los maderos de San Juan;
— arre, caballito;
— cinco lobitos tiene la loba.

Todos estos juegos te permiten mantener un contacto físico con tu hijo de forma divertida, emocionante y buena para su desarrollo.

Juguetes de aprendizaje

Creo firmemente en la utilidad de las mesas de actividades, los gimnasios para bebés y los juguetes que funcionan con pulsadores de los seis a los nueve meses. Son de una gran ayuda para desarrollar la psicomotricidad fina y para descubrir el principio de causa y efecto: si pulsas aquí, el pato hace cuacuá. Y, en tener lugar, pero no menos importante, los juguetes de pulsadores les permiten empezar a entender la permanencia de los objetos. A fin de que aprenda la fuerza con

> Hasta ahora, en todo lo que habéis hecho, participabas tú. Es importante que aprenda a jugar él solo.

que debe pulsar el botón para que funcione, pon tu mano encima de la suya y dile: «Aprieta» o «Gira esto», según el movimiento que tenga que hacer.

Me encantan las mesas de actividades porque, con ellas, el bebé puede explorar por su cuenta.

Aunque puede que empiece a quejarse en cuanto lo dejes en el suelo, es importante que sepa estar sentado, él solito, apoyado en cojines, un momento. Prueba a dejarlo en la mantita, con la mesa de actividades, mientras tú preparas la comida o te tomas un café. Quédate cerca y háblale, para que sepa que sigues ahí. Ve aumentando poco a poco la distancia y el tiempo, de forma que, cuando tenga nueve meses, te puedas levantar del salón para poner la lavadora con la tranquilidad de que está bien solo (en un entorno seguro para él, claro).

Los gimnasios para bebés resultan muy prácticos cuando te visita alguna amiga con su bebé, porque podéis poner a los dos en el gimnasio, que se diviertan con las actividades e inicien su desarrollo social al mismo tiempo. ¿Alguna vez has visto a dos bebés juntos? Al principio, ni se percatan el uno de la presencia del otro, luego se miran con intensidad. Después, empiezan a balbucir y a tocarse: «¡Anda, hola!» Es una delicia.

Ese mundo inmenso

Cuando tu hijo tenga más o menos nueve meses, el mundo exterior se convertirá en un lugar fascinante para él: el rumor de los árboles, el balanceo de las ramas, el canto de los pájaros. Llegará un momento en que querrá que le vuelvas la silla del otro lado para poder mirar hacia fuera. Lo sabrás porque empezará a protestar en cuanto lo tumbes dentro. No te lo tomes como algo personal. Tu cara la tiene muy vista, y le encanta, pero ahora quiere ver algo más que a mamá. Está listo para empezar a interactuar con el resto del mundo.

CAPÍTULO 7: DE NUEVE A DOCE MESES

Vivencias de los padres

Ahora ya sois unos padres mucho más relajados, ¿verdad? Conocéis bien a vuestro hijo y él os conoce a vosotros. A estas alturas, probablemente apenas diga algunas sílabas, pero su lenguaje corporal y sus gestos dicen muchísimo, y sabéis exactamente lo que trata de comunicaros. Además, tenéis ya un registro mental de lo que os funciona y de lo que necesita vuestro hijo. Todas estas cosas os facilitan mucho la existencia.

Por ejemplo, a lo mejor estás sentada con una amiga mientras el bebé patalea y se ríe en el cochecito. Entonces percibes algo de ansiedad y notas que le cambia el gesto. Saber interpretar su lenguaje corporal y admitir que el pobre lleva allí veinte minutos mientras tú charlas con tu amiga, te permite decidir con acierto lo que debes hacer a continuación: sacarlo del coche, hacerle un poco de caso y volver a tumbarlo para que duerma un poco.

Mientras antes quizá te angustiaba tu inexperiencia y corrías en su auxilio en cuanto gimoteaba un poco, ahora sabes que, por que espere un poco, no pasa nada. De hecho, así aprende a ser paciente. Conviene que tanto los padres como el bebé sean conscientes de que no deben estar siempre a su entera disposición, sobre todo las madres que tienen hijos mayores, porque tendrá que encontrar un equilibrio cuando el bebé cumpla el año para poder cuidar también de sus hermanos mayores.

Hasta ahora, habéis seguido mis consejos; a partir de ahora, en lugar de seguirlos al pie de la letra, empezaréis a improvisar, porque conocéis a vuestro bebé mejor que nadie. Es lógico. Os gusta hacer las cosas de una manera, y a otros padres de otra. Perfecto. No dejéis que otros padres, de esos competitivos que siempre quieren tener razón, os hagan dudar de vosotros mismos.

Debéis sentiros muy orgullos. La paternidad es una labor reconfortante, pero sus recompensas no llegan con ascensos ni aumentos de sueldo. Con suerte, vuestros familiares y amigos ya os habrán dicho lo bien que lo estáis haciendo y habrán seguido apoyándoos.

Pensad en todo lo que le habéis dado a vuestro hijo. Tal vez no tengáis esas sábanas carísimas o el último juguete de moda, pero vuestro bebé tiene unos padres relajados, llenos de energía, porque habéis logrado establecer una rutina de sueño sólida. Vuestro hijo cuenta con extraordinarias aptitudes sociales porque tú has sido una madre interactiva que se ha preocupado de quedar con otras mamás y otros bebés. Y vuestro hijo tiene unos padres seguros de sí mismos en los que confía.

Procurad que vuestra vida no gire en torno al bebé. Cuando lo miráis, veis que es feliz y que está bien atendido, pero ¿y vosotros? Es importante que os centréis también en vosotros, porque el bebé no está ahí para llenar un vacío en vuestra vida, sino porque los dos decidisteis criar a un ser humano.

¿Qué cosas estáis haciendo por vosotros? Aseguraos de que tenéis objetivos, aunque sólo sea ir al gimnasio dos veces por semana, o quedar con algún amigo para comer, o hacer algo en casa que hacía tiempo que queríais hacer. Ahora es el momento de empezar a aprender a conjugar el cuidado y la educación de vuestro hijo con otras cosas importantes para vosotros. No estoy de acuerdo con la típica idea de que, cuando se tienen hijos, la vida se acaba para los padres. Vuestras prioridades han cambiado, claro, y hay ciertas cosas que ya no hacéis, pero vuestra vida continúa.

> Vuestro hijo cuenta con extraordinarias aptitudes sociales porque tú has sido una madre interactiva que se ha preocupado de quedar con otras mamás y otros bebés.

Algunas mamás, por ejemplo, encuentran ese equilibrio, cuando su bebé tiene esta edad, yendo a nadar y dejando al bebé en la guardería para luego pasar a recogerlo y llevarlo a su propia clase de natación. Ellas hacen ejercicio y se desestresan a la vez que se divierten con sus hijos después, y lo bueno de dejar al bebé en la guardería es que así puede relacionarse con otros niños y adultos distintos de vosotros. Favorece su desarrollo social y el del sentido de permanencia de los objetos (el objeto, en este caso, eres tú, que te vas y luego vuelves). Es sano para el bebé, es sano para ti, y es sólo una hora como mucho. Y si el bebé lo pasa muy mal, el personal de la guardería puede localizarte en un momento.

Nuevos papeles

En esta etapa predicas con el ejemplo, de forma consciente o inconsciente. Tu bebé te observa y lo aprende absolutamente todo de ti: cómo te sientas y comes, cómo reaccionas ante determinados problemas, tu lenguaje corporal. Esta observación e imitación durará años. Cada vez es más consciente del entorno, que incluye a las personas y sus sentimientos, pero también de lo que ve y lo que oye. De adultos apenas damos importancia a esas cosas, pero en esta etapa de la vida pueden resultar aterradoras. Tu labor consiste en tranquilizarlo y ayudarle a que le encuentre sentido al mundo.

Recuerdo que cuidé de una niña a la que le daba de todo cada vez que yo quitaba el tapón de la bañera, por el ruido que el agua hacía al colarse por el sumidero. Le dije con voz dulce que allí dentro vivían unos seres pequeñitos y que el agua bajaba por ahí para que también ellos pudieran bañarse. La idea de aquellos seres pequeñitos la tranquilizó, no porque entendiera lo que le decía (era muy pequeña), sino porque el tono relajado de mi voz le hizo ver que no pasaba nada.

Debes ser tú quien averigüe lo que asusta a tu bebé y tranquilizarlo. Los ruidos de aviones, los fuegos artificiales, la cisterna del váter, ahora empieza a percatarse de su existencia, y la forma en que te los plantees es importante. Mi consejo es que valides lo que le pasa a tu hijo (en otras palabras, sé consciente de su temor) y cálmalo, pero dale también una explicación tranquilizadora, breve y sencilla, y pasa a otra cosa.

La movilidad de tu hijo vuelve a acelerarse durante este período. Ahora ya es un poco más previsor, pero aún no piensa en las consecuencias, de modo que todavía tendrás que estar alerta y rescatarlo un montón de veces. Además, ha llegado el momento de que desarrolles una nueva habilidad parental: la de ser capaz de ver tropezar a tu hijo con todo mientras gatea o se cae continuamente cuando empieza a dar sus primeros pasos. Desearías que el mundo entero fuera de goma, para que rebotara sin hacerse un rasguño. No quieres que caiga y se haga daño, pero sabes que debes dejarlo experimentar para que crezca.

Procura que tu preocupación por lo que puedan pensar otras personas no influya en las decisiones que tomes en relación con tu hijo.

Tienes que aprender a retroceder, porque tu miedo y tu inquietud son contagiosos. He visto muchas veces a bebés caerse porque sus padres les gritan, «¡Cuidado!», o a bebés que se caen y ni se inmutan hasta que ven que sus padres están preocupados, y entonces empiezan a lloriquear. Esto no significa que debas ignorar el hecho de que tu hijo se ha caído, pero hazlo sin perder los nervios.

Sin duda, ésta es una etapa en la que vas a necesitar toda la calma de que seas capaz, porque los niños de esta edad se caen y se hacen unos chichones enormes, y tú te ves ahí sentada, preocupada por lo que pensarán de ti como madre. Ni te lo plantees. Preocúpate de lo que te tienes que preocupar: de tu propia familia y de tu propio hijo. Procura que tu preocupación por lo que puedan pensar otras personas no influya en las decisiones que tomes en relación con tu hijo. En eso consiste ser padres seguros, en creer siempre en uno mismo.

Las emociones del destete

Puede que ya lo hayas hecho, pero si no es así, en algún momento de esta etapa, tendrás que dejar de darle el pecho a tu bebé. Desde el punto de vista emocional, a algunas mujeres les produce mucha tristeza poner fin a este contacto íntimo, así que no lo hagas hasta que estés lista.

Te puede ayudar la confianza en que, tras el destete, establecerás con tu hijo un vínculo afectivo de otro nivel, que también te permitirá una relación estrecha con él. El bebé aún depende de ti, ya no sólo de tus pechos (o lo que quede de ellos después de la lactancia). El bebé seguirá siendo tu bebé, pero dejará de ser un lactante para convertirse en un niño. Ahora tendrás que centrarte en continuar haciendo todo lo posible para que tu hijo alcance nuevos objetivos saludables.

Hace poco ayudé a una mujer a destetar a su hijo de catorce meses y fue una absoluta liberación para ella y para el niño. No había querido dejar de darle el pecho al bebé por falta de intimidad con su marido. Ahora eso también ha cambiado.

Desarrollo del bebé

Desarrollo físico

Hacia los diez meses, el bebé ya sabrá cómo se llama, y responderá volviendo la cabeza, dirigiéndose hacia ti o emitiendo algún sonido. Se ha convertido en un experto imitador, y emulará los gestos de todos los que lo rodean. Además ahora ya es capaz de realizar una secuencia de acciones: por ejemplo, coger una pinza de la ropa, meterla en un cubo y luego sacarla.

A los once meses, probablemente ya sabrá caminar «con ayuda», agarrándose a los muebles. Además pronto se pondrá de pie solo y dará sus primeros pasos sin agarrarse a nada, algo que, sin duda, causará el alborozo y el aplauso de sus padres, lo que lo animará a seguir intentándolo. Te verás diciendo «no» con mayor frecuencia, y evitándole posibles peligros o situaciones desagradables llevándotelo a un lugar más seguro.

Hacia los doce meses, empezará a entender los nombres de las partes del cuerpo (sobre todo si se los dices cuando lo bañes o lo cambies). Cuando ya haya cumplido el año, entenderá hasta cien palabras, aunque sólo diga unas pocas (o ninguna), de momento. Si emite sonidos de distinto tono e intensidad, seguramente no tardará en decir sus primeras palabras. Comerá mejor él solito, acertará con la cuchara en la boca y sabrá beber del vasito antiderrame.

Para su primer cumpleaños, habrá triplicado el peso de su nacimiento y medirá entre 70 y 80 centímetros de altura (no olvides que lo que importa es el ritmo de crecimiento de tu hijo, no las cifras concretas). Sabrá apilar bloques, meter unas cosas dentro de otras (cubos encajables) e incluso resolver puzles de una sola pieza (los que llevan una especie de tirador en cada pieza están muy bien para el desarrollo del agarre de pinza, que le permite coger las cosas con el pulgar y el índice). Además, sabrá comer con los dedos y «ayudarte» a vestirlo sacando el brazo por la manga o la pierna por la pernera.

Cuándo acudir al médico

- Si el bebé no gatea a los doce meses.
- Si no se sostiene de pie con ayuda a los diez meses.
- Si no dice palabras sueltas como «mamá» a los doce meses.
- Si no busca los objetos que tú escondas mientras está mirando.
- Si no hace gestos como negar con la cabeza o saludar con la mano a los doce meses.

Desarrollo social y emocional

Durante esta etapa, el bebé empezará a acudir a ti en busca de refuerzo cuando no se sienta seguro. Querrá que le indiques, con una sonrisa, una palabra o asintiendo con la cabeza, que lo está haciendo bien. Esto demuestra que está desarrollando, al mismo tiempo, la conciencia de sí mismo y la de la aprobación o desaprobación social.

Es muy probable que llore cuando te marches, y mostrará cierta preferencia por algunos juguetes. En algún momento de esta fase se dará cuenta de que el bebé del espejo es él.

Hacia los once meses, quizá empieces a ver un juego paralelo, es decir, que jugará al lado de otro niño, pero no con él. Puede que, de repente, lo asusten determinados objetos o sonidos, como los truenos o la aspiradora. Si, como en el caso de los truenos, no puedes evitarlo, consuélalo y muéstrate lo más tranquila que puedas. Tus emociones son contagiosas.

Empieza a manifestarse claramente su sentido del humor. Sabe lo que te hace reír, y os divertiréis mucho juntos. Lo malo es que empezará a probarte, pero no de forma desafiante. Es fruto de su curiosidad. Si hace algo que no debe, tendrás que establecer límites con un tono de voz bajo y un gesto que le deje claro que no estás contenta.

Comenzarás a ver qué actorcito has traído al mundo. Debería haber unos Oscar que premiaran la habilidad con que los bebés intentan engañarnos con sus tosecitas y sus meneos de cabeza. Casi todos los padres parecen muy sorprendidos cuando les digo que el bebé está intentando jugársela. «¡No sabía que los bebés fueran tan listos!» Pues sí.

Un ejemplo típico es cuando le das de comer algo que no le gusta y empieza a hacer arcadas como si se estuviera ahogando. Como es lógico, debes asegurarte de que no se ahoga, pero, por lo general, lo hacen porque no les gusta esa comida concreta. Es una respuesta al cambio. Igual que los adultos, casi todos los bebés prefieren limitarse a lo conocido, y a algunos les cuesta más que a otros adaptarse a los cambios.

En esta época, lo notarás muy susceptible. Tan pronto estará contentísimo como se pondrá a berrear, y todo esto pasa muy rápido.

Además empezará a manifestar la angustia de la separación, se dará cuenta de que no estáis los dos y querrá que estéis juntos todo el tiempo. Los bebés no tienen sentido del tiempo; por lo que, cuando te vas, tu hijo no sabe cuándo volverás. La angustia de la separación suele comenzar a los diez meses y reaparece normalmente al año y medio.

Técnicas de despedida

Cuando la angustia de la separación empieza a hacerse frecuente, puede ser terrible que tu hijo lloriquee y se te cuelgue de la ropa cada vez que intentes irte. Incluso es posible que te sientas culpable o agobiada por su constante tirarte de la ropa, y que desees que te deje en paz. Recuerda que se trata sólo de una fase, y procura que tus despedidas sean siempre lo más tranquilas posible. A continuación, te propongo algunas técnicas de despedida que dan buen resultado:

- Las despedidas son más difíciles cuando el bebé tiene hambre, está cansado o malito. En la medida de lo posible, márchate siempre cuando ya haya comido y dormido la siesta, y evita dejarlo si está malito.
- Pídele a quien lo cuide que lo distraiga, con un juguete, o dándole un baño. Dile adiós y márchate tranquila: «Mamá se va.»
- Practica diciéndole que te vas a otra habitación y que vuelves en un minuto, luego vete un minuto y vuelve. El bebé aprenderá que de verdad vuelves.
- Si lo vas a dejar en otro sitio, en casa de alguien o en una guardería, por ejemplo, quédate unos minutos antes de anunciar que te vas y que volverás pronto. Dale un achuchón y vete.
- Por encima de todo, recuerda que el llanto disminuye en cuanto te marchas. No es más que un modo de intentar retenerte. En cuanto vea que no lo ha conseguido, se centrará en la persona que lo esté cuidando.

A los doce meses será capaz de expresar su amor por las cosas y las personas, con besos y sonidos indicativos de ese afecto.

Cuando cumpla el año, querrá hacer cosas solo, comer o meter cosas en un clasificador. Cuanto más le dejes hacer, más crecerán sus habilidades y su paciencia.

Hogar seguro

En esta etapa, el objetivo en cuestiones de seguridad es lograr que el bebé esté a salvo, pero tenga libertad para explorar. Comprueba los cierres de los armarios y las puertas. Fija al suelo las alfombras, para que, cuando tu pequeño empiece a andar, no resbale ni patine en ellas.

En la cocina, procura que no haya, cerca de los fogones, sillas o banquetas a las que pueda subirse tu hijo. En lo que respecta a la seguridad de los alimentos, consulta la pág. 247.

Si tienes jardín o plantas, asegúrate de que son seguros. Para que tu hijo no se ahogue, vacía la bañera hinchable después de cada uso (además, es muy posible que el bebé se haya hecho pis en ella), y guárdala boca abajo. Si tienes piscina, conviene que le pongas una cubierta eléctrica, o una verja de cierre y bloqueo automáticos, o cualquier otro dispositivo de seguridad para evitar accidentes.

Procura que el cajón de arena del bebé esté cubierto para que el gato no lo confunda con el suyo. Deshazte de las plantas venenosas, o instruye a tu hijo para que no las toque. Si dispones de columpios o similares, asegúrate de que estén bien anclados al suelo y de que cumplen los requisitos de seguridad. Nunca cortes el césped, uses herbicida o hagas barbacoas cuando el bebé esté fuera.

Buenos hábitos

Rutina fundamental

Por esta época, tu bebé ya estará firmemente asentado en sus rutinas de comida y de sueño. En la siguiente tabla verás una rutina completa (comidas, sueño, estimulación),

HORARIO FUNDAMENTAL 9-12 MESES

Mañana	desayuno, biberón	12.30	juego
	juego	Media tarde	siesta
Media mañana	siesta	Última hora de la tarde	cena
Mediodía	comida	Primera hora de la noche	juego/baño
		Noche	hora de dormir

para que puedas hacerte mejor a la idea del ritmo del día. Ésa es mi propuesta; en la tabla tienes espacio para anotar la tuya, con las horas y actividades reales. No olvides consultar el horario de tomas de la pág. 244 para ver los detalles de las comidas, y échale un vistazo también a la información sobre el destete.

Hora de dormir

Uno de los mayores errores que cometen los padres, cuando el bebé aprende a bajarse de la cuna es decir: «Bueno, ya es hora de que lo acostemos en una cama grande.» No, señor. Es hora de que le enseñéis que no debe bajarse de la cuna. No está preparado para dormir en una cama de adulto. Acuéstalo en un saquito de dormir, dentro de la cuna, sin muñecos, salvo su favorito. Cuando se baje, vuelve a acostarlo y dile: «Quédate en la cuna y duérmete.» Si llora, usa la técnica del llanto controlado.

A estas alturas, tu hijo ya tendrá un horario de sueño perfectamente establecido: dormirá una siesta por la mañana, otra por la tarde y de un tirón toda la noche. A continuación te propongo dos rutinas que puedes seguir; complétalas tú con las horas que te convengan. Ten en cuenta que, entre los ocho y los treces meses, el bebé te pondrá a prueba en cuanto a la hora de acostarse. Puede que tengas que volver a usar la técnica del llanto controlado.

RUTINA DE SUEÑO 9-12 MESES

No dejes que el bebé se eche un sueñecito justo antes de acostarse, o le costará dormirse a su hora. Si no puedes evitarlo, retrasa el momento de acostarlo entre media hora y una hora.

Hora	Actividad	O: Hora	Actividad
______	juego	______	juego
______	siesta de media mañana (media hora)	______	siesta de media mañana (dos horas)
______	juego	______	juego
______	siesta de la tarde (dos horas)	______	siesta de la tarde (dos horas)
______	juego	______	juego
______	sueño nocturno (de diez a doce horas)	______	sueño nocturno (de diez a doce horas)

Quitarle el chupete

Como ya he dicho antes, por muy diversas razones, creo que los bebés deberían dejar de usar el chupete durante el día hacia el año o así, y por completo al año y medio. Si sólo has estado usándolo para dormirlo, no te resultará muy difícil.

Ahora ya dormirá bien y sabrá dormirse solo. Empieza por acostarlo sin chupete cuando duerma la siesta. Al cabo de unos días, no se lo des por la noche tampoco. Éste es un buen momento para introducir en la rutina de acostarse los cuentos o su peluche favorito u otro juguete suave y achuchable con el que pueda dormirse. Arrópalo con su peluche y dile: «Buenas noches, cariño.» Se acabó el chupete.

Si el bebé ha estado usando el chupete todo el día, conviene que te deshagas de él, al menos durante el día, en cuanto empiece a decir sus primeras palabras, para que pueda comunicarse verbalmente. Dáselo sólo por las noches y luego quítaselo del todo.

Otra cosa completamente distinta son los bebés que se chupan los dedos o los pulgares. Normalmente, el bebé que lleva chupete no se chupa el pulgar. Si tu bebé se chupa mucho los dedos o el pulgar, se le quedarán arrugados como pasas. De momento, lo mejor es que ignores esta conducta. Si ves que se le irritan, dale crema para que no se le agrieten.

Establecer límites

Tu chiquitín es demasiado pequeño para distinguir lo que está bien de lo que está mal o para entender argumentos complejos sobre por qué no debe saltar por la ventana; de modo que jamás intentes razonar con un bebé. Tampoco debes pegarle, pero puedes empezar a enseñarle dónde está el límite con tu tono de voz. ¡Ojo!, esto no significa que le puedas gritar. Al contrario, para manifestar tu desaprobación, háblale con firmeza en un tono bajo: «No, al gato no se lo unta de comida», y luego apártalo de la tentación. No olvides seguir elogiándolo siempre que haga algo bien. Cuanto más alabes lo que quieres ver, más se acercará su comportamiento a lo que esperas.

Alimentación

Cuando tu hijo esté ya cerca de su primer añito de vida, puedes empezar a darle alimentos variados. Prepárale una dieta sana y equilibrada.

Al año debería saber usar la cuchara para coger con ella la comida. Comerá, sobre todo, con los dedos, de modo que mentalízate de que tardará en comer y se pondrá perdido, pero se divertirá mucho. Comer solito lo ayuda a desarrollar la psicomotricidad fina y la capacidad prensil, y cuanto más practique llevándose la mano y la cuchara a la mano, mejor se le dará. El yogur es un buen alimento para practicar, porque no se cae fácilmente de la cuchara. Tu labor ahora consiste en proporcionarle alimentos adecuados en trozos de tamaño apropiado (como veíamos en el capítulo 6), vigilar que no se atragante, ayudarlo cuando lo necesite y limpiarlo todo después.

Los niños de esta edad lo prueban todo, por lo que es un buen momento para empezar a enseñarle buenos hábitos ali-

Trucos para las comidas

CONSEJOS ÚTILES

Una forma de ayudar a tu hijo a aprender a usar la cuchara y a comer cosas con las que no está familiarizado es mezclar un trocito del alimento nuevo con un poco de yogur. Pon menos yogur y más del alimento nuevo en cada cucharada, hasta que se acostumbre.

HORARIO DE COMIDAS: 9-12 MESES

Aquí tienes un plan de tomas que va pasando progresivamente de tres biberones a dos a lo largo de tres meses.

7.00	pecho (20-40 minutos) o biberón (225-255 ml)
9.30	desayuno
12.30	comida/postre
15.30	pecho (20-40 minutos) o biberón (170 ml)
17.30	cena
19.00	pecho (20-40 minutos) o biberón (225 ml)
7.00	pecho (20-40 minutos) o biberón (225-255 ml)
9.00	desayuno
10.30	tentempié
12.00-13.00	comida
15.30	fruta
16.30	cena
18.30	pecho (20-40 minutos) o biberón (225-255 ml)

mentarios y a comer raciones saludables con tus decisiones. Ponte al día, compra libros, lee al respecto. La obesidad y la diabetes de tipo 2 están en alza. Haz lo que puedas por frenar estas epidemias.

Soy partidaria de atar al bebé a la trona cuando vaya a comer y respetando siempre un horario establecido. Lo ayuda a adquirir hábitos alimentarios saludables y conscientes, y evita que coman a cualquier hora y cuando les apetezca. Es tu deber moral proporcionarle a tu hijo comidas sanas y equilibradas. Cuanto más aprenda a comer bien ahora, más probable será que también lo haga de adulto.

A medida que se acerca al año conviene que le des una cantidad equilibrada de sólidos y líquidos, para que disponga de todos los nutrientes que necesita. Para algunos bebés, eso significa dos biberones (o dos tomas de pecho) junto con sólidos; para otros, tres. Depende de cuándo se despierte y del hambre que tenga. En la tabla encontrarás algunas ideas.

Es tu deber moral proporcionarle a tu hijo comidas sanas y equilibradas. Cuanto más aprenda a comer bien ahora, más probable será que lo haga de adulto.

Destete

Hacia el año, si no antes, la mayoría de las mujeres dejan de dar el pecho a sus bebés, pero, si quieres, puedes seguir dándoselo. Debes estar emocionalmente preparada para dejarlo. Si no lo estás, pregúntate si tu reacción es saludable y si favorece a tu bebé. He visto a algunos niños caminar por sí mismos hacia el pecho, y en seguida me he dado cuenta de que lo usaban de chupete. Llega un momento en que, en lugar de alimentar al bebé y crear un vínculo afectivo entre los dos, la madre se convierte en una central lechera, y lo único que hay es una complacencia por parte del bebé. Cuando esto pasa, hay que cortar por lo sano, porque no se obtiene de ello ningún progreso saludable.

Si tu hijo come sólidos de forma regular y bebé líquidos de una taza o un biberón y quieres dejar de darle el pecho, reduce las tomas a una por la mañana y una por la noche, en caso de que no lo estés haciendo ya. Luego sáltate la toma de la mañana y no vuelvas a ofrecerle el pecho hasta la noche. Si lo haces de forma progresiva, verás que también tu suministro de leche irá disminuyendo.

Si el bebé lo deja de repente, puede que pases una temporada dolorosa, con los pechos hinchados. Ponte el sujetador de lactancia hasta que remita el dolor, y en los pechos una bolsa de frío o un paquete de guisantes congelados envuelto en un paño de cocina para reducir el dolor. En unos días, la producción de leche cesará y el dolor desaparecerá.

Dejar los biberones

Los bebés que se alimentan de biberones deberían dejar de tomarlos también hacia el año, para evitar que se produzca una deficiencia de hierro. Este proceso debería comenzar por el paso de la leche de fórmula a la leche de vaca, reduciendo, durante unas semanas, la leche de fórmula y aumentando la de vaca en los biberones. En la tabla que figura a continuación verás cómo hacerlo:

SUSPENSIÓN DE LA LECHE DE FÓRMULA

Semana 1:	170 ml de leche de fórmula, 55 ml de leche de vaca.
Semana 2:	140 ml de leche de fórmula, 85 ml de leche de vaca.
Semana 3:	110 ml de leche de fórmula, 110 ml de leche de vaca.
Semana 4:	85 ml de leche de fórmula, 140 ml de leche de vaca.
Semana 5:	55 ml de leche de fórmula, 170 ml de leche de vaca.
Semana 6:	25 ml de leche de fórmula, 200 ml de leche de vaca.
Semana 7:	todo leche de vaca.

En cuanto empiece a tomar biberones de leche de vaca sólo, probablemente estará listo para pasar del biberón al vasito antiderrame, y ¡te habrás librado de los biberones!

Paso al vasito antiderrame

Hacia el año, o un poco antes, es buena idea pasar del pecho o el biberón al vasito antiderrame, asegurándote de que tu hijo sigue tomando la cantidad de leche necesaria todos los días, que en esta etapa debe ser ya de 450 mililitros. A continuación, verás tres propuestas de rutinas para conseguirlo.

El destete es otra etapa emocionante, para ti y para tu hijo, un signo de que está entrando en el maravilloso mundo de la infancia, donde le esperan más cambios importantes.

Habilidades parentales

Cogerlo en brazos

Incluso en esta etapa tendrás que pasar mucho tiempo abrazada a tu pequeño. La mayoría de esos «momentos valiosos» tendrán lugar en silencio, sólo vosotros dos, mientras el bebé te pone los deditos en la cara, te aprieta con suavidad los párpados y explora tus rasgos.

Hacia los nueve meses puede que observes que tu pequeño muestra cierta preferencia por quién quiere que lo coja en brazos. Normalmente se trata de la persona con la que pasa más tiempo. Si eres tú, mamá, procura no estar siempre dis-

PASO AL VASITO ANTIDERRAME

Opción 1:

Mañana	desayuno, leche en vasito antiderrame y en los alimentos
Mediodía	comida/postre
Media tarde	tentempié, leche en vasito antiderrame
Noche	cena

Opción 2:

Mañana	desayuno, leche en vasito antiderrame y en los alimentos
Media mañana	tentempié
Mediodía	comida
Media tarde	tentempié
Noche	cena, leche en vasito antiderrame

Opción 3:

Mañana	desayuno, leche en vasito antiderrame
Media mañana	tentempié
Mediodía	comida
Media tarde	tentempié
Noche	cena/postre, leche en vasito antiderrame o en biberón

ponible, para que también tu pareja tenga oportunidad de establecer un vínculo afectivo con vuestro hijo. Por el bien de algunos padres que no quieren admitirlo abiertamente debo decir algo: puede que te guste la idea de que tu hijo te reclame, y que te halague, y tu pareja asegure que no le importa, pero, por favor, intenta ponerte en su lugar. ¿Realmente crees que no le importa? Es inevitable que se lo tome como algo personal. Procura que el bebé os eche los bracitos a los dos.

Baño

Me gusta divertirme con los bebés de esta edad mientras les lavo el pelo. Pego un espejo de juguete en los baldosines de la bañera para que puedan verse el pelo tieso como el de un mohicano o todo repeinado hacia atrás. Se trata de divertirse juntos, pero sólo si el bebé tiene mucho pelo, claro. Algunos aún no tienen más que unos mechoncitos.

Si tu hijo ha empezado a andar pronto, seguramente querrá ponerse de pie en el baño. Ten cuidado. No sería el primero que resbala y se da un golpe en la cabeza. Sujétalo en todo momento. Y mejor sentado.

Vestirlo

En esta etapa quizá te resulte muy difícil vestir y desvestir a tu hijo, porque no querrá que lo cambies. Una vez más, la solución es distraerlo. Si ya se tiene en pie, ponlo de pie y vístelo sentada, que se apoye en tus hombros mientras le subes los pantalones, luego siéntalo para ponerle la camiseta. Vuelve a ponerlo de pie para que se apoye en ti mientras le abrochas los corchetes o botones. Lo encontrará divertido, porque se sentirá orgulloso de poder tenerse en pie mientras lo vistes, y tanto subir y bajar lo mantendrá estimulado.

A partir de esta edad, yo suelo aconsejar las botitas de suela blanda para los pies del bebé; las hay de algodón, de ante, de pana y de piel. Pónselas encima del pelele o con un trajecito.

Primeros zapatos para primeros pasos

En cuanto tu hijo empiece a caminar, que suele ser entre seis y ocho semanas después de que comience a moverse de pie de forma constante y confiada, habrá llegado el momento de comprarle unos zapatos en condiciones. Sabrás que está listo porque apoyará por completo los deditos en el suelo. Puedes favorecer este avance quitándole los calcetines, para que guarde mejor el equilibrio. Es un momento muy emocionante, porque supone otro gran logro en su desarrollo. Muchos padres guardan los primeros zapatos de sus hijos como recuerdo, y algunos incluso hacen un molde en hierro o los enmarcan. Ve a una tienda que disponga de instrumentos para ajustar tanto el largo como el ancho del zapato. Deben quedar unos 13 milímetros de espacio entre la punta de los dedos y la del zapato, debe ser lo bastante ancho para que todos los dedos vayan completamente estirados, y el talón no debe elevarse. Como tu hijo es aún muy pequeño para quitarse él solo los zapatos, da igual que lleven hebilla o velcro, aunque el velcro es más cómodo para ti. Los primeros zapatos deben ser muy ligeros, con una suela de goma liviana que permita al niño levantar el pie. Si los zapatos pesan demasiado, tu hijo caminará como Frankenstein. No le compres zapatos de plástico, que no dejan transpirar el pie.

Es fundamental que le compres unos zapatos de buena calidad, desde el primer par hasta los dos o tres años, e incluso después. Ten presente que, aunque tu hijo ya camina, aún tiene blandos los huesitos de los pies, por lo que es muy importante que ese primer par de zapatos le ajuste correctamente y le aguante bien el tobillo. Muchos padres optan por la moda en lugar de pensar en los pies de sus hijos. Hay muchas marcas que fabrican zapatos para los primeros pasos. Elige un zapato adecuado por encima de cualquier moda.

Visitas al pediatra

Ya sé que has llevado al bebé a todas las revisiones pediátricas y también si ha cogido alguna infección, pero ahora tu hijo es mucho más grande, se mueve más, y lo más seguro es que piense: «Esto es nuevo, no recuerdo haber estado aquí, y no me gusta», con lo que ir al pediatra para la revisión del año se convierte en algo completamente distinto que tienes que planificar con antelación.

Procura meter en la bolsa de cambio algo para entretenerlo. Si tienen que ponerle alguna inyección, siempre es preferible que te lo sientes en el regazo mirándote a ti, para que puedas establecer contacto visual y hablarle, con tu brazo por encima de sus hombros y su torso y sus piernecitas rectos. Así, el médico o la enfermera podrán pincharle en el muslo, que es la zona más carnosa.

Tomarle la temperatura

A partir de los nueve meses puedes tomarle la temperatura al bebé poniéndole el termómetro digital en la axila. Te parecerá una bendición, porque a estas alturas se opondrá rotundamente a los termómetros rectales. Lee bien las instrucciones de tu termómetro, porque el tiempo que se debe mantener en la axila y las lecturas normales varían según el fabricante.

Estimulación y exploración

A estas alturas, tu bebé ya se mueve mucho y lo explora todo. Puede que se agarre a tiradores o bordes de muebles bajos. Incluso puede que haya empezado a decir algunas palabras. Tanto si habla como si no, su capacidad de comunicación es mucho más sólida: se expresa con toda la claridad de que es capaz señalando. En esta etapa tendrás que centrarte aún más en los juegos de gatear, trepar y levantarse.

Como ahora la angustia de la separación y la de los desconocidos son más fuertes, conviene que lo entretengas con actividades que lo distraigan de esa angustia. Hacia el año es posible que empiece a sentir un apego especial por un animalito de peluche, una mantita o cualquier juguete blandito. Éstos son grandes reductores de la angustia.

No olvides dejarlo que juegue solo de cuando en cuando. Cerca del año ya será capaz de entretenerse hasta diez minutos con una actividad que realmente le guste.

Ideas de juego

Hablar por dos

Ésta puede ser una edad muy frustrante para los pequeños, porque sus cabecitas saben más o menos lo que quieren decir, pero no tienen la preparación verbal necesaria para expresarlo. Lo que debes hacer es formulárselo todo a modo de pregunta y contestar tú misma para ayudarlo a vincular las acciones con las palabras. Díselo todo dos veces: «¿Quieres la gorra? ¿Te doy la gorra? ¿Quieres que te la dé? Toma.» A lo mejor te sientes como un loro, hablando contigo misma, pero es una de las tareas básicas de los padres: proponer preguntas y responderlas para que el niño sepa cómo se responde a lo que sus padres le dicen.

Aunque alientes a tu hijo a que hable y le ofrezcas distintas opciones («¿Quieres la roja o prefieres la azul?»), no esperes que se vuelva y te conteste: «Me gusta más la roja.» Se limitará a coger una de las dos que le ofreces, pero cuanto más le hables, más entenderá. Hacia los trece o catorce meses, los niños ya comprenden perfectamente lo que se les dice, aunque no puedan responder bien.

Cuando diga sus primeras palabras, tal vez no sean precisas: «a-ba» en lugar de «agua», por ejemplo. Responde como si lo hubiera dicho bien, pero hazlo con la palabra correcta: «Toma agua, cariño.» De esa forma, aprenderá antes a decirlo bien.

Si en casa se habla más de un idioma, ¡genial! Aprenderá los dos. Pero diferenciadlos: mamá uno y papá otro. Os aconsejo que os limitéis a una lengua materna y a una segunda lengua; si intentáis enseñarle tres o cuatro, no hablará bien ninguna de ellas.

Juegos de precisión prensil

Éste es el momento en que realmente debes contribuir al desarrollo del agarre de pinza de tu hijo, es decir, el uso conjunto del pulgar y el índice. Los puzles de madera con tiradores en cada pieza son estupendos para esto, igual que los cubos apilables, los bloques o las anillas de plástico que se ensartan en un pivote. Si no tienes anillas, puedes coger el tubo de un rollo de papel de cocina y que el niño ensarte pulseras en él, bajo tu supervisión, claro.

Trepar, pasar por el túnel y esconderse

Ahora es buen momento para buscarle unas clases de actividades que lo ayuden a desarrollar sus aptitudes sociales y favorezcan el desarrollo de sus movimientos y su coordinación, pasando a gatas por túneles, por encima de grandes bloques de espuma y por debajo de paracaídas. Lo que le apasionará de verdad será subir escaleras, procura vigilarlo siempre cuando lo haga. Enséñale a bajar dándose la vuelta y apoyándose en los peldaños, primero un pie y luego el otro, contigo detrás. También puede parecerle divertidísimo entrar y salir de tiendas de campaña o casitas montadas debajo de mesas y sillas.

Correpasillos

Me gustan esos pequeños andadores que los bebés pueden empujar, porque son dos en uno. Les vienen bien para estabilizarse cuando empiezan a andar, y además suelen llevar una mesa de aprendizaje.

Instrumentos musicales

La música es importantísima, y es algo que yo uso constantemente, desde que son recién nacidos, por ejemplo, para tranquilizarlos. En esta etapa puedes darle a tu hijo unas maracas, una pandereta, un triángulo o un tamborcito. Se lo pasará en grande, y no sólo le permitirá hacer música, sino también aprender a mover su cuerpecito al ritmo de la música. Saldrá a relucir su personalidad. Hay tambores de muchos tipos: de piel, de metal, de plástico; tú decides.

En realidad, ni siquiera hace falta que le compres un instrumento. Yo suelo coger legumbres secas diversas (lentejas, garbanzos...) y las meto en recipientes de plástico de distintos tamaños que tengan una tapa resistente. El bebé puede cogerlos y sacudirlos para ver cómo suena cada uno. Eso sí, vigílalo mientras juega con las legumbres, porque podría comérselas, y eso es peligroso.

Agua por todas partes

A los bebés de esta edad suele encantarles el agua, ya sea en el baño o en un bol. Les chifla mojarse las manos, meter cosas en el agua y chapotear. Sí, lo pondrá todo perdido, pero busca un momento del día para que juegue con agua. Extiende toallas en el suelo si es necesario, y juega con él, para que pueda divertirse sin correr ningún peligro.

Juegos de movimiento

Ésta es una buena época para los juegos de movimiento, como hacer el avión, saltar a la pata coja, columpiarlo de las axilas (jamás de las manos, podrías dislocarle un hombro o romperle el bracito).

En Estados Unidos tienen esas carretillas que se llaman Radio Flyers: son como vagoncitos rojos en los que se puede llevar a los más pequeños por ahí. También puedes coger una caja grande de cartón o un cesto de plástico de los que se usan para la colada y empujarlo con el bebé dentro, o atarle una cuerda para tirar de él por la casa o en la calle. Yo lo he hecho mucho con niños de esta edad y se lo pasan en grande. También les gustan los sonidos de acompañamiento: runrun si es un coche, chucuchú si es un tren o bruuu si es un avión.

No tengas miedo de llevar a tu hijo al parque a jugar en esta época, súbelo a un columpio y balancéalo flojito. En esta época, ya puedes lanzarlo al aire un poquito y cogerlo al vuelo, y subirlo encima de un rollo o una pelota grande y moverlo de un lado a otro con ella. Estos juegos no sólo os permiten mantener un contacto físico, sino que además refuerzan la confianza que tenéis el uno en el otro.

¿Dónde está?

Ha llegado el momento de empezar a jugar a juegos de memoria visual. Le puedes enseñar un libro de cartón sencillo con imágenes y preguntarle: «¿Dónde está el pato? Ahí, muy bien.» Hacia los doce meses empezará a asociar el nombre con la imagen, así como el sonido que hace el animal. De esa forma, cuando sea algunos meses mayor, un buen día te sorprenderá contestándote: «Cuacuá.»

Su primer aniversario

Todos los padres se dicen: «¡Madre mía, qué rápido ha pasado el año! Ni me he enterado.» Mientras estabas en ello, eras consciente de que pasaba el tiempo, pero de pronto te encuentras celebrando el primer cumpleaños de tu hijo, con un montón de amigos alrededor de la tarta y todos los bebés llorando, porque el estruendo del *Cumpleaños feliz* es demasiado para ellos, y también tú terminas soltando tus lagrimitas: «No me puedo creer que haya pasado tan rápido.» Tu hijo ya no es un recién nacido, es un niño de un año que se expresa con monosílabos y se llena la boca de tarta.

Entonces te das cuenta de lo mucho que has madurado. Vale, no tienes el mismo aspecto que en las fotos de tu boda, pero has ganado algo muy valioso: una madurez y una confianza que no tenías antes. Por mucho que escuches la opinión de otras personas y los consejos de los especialistas, te fías más de ti misma. Eres capaz de identificar esa voz interior, la de tu intuición, y de prestarle atención. Te sientes orgullosa de poder ir con la cabeza bien alta y unirte a las filas de los padres experimentados. Estás agradecida por todo lo que has aprendido durante ese año y por esa hermosa criatura que tienes delante, aún de una pieza. Eres consciente de que es una personita independiente y no un mero apéndice de sus padres.

¡Enhorabuena! Ya te puedes quitar la L de prácticas, has superado el primer año. Ahora, tanto si estás lista como si no, empieza la infancia de tu hijo. Pero estás lista, sabes que lo estás, y eso es lo importante. Hace un año no lo tenías claro.

Tercera parte

Circunstancias excepcionales

Noisy Animals
Usborne Farmyard Tales
Noisy

CAPÍTULO 8: PARTO MÚLTIPLE

¡Vaya! ¡Habéis sido padres de más de un retoño! Y no sois los únicos: en el Reino Unido se producen más de nueve mil nacimientos múltiples al año, la mayoría como consecuencia de tratamientos de fertilidad. Además, hoy en día, gracias a las ecografías, los padres ya no se enteran en la misma sala de partos de que viene más de uno. Tenéis tiempo para prepararos, y eso está muy bien. Huelga decir que no daréis abasto. Descansa mucho antes del parto, para tener toda la energía posible después. Sé que terminarás por descubrir que un parto múltiple es una auténtica bendición, y este libro te ayudará a estar tranquila durante todo el primer año de vida de los bebés.

En mi trabajo como niñera he cuidado de gemelos. De hecho, justo antes de empezar con los programas de *Supernanny*, cuidaba de un par de gemelas. Los bebés de partos múltiples siguen fascinando a la gente. Por la calle te paran: «¡Qué preciosidades! ¿Cuál es el mayor?»

Debido a la fecundación in vitro y a otros tratamientos de fertilidad, muchos padres de gemelos, trillizos y demás son mayores. Estos padres me dicen que se cansan en seguida, y creen que es por su edad. Yo siempre les digo: «¿Cómo lo sabéis?» Cuando se es algo mayor, es cierto que posiblemente ya no se tenga la energía que se tenía a los veintitantos, pero se tienen otras cosas: madurez, estabilidad y paciencia, cosas que se aprenden con el tiempo. Esas cualidades os ayudarán a hacer de ese primer año una experiencia gozosa.

Sea cual sea tu edad, te aseguro una cosa: te digo por experiencia que todo es más fácil a partir de los nueve meses en todos los aspectos. En cuanto los bebés sean un poco mayores y puedas volverles las hamaquitas y sentarlos de frente, se entretendrán solos. Hay algo muy especial en la relación entre bebés de un parto múltiple, ya sean idénticos o no: una conexión extraordinaria entre ellos, que es una gozada no sólo para los niños, sino también para los padres.

En general, para los padres, el primer año de vida de bebés de partos múltiples es igual que si hubiera nacido sólo uno, salvo en que hay que multiplicarlo todo: las alegrías, los malabares, la necesidad de una rutina y la de ayuda. En este capítulo, os indico qué otras cosas debéis tener en cuenta, aparte de lo que ya he comentado en el resto del libro. Si, además, vuestros bebés de parto múltiple han nacido prematuros o más pequeños de lo normal, consultad también el capítulo 9.

Equipo

A la hora de equipar la habitación de los bebés, vuestras decisiones quizá sean distintas, dado que tendréis que pensar en lo más rentable y práctico para más de un bebé. Obviamente, vais a necesitar más cosas, pero eso no significa el doble o el triple de todo. No compréis más de lo necesario. Sólo lo necesitaréis al principio y luego no os valdrá para nada, al menos durante un tiempo. No os plantearéis la posibilidad de usarlo de inmediato después de haber tenido dos o tres bebés a la vez, ¡eso seguro!

Por ejemplo, la silla del coche es esencial, pero con un contenedor para pañales sucios basta. Sólo vas a poder cambiarle el pañal a un bebé cada vez, de modo que no necesitas más que un cambiador, salvo que quieras más para poder darles masajes simultáneos a los bebés. Los bebés que toman el biberón suelen necesitar unos ocho al día, con lo que, según cuántos bebés tengas, necesitarás más biberones, pero tampoco hace falta que dupliques o tripliques la cantidad si esterilizas con más frecuencia.

Te aconsejo, por supuesto, que cada bebé tenga su moisés y su cuna, o por lo menos su cuna. Muchos padres piensan que, como los bebés de partos múltiples han crecido juntos en el útero, es mejor que duerman juntos. No estoy de acuerdo, porque siempre hay uno dominante. Cuando hayas conseguido dormirlos, el dominante hará un ruidito y despertará al otro o los otros. Si duermen separados, cada uno podrá descansar lo necesario. Además, y esto es importante, algunos estudios demuestran que acostarlos juntos puede aumentar el riesgo de síndrome de muerte súbita del lactante. Dado que el que sean bebés de parto múltiple ya constituye en sí un factor de riesgo, yo recomiendo encarecidamente que los acuestes separados, boca arriba y bien envueltitos en el arrullo.

Para los trillizos, me gustan los cochecitos que llevan los asientos uno detrás del otro en lugar de uno al lado del otro. Aunque sean muy largos, no son demasiado anchos para pasar por las puertas de las tiendas. Yo los llamo «limusinas extralargas». Los que llevan los asientos uno al lado del otro, sin embargo, vienen muy bien para hacer *jogging*; no se te pondrá nadie por en medio, ¿a que no? Te parecerá que conduces uno de esos tanques militares: nadie se meterá contigo cuando vayas por la acera. Las puertas de las tiendas cada vez son más anchas, y muchas son automáticas, lo que facilita la entrada. Supongo que los comerciantes se han dado cuenta de que, si no puedes entrar, no vas a comprar nada (vamos, que se quedan sin mamás que compren caprichitos). Si optas por el cochecito de plazas contiguas, procura que tenga un solo reposapiés grande en lugar de dos pequeños, porque los pies del bebé pueden quedarse atrapados en el hueco que forman los dos reposapiés individuales.

Los portabebés, sillas, columpios y hamacas individuales te resultarán muy prácticos y te facilitarán el trabajo. Además, así los bebés podrán hacer cosas juntos, que es lo más divertido de tener más de uno, pero nunca pongas a los dos bebés uno delante del otro en el mismo asiento.

En lo relativo a la ropa y los juguetes, creo que está bien que tengan algunas cosas comunes y otras propias; así, con las cosas de las que haya sólo una, aprenderán a compartir. A la larga, las actividades de grupo salen bien si todos tienen su balón o su sonajero, pero, por ejemplo, pueden balbucir todos juntos en el parque.

Sé previsora y haz acopio de existencias. Ten un par de paquetes de pañales de reserva, y leche de fórmula, para no tener que decir en plena noche: «¡Vaya, me he quedado sin!» Tampoco es necesario que compres como si se avecinara un tornado, pero guarda reservas por si acaso. Cada vez que hagas la compra, coge uno de más, sobre todo de las ofertas de dos por uno. Es una forma de tener provisiones de reserva sin que se note mucho en el bolsillo.

Vivencias de los padres

Desde el principio te darás cuenta de lo distintos que son tus hijos como pequeños seres humanos, cada uno con su temperamento y su personalidad. Procura entender esas diferencias como puntos fuertes de cada bebé y no los compares de forma negativa, descubrirás que se complementan. Debes ser capaz de darle a cada uno lo que necesita desde el punto de vista emocional y evolutivo. Con la ayuda de tu pareja, de tus amigos y tus familiares, asegúrate de pasar tiempo a solas con cada uno, aunque sólo sea un ratito. Te ayudará a conocer sus pequeñas personalidades, algo que es fácil pasar por alto cuando se intenta estar pendiente de todo las veinticuatro horas del día.

Sed sinceros el uno con el otro sobre el modo en que os afecta la situación, porque, cuidar de dos o más bebés tiene su precio. Pensad en el modo de ayudaros el uno al otro, para que ninguno de los dos se sienta sobrepasado. Recordad que los dos sois responsables de criar a los bebés. Si tenéis otros hijos, os parecerá que habéis montado una guardería. Conozco a una familia que tiene dos pares de gemelos y un hijo mayor. Con un poquitín de ayuda les ha ido de maravilla, y también puede ser tu caso.

Sobre todo al principio, conviene que cuentes con uno o dos pares más de manos, alguien que te ayude, una matrona, una niñera o un pariente, cualquier clase de ayuda adicional. Cuanta más ayuda tengas, más fácil te resultará.

Si tu pareja y tú os veis abrumados por las necesidades cotidianas puede que os olvidéis de vosotros. Cuidaos, por favor. Cuando os veáis preparados, dad el paso y reservaos una noche para salir, aunque sólo sea para cenar. Como es lógico, muchos padres de gemelos o trillizos de menos de nueve meses prefieren pedir chino o pizza y tomárselo tranquilamente en el salón de casa. También es buena idea. Yo he hecho de canguro mientras los padres se relajaban unas horas en el salón.

Tampoco viene mal quedar con otros padres en circunstancias similares. Hay grupos estupendos de padres de gemelos y trillizos a los que podéis uniros, además de páginas especiales en Internet donde encontraréis consejos prácticos y apoyo emocional.

Independientemente del número de bebés que vayas a manejar, ten en cuenta que vas a necesitar más tiempo para todo: sacarlos a la calle, darles de comer, etc. Será como una cadena de montaje: todo multiplicado, los biberones, la comida, la colada. Cuantos más bebés tengas, mejor deberás organizarte. A medida que vayan creciendo los bebés, te irá costando menos.

Determina tus prioridades, de qué puedes prescindir y de qué no. ¿Es necesario que laves todos los días o puedes hacerlo un día sí y otro no? ¿No puedes pasar un día sin quitarle el polvo a la tele o no pasa nada por que se lo quites una vez a la semana? Si os lo podéis permitir, contrata una asistenta.

Sé de muchas mujeres a las que les enorgullece poder decir: «Mi casa la limpio yo.» Trágate el orgullo y deja de sacarle brillo a la corona de mártir.

Tener gemelos o trillizos es muy divertido. Te alucinará que esos bebés sean tuyos. Habrá días en que todo el mundo les diga monadas, que si son guapísimos, que si tendrías que llevarlos a algún castin. Todos esos momentos compensan las veces en que te ves a las tres de la mañana pensando: «¡Madre mía, si es que son dos (o tres o cuatro)!» Por algo dicen que hay que tener cuidado con lo que se desea.

No voy a insistir en lo mucho que te cansarás, porque esto ya lo sabes. Es lógico (eres un ser humano, no un robot), pero quiero volver a hacer hincapié en la importancia de tomárselo con filosofía. Conviene que busques un estilo de vida que os vaya bien a ti y a tu nueva familia. Tendrás que estar a las duras y a las maduras, en lo bueno y en lo malo. Céntrate en lo que quieres, no en lo que no. Sé siempre positiva y disfruta de esos hijos increíbles que has tenido, de esta nueva etapa de tu vida, para que tú y tu pareja podáis ser padres orgullosos y seguros.

Yo lo he pasado muy bien cuidando de gemelos. Fenomenal. Estoy convencida de que destapará lo mejor de ti. Tendrás que aprender a adaptarte muy rápido, eso sí, decidir sobre la marcha y ser multitarea. Muy pronto serás una madre veterana de gemelos (o trillizos, cuatrillizos...), capaz no sólo de afrontar cualquier reto, sino también de disfrutarlo.

Ah, se me olvidaba... te saldrán ojos en el cogote, o al menos te lo parecerá.

Desarrollo del bebé

Aunque por fuera parezcan idénticos, descubrirás que cada bebé se desarrolla a su propio ritmo. Puede que uno de ellos se dé la vuelta, se siente y empiece a hablar antes que el otro, o que uno de ellos coja antes la cuchara para comer. Aquí es cuando, como madre, debes procurar tratarlos como individuos, lo que significa que verás el potencial del que va más adelantado y lo fomentarás al tiempo que estimulas al otro. Quizá descubras que el que ha empezado a hablar antes habla por los dos; anímalos a los dos independientemente del ritmo al que progresen.

Debes ser consciente de las diferencias y responder a cada bebé sin miedo ni frustración. Es exactamente lo mismo que si tu bebé se desarrollara a un ritmo distinto del de una amiga. Si te preocupa mucho, consúltalo con el pediatra.

También es posible que a los bebés les gusten alimentos distintos, o que uno coma más que el otro. Desde el punto de vista emocional, puede que respondan de modo diferente; cada uno tendrá su propio temperamento y su personalidad. A lo mejor uno llora con los fuegos artificiales; y el otro, no. Ni te imaginas cuántos padres de bebés de partos múltiples me dicen: «Aunque hayan estado en el mismo saco, son completamente distintos.» Y, claro, es cierto: son individuos, con un alma y un corazón diferentes. Como ya he dicho, vuestra labor como padres es disfrutar de las diferencias tanto como de las semejanzas y ofrecer apoyo a cada uno de vuestros hijos a medida que vayan manifestando su individualidad de personitas.

Cuando vayan aproximándose a su primer año de vida, notarás que empiezan a prestarse mucha atención el uno al otro (o unos a otros si son más de dos). La forma en que se chinchan el uno al otro es maravillosa, y también el modo en que se quejan los dos de algo. Si los pones en un gimnasio de bebé grande, verás cómo interactúan, cómo se tocan la cara y gorjean y sonríen juntos. O no.

Desde el principio, los bebés de partos múltiples están acostumbrados a tener siempre compañía, por lo que su desarrollo social es muy rápido, ya que pueden «contárselo» todo a otra personita en todo momento. Alguna vez los he visto hacerse reír con una mueca o un chillido. Viene bien dejarlos solos en alguna ocasión.

Lo curioso es que, cuando cumplen el año, tú te vuelves neutral y ellos buscan el equilibrio contigo. Lo buscan ellos, no tú. Buscan el equilibrio entre ellos y contigo.

Buenos hábitos

Al principio, todos los padres de gemelos o trillizos se proponen tratar a cada bebé de forma independiente en lo que respecta a la comida, el sueño y el juego. Todos esos buenos propósitos se van al garete al cabo de tres o cuatro semanas, cuando te das cuenta de que lo que tienes bajo los ojos más que bolsas parecen ya papadas. Por eso te aconsejo, por el bien de tu salud y tu cordura, que les des de comer a la vez, así dormirán más o menos a la vez.

Del mismo modo que lo harías con un solo bebé, establece una rutina de sueño y un horario de comidas, para que te cunda más el tiempo. Como ya he dicho, la rutina debe ser flexible. Si los gemelos están durmiendo la siestecita de la tarde y uno de ellos se despierta diez minutos antes que el otro, no vas a volver a acostar al que se ha despertado e intentar que vuelva a dormirse hasta que se despierte el otro; lo levantarás antes. A lo mejor tendrás que darle de comer a ése diez minutos antes. Esas ligeras variaciones del horario te permitirán pasar tiempo a solas con cada uno de ellos.

Alimentación

Una forma de hacerte la vida más fácil al tiempo que les proporcionas la inmunidad de la leche materna es usar un sacaleches y dársela en biberón, complementada con leche de fórmula, si fuera necesario. O dales el pecho en casa y el biberón cuando salgáis, porque es más fácil y no te conviene complicarte la vida. Otra de las ventajas de los biberones es que sabes exactamente lo que comen. Claro que la decisión es tuya. Algunas madres de trillizos que han decidido darles el pecho a sus bebés me han comentado que las ayuda a establecer un vínculo afectivo con cada uno de ellos.

Si tienes gemelos y decides darles el pecho, la mejor postura (como puedes ver en la ilustración) es colocarlos con las piernecitas hacia tu espalda, apoyados en el cojín de lactancia. Procura ponerte cómoda, porque vas a pasar en la misma postura al menos media hora. Cámbialos de pecho por si uno de ellos come más que el otro y lo vacía más. Además, así tendrán una vista distinta. Para que echen el airecito, basta con que los incorpores en tu regazo a la vez.

Cuando empiezan a comer sólidos, los padres me preguntan: «¿A cuál le doy de comer primero?» Hazlo por turnos: «Hoy te he dado a ti primero el desayuno, pues ahora le doy a tu hermano la comida primero.» Sin favoritismos. Una de las grandes ventajas de tener gemelos o trillizos es que aprenden muy pronto a compartir y a esperar su turno. Te pones las tronas delante, una al lado de la otra, y les vas dando. Claro que si no tienes una trona para cada uno, tendrás que darles por turnos de verdad. A lo mejor no les hace mucha gracias, pero...

Habilidades parentales

Uno de los inconvenientes de tener más de un bebé es que, si estás sola y tienes que cambiarle el pañal a uno no puedes cambiárselo al otro, con lo que es posible que alguno de los bebés llore más rato. Como decía, hazlo por turnos. Procura que el más dominante no sea siempre el primero sólo porque arme más barullo. Dale un juguete al que tenga que esperar, para que se entretenga.

No te angusties si no puedes responder en seguida. Tus hijos aprenderán a tener un poco más de paciencia antes de lo normal debido a sus circunstancias, y eso es muy sano. No lo harán todo al mismo ritmo. Por ejemplo, puede que uno coma más despacio, y el otro tenga que esperar.

Siempre que puedas, busca soluciones que te faciliten el trabajo, como bañarlos a cada uno un día distinto, cortarles las uñas en momentos diferentes según el ritmo al que les crezcan.

Ponte de acuerdo con tu pareja para repartiros las tareas domésticas: la colada, la cocina... Cuando estéis los dos en casa, os podéis encargar cada uno de un bebé, y alternar, para que ambos estéis con los dos. O uno de vosotros puede encargarse de los dos bebés para que el otro descanse de verdad. Pronto sabréis qué es lo que os funciona mejor.

Si tenéis trillizos o más, cogerlos en brazos a todos es prácticamente imposible. Con los gemelos es menos complicado: uno en cada cadera, aunque eso puede producirte dolores de espalda, así que es preferible que no lo pruebes.

Un buen truco es que te pongas siempre entre los dos, para que aprendan a compartirte: una pierna y un brazo para cada uno. Hacia los nueve meses se volverán un poco posesivos y cada uno de ellos te querrá para él solo. Te aconsejo que lo resuelvas con un «Hay sitio para todos», salvo que sea uno de esos momentos de atención individual, fundamentales en esta etapa, dado que casi todo el tiempo que pasan contigo es compartido. Sobre todo en esta época, debes buscar tiempo para estar a solas con cada uno de ellos.

Siempre que puedas, haz todo lo que harías si sólo tuvieras uno, como los masajes. Si tienes dos, túmbalos en una manta estirada en el suelo y sitúate en medio, con uno a cada lado. De ese modo, podrás acariciarles la tripita a la vez. Si tienes más de dos, ve rotándolos.

Exploración y estimulación

Como los bebés de partos múltiples se desarrollan a distinto ritmo, tu labor consiste en proporcionar a cada uno la estimulación que necesite. Según esto, quizá tengas que ofrecerle al más despierto juguetes o juegos más avanzados, para que no se aburra esperando a que su hermano lo alcance. Facilítale los medios para que siga avanzando al tiempo que animas al otro a que llegue al punto en el que se encuentra su hermano.

Cuando empiecen a moverse, tendrás que tener mucho cuidado y estar pendiente de los dos en todo momento. En estos casos, el parquecito resulta muy útil. Puedes dejarlos en él diez minutos, no más, mientras vas a por algo de comer o al baño. El uso del parque a modo de canguro es una forma de negligencia.

Apúntalos a actividades con otros bebés e intenta que te acompañe algún pariente o advierte al personal del centro en cuestión que vas a necesitar que te echen una mano. Con la natación, por ejemplo, hace falta un adulto por bebé.

Si uno se pone malito, puede que el otro lo siga. Tu cometido principal será conseguir que tu pequeño se recupere (aunque a la semana siguiente lo pille el otro).

Te mereces un premio

Dicen que el que aprende a conducir en Londres puede conducir en cualquier parte. El que aprende a cuidar de gemelos, trillizos o cuatrillizos, al año, puede decir que has pasado el examen de paternidad con los ojos vendados. En el mundo de los bebés, lo de que dos son compañía y tres son multitud no se cumple; más bien dos son un par y tres una fiesta.

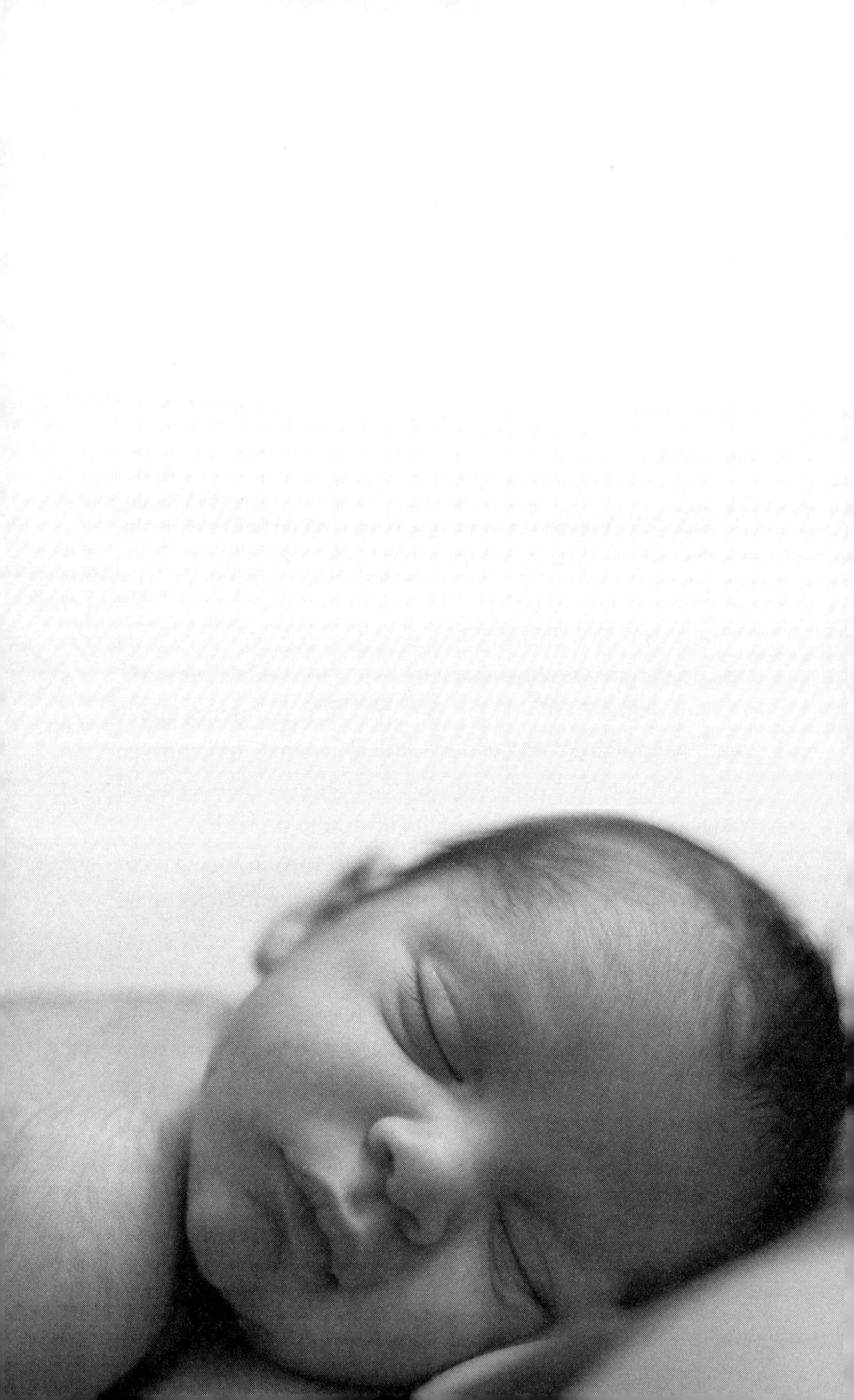

CAPÍTULO 9: PREMATUROS Y BEBÉS CON NECESIDADES ESPECIALES

¡Enhorabuena! Al igual que cualquier otro lector o lectora de este libro, acabáis de tener un bebé precioso. El vuestro ha llegado algo pronto, o con algún problema de salud, por lo que necesita un trato especial. Os animo a que busquéis todo el apoyo práctico y emocional necesario para estar tranquilos durante el primer año de vida de vuestro hijo, y después. Hay montones de recursos, información y ayuda a vuestra disposición, pero también quiero ofreceros mis consejos para que podáis confiar plenamente en vuestra aptitud como padres y disfrutar todo lo posible de ese primer año, porque, como todos los padres, os lo merecéis.

Al principio, os costará digerir toda la información con la que posiblemente os bombardeen. Tendréis sentimientos encontrados. Sean cuales sean vuestras circunstancias e independientemente de cómo os sintáis, yo pienso que todos los bebés nacen con un espíritu sano. Seréis vosotros los que tengáis que descubrir esa belleza por encima de lo físico y mental, y amar y alimentar a vuestro bebé sin ninguna sombra de duda. Mientras lo hacéis, aprenderéis a ver todo lo demás con cierta perspectiva.

Bebés prematuros

Desarrollo del bebé

Los bebés prematuros no nacen a término, es decir, nacen antes de que la madre salga de cuentas. Cuanto más tiempo esté el bebé en el útero materno, más puede desarrollarse. Algunos bebés, aunque nazcan tres o cuatro semanas antes, no parecen sufrir un retraso en su desarrollo.

Sin embargo, por lo general, si el bebé es prematuro, es más pequeño y más frágil que otros recién nacidos. Lo bueno es que, gracias a los avances médicos, hasta los bebés de veintiocho semanas tienen al menos un noventa y cinco por ciento de posibilidades de sobrevivir. Tan sólo necesitan cuidados y atención médica constantes, sobre todo si pesan menos de 1 kilo y 300 gramos al nacer.

El peso de los prematuros se mide en gramos, y la razón por la que se les mete en la incubadora es que su cuerpo apenas tiene grasa y es necesario tenerlos calentitos. Los bebés prematuros suelen tener dificultades respiratorias porque sus pulmones no están lo bastante desarrollados. Son más propensos a sufrir ictericia, un índice anormal de azúcar en sangre, y hernias. Todo esto desaparece a medida que se hacen mayores, con los correspondientes cuidados médicos.

Si son muy prematuros, puede que nazcan cubiertos de vello, que después se les cae. Puede que parezcan más arrugados y frágiles, porque aún no habrán desarrollado los músculos que cubren los huesos. Según lo prematuros que sean, puede incluso que tengan la piel translúcida, que no tengan pelo en la cabeza, que aún tengan los ojos sellados y que no tengan pezones. Quizá se les transparenten las venas a través de la piel. No temas, a medida que vaya creciendo, tu bebé irá pareciéndose cada vez más al que habías imaginado.

Dado que el bebé no ha nacido a término en lo que respecta a su desarrollo, cuando vuelvas con él a casa, tendrás que cuidarlo de forma que pueda alcanzar ese nivel de desarrollo. Por lo general, llevará un retraso equivalente al tiempo que le faltara para nacer. Si nace con dos meses de antelación, por ejemplo, a los cuatro meses, probablemente esté en la fase de desarrollo de los dos meses. Cada bebé va evolucionando a su propio ritmo, y suelen alcanzar un desarrollo adecuado hacia los dos años, aunque algunos siguen sufriendo un poco de retraso después de eso. Crecen a trompicones.

Problemas médicos

Como el sistema inmunitario de tu bebé está menos desarrollado, ten mucho cuidado con los niños pequeños que vayan a verlo al hospital. Es importantísimo para la salud del bebé que lo mantengas alejado de cualquier foco de infección, porque un resfriado sería el doble de dañino para él que para un bebé completamente desarrollado.

En casa debes reducir todo lo posible las visitas, al menos al principio, y tener al bebé lejos de las multitudes. Tendrás que estar muy atenta a cualquier manifestación de fiebre, y posiblemente tengas que llevarlo al pediatra con más frecuencia, para asegurarte de que está bien. Los bebés prematuros son muy susceptibles de contraer infecciones en los oídos y los ojos, y pueden tener problemas de audición. Si tu bebé no se sobresalta con los ruidos fuertes, llévalo al médico.

Vivencias de los padres

No tengas miedo de preguntar todo lo que quieras saber. El personal de la unidad de cuidados intensivos neonatales está preparado para ayudaros a ti y al bebé. Tener un bebé prematuro puede asustar mucho a los padres, sobre todo al verlo conectado a todos esos tubos y monitores del hospital. Puede que te angustie o te deprima tener que dejarlo allí e irte a casa, especialmente si ya tienes otros pequeños. Procura turnarte con algún familiar para que siempre haya alguien allí y puedas recuperarte. Cógelo en brazos todo lo posible, e intenta que haya contacto físico, piel con piel. Te vendrá bien, y al bebé también.

He cuidado de bebés prematuros y sé que, como padres, debéis superar la sensación de que vuestro bebé es frágil. Es fácil preocuparse, incluso después de que los especialistas den su visto bueno para que os lo llevéis a casa. Ten presente que los médicos no van a dejarlo salir del hospital si les parece que no está lo bastante sano para sobrevivir. Si no lo habéis hecho ya, aprender primeros auxilios para lactantes puede proporcionaros cierta tranquilidad. Yo se lo recomiendo a todos los padres, no sólo a los que tienen bebés prematuros.

A muchas mujeres les parece que es culpa suya que el bebé haya nacido antes de tiempo. Les preocupa la idea de que lo hayan provocado de algún modo: por algo que hayan comido, que hayan hecho o dejado de hacer. Nadie sabe muy bien por qué ocurre. No te culpes. No es algo que tú pudieras haber impedido.

Alimentación

Como el sistema inmunitario de los prematuros está menos desarrollado, contribuirás muchísimo a mejorar la salud de tu bebé si te es posible darle el pecho. No obstante, a algunos bebés prematuros les cuesta mamar porque han nacido antes de que se desarrollara su instinto de succión (algo que sucede entre las treinta y dos y las treinta y cuatro semanas) y aún no saben agarrarse al pezón. Si eso ocurre, en el hospital lo alimentarán con suero a través de un tubo nasal. Procura mantener un contacto físico piel con piel con el bebé y haz que te lo arrimen al pecho en cualquier caso, de forma que pueda mamar en cuanto aparezca el instinto de succión. Quizá el médico te sugiera un complejo de vitaminas y minerales como complemento a la leche materna o de fórmula, sobre todo de hierro.

Los bebés prematuros tienen que comer más veces que los bebés a término, al menos diez tomas al día para evitar la deshidratación. Si mancha entre seis y ocho pañales diarios, sabrás que está comiendo lo suficiente. Tal vez vomite parte de lo que come y no gane todo el peso que debiera. Si te preocupa, habla con el pediatra.

Otras cuestiones

Asientos para bebé

Una de las cosas que hay que tener en cuenta con los prematuros es que, según los estudios realizados, pueden tener problemas respiratorios si se los deja sentados mucho rato. Consúltalo con tu médico. Procura que los viajes en coche sean breves y asegúrate de que haya siempre alguien con el bebé mientras conduces para que esté al tanto de su respiración. Además es aconsejable que reclines el asiento todo lo posible dentro de los límites establecidos por el fabricante para que la cabecita y el cuerpo del bebé no se le desplomen hacia delante. Nunca lo dejes solo en el coche, y no lo sientes en la silla del coche mientras esté en casa, ponlo en el moisés o en la hamaca.

Ropa

Como ya he dicho antes, otra de las cuestiones fundamentales con los prematuros es que hay que mantenerlos muy calentitos, porque apenas tienen grasa corporal. En casa tendrás que ponerle un par de capas más de lo que le pondrías a un bebé a término, hasta que pese al menos 3 kilos 500 gramos. Hay ropa y pañales especiales para bebés prematuros, porque son diminutos.

Sueño

Ten presente que tu hijo dormirá incluso más que un bebé a término, porque eso es lo que habría estado haciendo en el útero materno: dormir, dormir y dormir. Es lo mejor que puede hacer el bebé al principio para recuperarse, pero no te extrañe que duerma menos rato entre vigilias.

Llanto

A veces los prematuros lloran menos que otros bebés, porque no tienen la fuerza física necesaria para hacerlo. En cambio, pueden saturarse más fácilmente, por lo que debes procurar no sobrestimularlo, o lo contrario.

Rutinas

Aplica todas las rutinas que propongo en los apartados de «Buenos hábitos» más tarde que si tu bebé hubiera nacido a término (más tarde los horarios fijos de tomas, más tarde los alimentos sólidos, más tarde las horas fijas de sueño). Lo que tardes en aplicarlas dependerá del tamaño del bebé al nacer y su ritmo de recuperación. Para valorarlo de forma aceptable, guíate por su edad de desarrollo, no por su edad física. Esto es especialmente importante a la hora de introducir los alimentos sólidos, porque los prematuros pueden atragantarse más fácilmente, y su aparato digestivo está menos desarrollado.

Bebés con otras necesidades especiales

Gracias a las pruebas prenatales, es muy probable que, si tienes un bebé con necesidades especiales, ya lo supieras antes de su nacimiento. No obstante, tanto si te ha pillado por sorpresa como si no, lo más importante que debes recordar es que es tu bebé. El que no sea «como los demás» no significa que debas hacerle menos caso o quererlo menos. En todo caso, debes quererlo más por su situación médica.

Por eso os aconsejo que, como padres, os asesoréis, tanto para que aprendáis a aceptar la deficiencia con la que ha nacido vuestro hijo como para que sepáis sobrellevarla desde el punto de vista médico. Os animo a que os informéis de todo lo que podéis hacer para que vuestra vida sea lo más normal posible.

Hazle al médico todas las preguntas que quieras y todas las veces que sean necesarias. Anota las respuestas si hace falta. Entérate de si tu hijo puede optar a algún programa de ayuda temprana o si hay algún centro de desarrollo infantil en tu zona que pueda prestarte apoyo. Tu pediatra sabrá qué servicios hay disponibles. Averigua si su situación mejorará o empeorará con el tiempo. Quizá puedas solicitar alguna ayuda económica para niños con minusvalías. Pregúntalo también. Investiga todo lo que puedas.

Aunque supieras desde el primer momento en lo que te metías, te enfrentarás a emociones diversas. Una cosa es saber que tu hijo tiene fibrosis quística o esclerosis múltiple, síndrome de Down, espina bífida o un problema cardíaco congénito, y otra muy distinta es hacerle frente en la realidad. Te darás cuenta, por ejemplo, de que tu bebé no es tan receptivo como lo sería si no tuviera ese trastorno médico.

Tendrás dos cometidos adicionales muy distintos: el cometido emocional de aceptación y el cometido físico de cuidado de ese bebé con necesidades especiales. Debes concienciarte, «Esto es lo que tiene mi bebé», y después esforzarte por ser la mejor madre posible y darle a tu bebé la educación que merece. Esto depende en gran medida de tu actitud: debes proponerte evitar que los sentimientos te hagan pedazos y esforzarte por averiguar todo lo posible para que tu hijo tenga lo mejor. He visto casos de bebés nacidos con síndrome de Down a los que les ha ido muy bien gracias al cuidado constante de sus familias.

Eso no elimina las exigencias reales de un niño con necesidades especiales, pero tómatelo como un reto y busca apoyo, porque vas a estar con otros padres cuyos hijos no tienen ese problema médico y no vas a poder evitar las comparaciones. Los mirarás y te dirás: «Mi hijo no hace eso.» Pero sabrás por qué. Y sabrás lo que debes hacer para que tu hijo tenga la vida más sana y feliz posible.

Date tiempo para adaptarte a esta nueva realidad. Si ves que te deprimes, busca apoyo. Haz caso a los que te rodean si te insinúan que necesitas ayuda. Tu médico puede indicarte a qué grupos de apoyo acudir o recomendarte un psicólogo. Ten presente que, en un momento dado, es posible que tu pareja y tú os encontréis en fases distintas del proceso de aceptación. Comunicaros vuestros sentimientos y apoyaros como pareja si lo necesitáis. Buscad el modo de pasar tiempo juntos sin el bebé.

Los hermanos

Resulta difícil explicarle a un niño pequeño que el hermanito que acaba de tener es un bebé con necesidades especiales, aunque, en realidad, no es tan necesario, porque, dentro de su limitado conocimiento, el recién nacido no es muy distinto de otro bebé «normal».

Si el hermano es mayor, quizá lo entienda. Con el tiempo, irá viendo que su hermanito o hermanita necesita más ayuda y, como tú, sabrá ser más paciente, más comprensivo y más empático, consciente de que forma parte de una familia especial. Incluso puede que desarrolle buenas cualidades que de otro modo no habría desarrollado hasta la edad adulta. Por eso este viaje es único; pero ten paciencia con tus otros hijos también, porque aprenderán a su propio ritmo.

Los demás

Uno de los retos que deben afrontar los padres de niños con necesidades especiales es el de responder a los comentarios y las preguntas de los demás. Esto es algo que sólo tú puedes decidir. Sobre todo con los desconocidos, no te sientas obligada a explicarles la situación con todo detalle, salvo que te apetezca. Si alguien te hace un comentario ofensivo, no le hagas ni caso.

En lo que respecta a los miembros de la familia, entiende que también ellos tienen que vivir su propio proceso de aceptación y que si te preguntan es porque les preocupa. Si tienes claro en qué pueden ayudarte, pídeselo. Si te ofenden, enséñales cómo quieres que te hablen de la situación. En este aspecto, los grupos de apoyo pueden resultarte muy útiles.

Por encima de todo, adopta una actitud positiva. A los padres de niños con necesidades especiales les sorprende la comprensión, la compasión y la empatía de que pueden ser capaces. Hace falta alguien especial para criar a un bebé con necesidades especiales, y estoy convencida de que un día te mirarás al espejo y sabrás que esa persona eres tú.

CAPÍTULO 10: EL BEBÉ ADOPTADO

Como cualquier otro padre, por fin tienes en brazos al bebé que has estado esperando. Y, como cualquier otro padre, te dices: «Estoy preparada para asumir la responsabilidad de ser cariñosa y educar a mi hijo para que se convierta en un ser humano cariñoso.»

Puedo entender cómo te sientes, porque a mí me ocurre algo parecido como niñera. Algunos de los bebés a los que he cuidado ya son adolescentes, y nunca he cuidado de un bebé con menos responsabilidad moral, deleite, cuidado y cariño que si fuera mío, y eso es difícil de explicar, porque muchos dicen: «Cuando tienes los tuyos es distinto.» Quizá eso sea cierto para quienes creen que el bebé tiene que proceder biológicamente de ellos, pero ¿no son los bebés una bendición en cualquier caso? Sé que se puede cuidar a un bebé y cuidar de él independientemente de su origen biológico. Teniendo en cuenta lo complejo que es el proceso de adopción, pienso que no hay padres más decididos a tener un hijo que los que adoptan.

Sé que, como otros padres, os vais a preocupar por su salud y su bienestar y, a veces, por si lo estáis haciendo bien o no. Igual que otros padres, debéis establecer horarios y rutinas de comidas. Como otros padres, os vais a poner sentimentales en ocasiones, porque no son sólo las hormonas del embarazo las que producen esa sensación de angustia. Si no, ¿cómo iban a sentir ellos lo mismo que ellas?

Me consta que quieres lo mejor para tu bebé. Casi todo el contenido de este libro es aplicable en tu caso. Vas a necesitar tanta paciencia, confianza y amor como cualquier otro padre. He decidido incluir un capítulo dedicado a los bebés adoptados porque quiero plantearte algunas cuestiones que me gustaría que meditaras sobre el modo especial en que tu hijo ha entrado en tu familia. Concretamente debes tener en cuenta la edad del niño y su historial antes de tomar decisiones respecto a los horarios, la rutina de sueño y la estimulación.

La llegada del bebé

Hay una diferencia fundamental entre tú y otros padres. Cuando conoces a tu bebé, no estás tan agotada como una madre biológica, y no sufres la falta de energía y el cansancio emocional de las madres que han dado a luz por vía vaginal o por cesárea.

En cambio, probablemente estés nerviosa. Estás lista para una pequeña fiesta. Si tu bebé es un recién nacido, es posible que lo abrumes con tu energía, de modo que ten presente que debe descansar. Y recuerda que pronto tú también estarás agotada. Tanto si le das el pecho como el biberón, tendrás que levantarte de madrugada para dar de comer al bebé cuando se despierte porque tenga hambre.

Si cuando lo adoptes, el bebé ya es algo mayor, puede que se sienta confundido o alterado. ¿Quién es esta desconocida que me tiene en brazos? ¿Dónde está la que cuidaba de mí antes? Puede que llore mucho los primeros días y que os rechace a uno de los dos. Quizá temáis que no os quiera. No te preocupes, con el tiempo, el vínculo afectivo que lo une a ti se hará más fuerte.

Reúne toda la información posible sobre la vida del bebé antes de la adopción, así como cualquier informe genético o médico que pueda resultar relevante para su salud a medida que vaya creciendo. Si no se trata de una adopción abierta, averigua si sería posible obtener información de los padres biológicos en caso de que el bebé tuviera algún problema médico. Si esto es imposible porque el bebé fue abandonado, recuerda que ese tipo de información rara vez es necesaria, y no te preocupes demasiado por ella. Es lógico que quieras saber todo lo posible para poder desempeñar correctamente tu papel de madre.

Vínculo afectivo

Muchos padres adoptivos se angustian mucho si no consiguen conectar inmediatamente con el bebé. En realidad, no tiene nada que ver con el nacimiento, como te dirán muchos padres biológicos que no logran establecer ese vínculo automáticamente. Al igual que los padres biológicos, puede que te sientas inundada de emociones, con oleadas de sentimientos positivos y negativos: miedo, incompetencia, regocijo, amor y la conciencia repentina de que tu vida no volverá a ser lo mismo. Debes saber que ésos son los sentimientos que inspira la paternidad, independientemente de cómo se llegue a ser padres.

Como ya he dicho en capítulos anteriores, algunas personas establecen ese vínculo de forma instantánea; otras necesitan tiempo para que la relación madure. No te agobies pensando que es porque el bebé es adoptado. Tanto si los tienes tú como si no, los bebés vienen con sus propias formas de ser, que quizá no sean como imaginabas. Es como los padres biológicos que dicen: «Vaya, yo quería un niño y ha sido niña.» Con el tiempo, terminas por enamorarte del que te ha tocado. Si esto sigue preocupándote con el paso de las semanas y los meses, o tienes la sensación de que no has establecido aún un vínculo afectivo con tu bebé, habla con tu médico, que te indicará la ayuda que más te conviene.

Para los padres es muy fácil atribuir esa falta de vinculación al hecho de que el bebé sea adoptado. Como ser humano, buscas instintivamente una explicación, sobre todo después de esperar meses a que os dieran el bebé que tanto queríais. Lo importante es entender que ese chiquitín es único y muy especial. Con el tiempo, os sentiréis más unidos. Y digo «con el tiempo» porque eso es precisamente lo que necesitas: tiempo. No puede haber una relación profunda si no se invierte tiempo en conectar de verdad.

Lo importante es entender que ese chiquitín es único y muy especial. Con el tiempo, os sentiréis más unidos.

Depresión posparto

Sí, las madres adoptivas también se deprimen. Quizá no se trate de una depresión de componente hormonal, pero la diferencia entre la idea que te habías hecho del bebé y la realidad puede desencadenar una espiral descendente. Tal vez te sientas incompetente o sobrepasada, agobiada y tengas pensamientos negativos sobre ti y sobre el bebé. Puede que se manifieste físicamente, con sudores, palpitaciones o una sensación de letargo. Si te ves sumida en estos pensamientos y sentimientos perturbadores, te aconsejo que hables con alguien de confianza y, si eso no te ayuda, que vayas al médico, porque, sin ayuda, esa espiral descendente podría no tener fin.

Afrontar la esterilidad

Muchos padres adoptivos han probado sin éxito la paternidad biológica antes de optar por la adopción, por lo que deben aprender a digerir su esterilidad. Algunos creen haberlo superado y descubren que no ha hecho más que empeorar cuando ya tienen a su bebé. A las mujeres, sobre todo, les puede entristecer el no ser capaces de dar a luz a sus propios hijos, o el no poder estar ahí durante los primeros meses si el bebé adoptado ya es algo mayor.

¿Por qué te sientes incompleta? ¿Es porque no has vivido el parto ni has llevado al bebé en tu vientre? ¿Te sientes mal por no haber podido tener un hijo biológico? Con suerte, ya lo habrás asumido cuando llegue el bebé, pero si esos sentimientos no remiten, busca ayuda profesional. Y no olvides que eso es lo que has estado esperando tanto tiempo, que ya tienes tu bebé, aunque no haya ocurrido como imaginabas.

Millones de familias felices se han creado gracias a la adopción. La tristeza que produce la esterilidad es normal para algunos padres. Piensa que es sólo una fase, y busca ayuda para poder descubrir la alegría de encontrarle un sitio al bebé en tu hogar y en tu corazón. Haz lo que sea necesario para poder disfrutar plenamente de la experiencia de la paternidad.

Lactancia materna

Hoy en día está de moda que las madres adoptivas tomen hormonas para poder darles el pecho a sus bebés, así como comprarles la leche materna a otras madres para poder proporcionar anticuerpos a sus hijos. Según me han contado, cuando yo nací, mi madre compartió su abundante producción de leche materna con otras mujeres de la sala de maternidad que no tenían. Así que me digo, ¿quién soy yo para criticar a las madres que buscan en otras la leche materna que necesitan para sus bebés? Cada cual a lo suyo. Lo principal es que hagas lo que más te convenga sin juzgar las decisiones de las demás.

En lo que respecta a inyectarse hormonas, es una decisión que debe tomarse sólo por prescripción médica. ¿Qué efectos secundarios puede tener la administración de dichas hormonas? Además aconsejaría a las mujeres que decidan seguir este camino que hablen con alguien e intenten averiguar qué las lleva a tomar esa decisión, desde el punto de vista emocional. Muchísimos niños se han criado perfectamente con leche de fórmula. ¿Lo haces por el bebé o por ti?

Adopción de un bebé de otra nacionalidad

Durante el primer año, las cuestiones de nacionalidad son completamente irrelevantes para el bebé, pero debes estar preparada. Tienes que entender que ahora sois una familia mixta o multirracial, y que eso tendrá repercusiones para vosotros y para el bebé en el futuro, repercusiones estupendas y positivas. La herencia de tu bebé te llevará a investigar otra cultura del mismo modo que lo harías si te casaras con alguien de otro país.

Bebés institucionalizados

Muchos niños, sobre todo los adoptados de países como Rusia, Rumania, China, Vietnam y Camboya, han sido institucionalizados antes de su adopción y puede que sufran cierto retraso físico, emocional e intelectual, fruto de la desatención. Estos niños no suelen adoptarse de recién nacidos, sino a los seis, nueve o doce meses. Puede que estén malnutridos. Si eso ocurre, es importante que le des pequeñas cantidades de comida a intervalos muy frecuentes para que no adquiera malos hábitos, como acumular la comida.

También es fundamental que sepas que el bebé va retrasado, de forma que puedas ayudarlo a recuperarse. Aunque no conozcas nada de su vida anterior, podrás detectar los retrasos físicos, emocionales o mentales notables. Por lo general, los niños desatendidos son más pequeños de lo normal y sufren un retraso evolutivo considerable.

Si tu bebé sufre algún retraso, tendrás que tomártelo con calma, como si se tratara de un niño prematuro. Por ejemplo, si te dan al niño con un año y un desarrollo algo atrasado, tendrás que tratarlo como si fuera mucho más pequeño. Su edad real es menos importante que su edad evolutiva. Lo que importa, incluso más que con otros bebés, es que veas progresos, no su percentil en comparación con otros.

Como madre de un niño abandonado o desatendido, tu labor consiste en hacer que se sienta seguro y a salvo, para que confíe en ti, porque esa confianza le permitirá establecer un vínculo afectivo contigo y empezar a explorar los estímulos que le presentes. Eso lo capacitará para ir alcanzando objetivos.

Lo fundamental, como con cualquier otro bebé, es favorecer esos momentos de armonía en que tu hijo y tú disfrutáis el uno del otro.

Lo fundamental, como con cualquier otro bebé, es favorecer esos momentos de armonía en que tu hijo y tú disfrutáis el uno del otro. Los dos os reís y gozáis de la estimulación del juego, ya sea aprendiendo a identificar las partes del cuerpo, o a coordinar la vista y el movimiento de las manos, a desarrollar la escucha o el seguimiento visual. Lo que importa es que lo hagáis juntos.

Como madre, lo esencial es que estés decidida a que tu bebé se ponga al día. Es como si lo entrenaras para una carrera de fondo con el fin de que llegue a la meta. Te animo a que lo veas como algo emocionante en lugar de temible: «Muy bien, voy a poner todo mi empeño y mi cariño en conseguir que salga adelante.» Céntrate y comprométete al cien por cien en que tu hijo alcance sus objetivos. El esfuerzo que inviertas ahora tendrá su recompensa en el futuro.

Personaliza mis consejos

Durante su primer año de vida, el «cometido» del bebé es empezar a confiar en el mundo que lo rodea. Esa confianza se desarrolla a través del vínculo, o la unión, que el bebé establece con las personas que lo cuidan. Debido a ciertas interferencias en ese proceso de vinculación, sobre todo en casos de abusos o desatención, algunos niños adoptados tienen problemas de apego. En los lactantes, esos trastornos se manifiestan bien en que son demasiado buenos (nunca exigen nada y rara vez lloran, y no les importa entretenerse solos durante horas), o bien se muestran inconsolables y rechazan la atención de los padres, no establecen contacto visual con éstos ni los imitan. Si tu bebé presenta estos síntomas después del primer mes o así, consulta a un especialista o acude a un psicólogo de familia. La agencia de adopción puede proporcionarte uno, o también puedes pedir consejo a tu médico.

Para reducir al mínimo los posibles problemas de apego, sobre todo si tu hijo ha sido víctima de abandono o desatención, te aconsejo que modifiques del siguiente modo mis consejos de otros capítulos:

— Considera la posibilidad de tener al bebé cerca de ti en una cunita o un nido de esos que se fijan a la cama más tiempo que con otros lactantes. Tu presencia física lo confortará mucho.
— Llévalo contigo, en un portabebés, más tiempo del normal.
— Yo no usaría la técnica del llanto controlado. A muchos de estos niños los abandonaron de noche, por lo que la hora de dormir es difícil para ellos. Dadas las circunstancias, si llora, cógelo en brazos y consuélalo las veces que haga falta. Terminará por sentirse seguro.
— Puede que tu bebé sufra terrores nocturnos (gritos y agitación de piernas y brazos) como consecuencia de algún trauma. También en este caso, cógelo en brazos y cálmalo lo mejor que puedas. Una cosa que suele funcionar es cogerlo en brazos, tranquilizarlo y volver a acostarlo.

Los bebés que han sido abandonados o desatendidos necesitan una atención individualizada constante. Tienes que ganarte la confianza del bebé, porque las personas en las que confiaba le han fallado. Ésa es tu labor: crear un refugio seguro para tu hijo, para que vea que puede depender de ti por completo y confíe en la estabilidad de tus atenciones. Baila con el bebé, dale masajes, hazlo caminar por una pelota hinchable, levántalo alto para que toque algo, hazle el avión...

todas estas cosas lo ayudarán a entender que puede confiar en que tú lo sostienes. Como es lógico, los juegos de *cucutastás* tendrán que esperar, por la inseguridad que le produce verse solo.

Por encima de todo, lo mejor que puedes ofrecerle al bebé es una atención constante que le demuestre que puede contar con tu afecto y confiar en que satisfarás sus necesidades. ¡Lo mismo que deben hacer todos los padres!

Hablar de la adopción

Ya ha pasado la época en que se aconsejaba ocultar a los niños el hecho de que eran adoptados. Cuando aún es un lactante, obviamente, el bebé no puede entenderlo; el tema no surge hasta que el niño tiene al menos cuatro años. Sin embargo, a muchos padres les preocupa, incluso cuando el bebé aún es un lactante, cuándo y cómo se lo dirán. Cuando llegue el momento, lo sabrás, y eso no ocurrirá hasta que tu hijo sea mayor. Vive el momento y disfruta del primer año de vida de tu bebé. Eso es en lo que debes centrarte ahora.

Puedes abonar el terreno para que la experiencia sea positiva hablándole a tu pequeño desde el principio del día en que lo conociste y haciendo un álbum de fotos y recuerdos del viaje de la adopción, de cómo os reunisteis y de lo ilusionados que estabais como padres, igual que suelen hacerlo los padres biológicos.

Ese álbum será un pequeño cofre del tesoro para cuando crezca vuestro hijo. Ten por seguro que será uno de los libros favoritos del pequeño. A todos los niños les gusta saber, cuando crecen, cómo se conocieron sus padres y de dónde eran. Estos relatos les permiten dar respuesta a preguntas importantes como: ¿dónde encajo yo? y ¿cuál es mi sitio?

Grupos de apoyo

Una de las realidades de la adopción es que a ti no te importa, pero a tu hijo sí. Esto carece de importancia durante el primer año, pero es algo que debes tener presente desde el principio. Para ti, quizá sea una experiencia increíblemente positiva, pero un buen día tu hijo sabrá lo que es la adopción y le inspirará dudas que a ti nunca te ha inspirado.

No por eso te querrá menos, pero empezará a plantearse cosas como: «¿Por qué mis padres biológicos no me quisieron?, ¿qué tengo de malo?», y si no se trata de una adopción abierta: «¿Quiénes son mis padres biológicos?, ¿y cómo son?»

Aunque aún queda mucho para que tu hijo se haga estas preguntas, una de las mejores cosas que puedes hacer desde el principio es apuntarte a un grupo de apoyo de padres e hijos en situaciones similares, para poder relacionarte con personas que alberguen tus mismas inquietudes. Hay muchas organizaciones para familias con bebés de todas partes del mundo. Pregunta primero en tu agencia de adopciones. Conviene que busques toda la información y todo el apoyo que te sea posible.

No obstante, por encima de todo, como vengo diciendo a lo largo de todo el libro, disfruta de esta época maravillosa de la vida de tu bebé. Un buen comienzo te garantizará una relación paterno-filial sólida que será fuente de alegrías para los dos.

Cuarta parte

Recursos útiles

Calendario de vacunas

La Asociación Española de Pediatría recomienda el siguiente calendario de vacunaciones:

A los cero meses:
Hepatitis B (madres HBsAg[-])

A los dos meses:
DTPa (difteria, tétanos, tos ferina acelular), VPI (polio inactivada), Hib (*Haemophilus influenzae* b), meningococo C (*Neisseria meningitidis* C), Pn7v (neumococo, antineumocócica conjugada valente-7), rotavirus (opcional, no financiada)

A los cuatro meses:
DTPa (difteria, tétanos, tos ferina acelular), VPI (polio inactivada), Hib (*Haemophilus influenzae* b), meningococo C (*Neisseria meningitidis* C), Pn7v (neumococo, antineumocócica conjugada valente-7), rotavirus (opcional, no financiada)

A los seis meses:
DTPa (difteria, tétanos, tos ferina acelular), VPI (polio inactivada), Hib (*Haemophilus influenzae* b), Pn7v (neumococo,

antineumocócica conjugada valente-7), rotavirus (opcional, no financiada), gripe (opcional)

Entre los doce y los quince meses:
meningococo C (*Neisseria meningitidis* C), TV (triple vírica: sarampión, rubeola, parotiditis), varicela, Pn7v (neumococo, antineumocócica conjugada valente-7), gripe, HA (Hepatitis A)

Entre los quince y los dieciocho meses:
DTPa (difteria, tétanos, tos ferina acelular), VPI (polio inactivada), Hib (*Haemophilus influenzae* b), meningococo C (*Neisseria meningitidis* C), Pn7v (neumococo, antineumocócica conjugada valente-7), gripe, HA (hepatitis A)

Enfermedades y dolencias comunes

El listado que figura a continuación no es en absoluto exhaustivo, pero te dará una idea de qué hacer ante algunas de las enfermedades y afecciones más corrientes. Te aconsejo que te hagas con un buen libro de cuidados médicos del lactante, con información más detallada y sugerencias de tratamiento.

ENFERMEDAD/ AFECCIÓN	SÍNTOMAS	MEDIDAS
Acné neonatal	Granitos que aparecen en la piel del bebé poco después de su nacimiento debido a una sobrecarga de hormonas.	Se van solos.
Aftas	Pequeñas úlceras blanquecinas en la boca, garganta irritada, inapetencia.	Acude al médico.

ENFERMEDAD/ AFECCIÓN	SÍNTOMAS	MEDIDAS
Asma	Tos, respiración agitada, movimiento rápido de los músculos de debajo del tórax, ensanchamiento de las ventanas nasales, silbido, coloración azulada de los labios o las uñas.	Acude al médico. Pide una ambulancia si hay dificultad respiratoria.
Bronquiolitis Infección del tracto respiratorio inferior	Moqueo, tos leve, fiebre; al cabo de unos días, la tos empeora y la respiración se hace fatigosa.	Acude al médico. Pide una ambulancia si hay dificultad respiratoria.
Conjuntivitis (también conocida como «ojos rojos» u «ojos legañosos»)	Hinchazón, irritación, secreción ocular.	Si se trata de un recién nacido, llama al médico inmediatamente, porque es muy contagioso y puede asociarse a la neumonía.
Convulsiones nerviosas	Sacudidas de todo el cuerpo o parte del cuerpo.	Acude al médico.

ENFERMEDAD/ AFECCIÓN	SÍNTOMAS	MEDIDAS
Costra láctea	Escamación del cuero cabelludo.	Desaparece sola. Úntale la cabecita con aceite de oliva para favorecer el desprendimiento.
Crup: inflamación de la laringe y la tráquea	Silbido o ronquido al respirar o toser; puede que el bebé se ponga cianótico (azulado) al toser.	Pide una ambulancia si hay dificultad respiratoria.
Diarrea	Evacuaciones líquidas y decoloradas más de seis veces al día.	Acude al médico.
Eczema	Irritación de la piel que supura y se escama; responde a una reacción alérgica o al contacto con algún agente irritante.	Acude al médico.
Eritema solar o sudamina	Erupción que aparece tras la exposición al sol o al calor.	Ten al bebé fresco y seco; aplícale una loción de calamina.

ENFERMEDAD/ AFECCIÓN	SÍNTOMAS	MEDIDAS
Fiebre	Temperatura elevada, sudoración.	Acude al médico si tiene más de 38 °C o si el bebé presenta otros síntomas preocupantes, como letargo o inapetencia.
Golpe de calor	¡Muy peligroso! Subida repentina de la temperatura debido al exceso de calor, por ejemplo, en la playa, en el coche, por llevar demasiada ropa en días muy calurosos y húmedos. PUEDE CAUSAR LA MUERTE.	Enfríale el cuerpo EN SEGUIDA (desnúdalo y pásale una esponja humedecida en agua fresca) y PIDE UNA AMBULANCIA O LLÉVALO A URGENCIAS.
Gripe	Tos seca, fiebre repentina, escalofríos y convulsiones.	Acude al médico si tiene más de 38 °C.
Ictericia	Coloración amarillenta de la piel y el blanco de los ojos.	Desaparece sola si es leve; si persiste, acude al médico. Puede que el bebé necesite una lámpara solar al principio. Consúltalo

ENFERMEDAD/ AFECCIÓN	SÍNTOMAS	MEDIDAS
		con la matrona o el pediatra en los primeros días. Acude al médico si dura más de dos o tres semanas. Si aparece después de las cuatro primeras semanas, acude al médico, pues es más probable que la causa no sea fisiológica.
Impétigo	Infección bacteriana de la piel que se manifiesta con un sarpullido, normalmente en la cara, el cuello o las manos. Muy contagiosa.	Acude al médico.
Neumonía Infección pulmonar vírica o bacteriana.	Tos, respiración agitada, movimiento rápido de los músculos de debajo de las costillas,	Acude al médico.

ENFERMEDAD/ AFECCIÓN	SÍNTOMAS	MEDIDAS
	ensanchamiento de las ventanas nasales, silbido, coloración azulada de los labios, las uñas o la lengua.	Acude al médico.
Otitis Infección o inflamación de los conductos internos del oído.	Irritabilidad, sobre todo por las noches; puede que el bebé se tire de las orejitas o se dé manotazos en ellas; fiebre.	Acude al médico.
Reflujo gastroesofágico	Vómitos después de comer, dolor durante o después de las comidas.	Sácale el aire con frecuencia y tenlo incorporado durante treinta minutos después de comer; acude al médico si es excesivo o persistente.
Resfriado	Moqueo, tos leve, a veces fiebre.	Usa un humidificador. Acude al médico si le sube la fiebre por encima de los 38 °C.
Uña encarnada	Enrojecimiento de la piel que rodea la uña.	Acude al médico.

ENFERMEDAD/ AFECCIÓN	SÍNTOMAS	MEDIDAS
Urticaria	Irritación cutánea con ronchas rojas, protuberantes y comezón, por todo el cuerpo o en alguna zona concreta; puede ser fruto de una reacción alérgica a algún alimento, al polen, a medicamentos, a picaduras de insectos o deberse a alguna infección.	Acude al médico.
Vómitos		Si son excesivos, violentos, van acompañados de fiebre o diarrea o duran más de doce horas, acude al médico inmediatamente. Podría producirse deshidratación, y ésta es muy peligrosa.

Meningitis

¿Tu hijo empeora deprisa? Los bebés se pueden poner muy malitos en muy poco tiempo, por lo que conviene mirarlos a menudo. No todos los bebés tienen todos los síntomas, y pueden aparecer en cualquier orden.

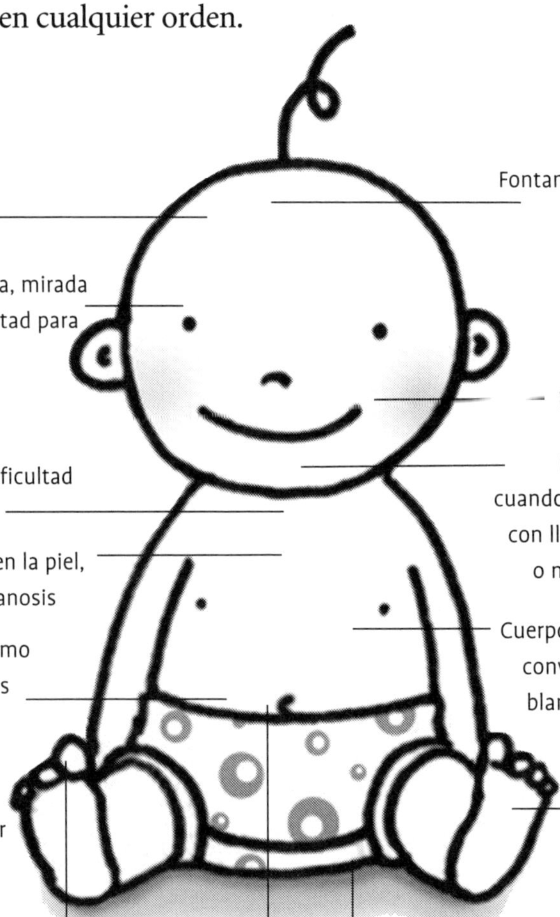

Primeros auxilios para niños menores de un año

Aconsejo a todos los padres que hagan un curso de primeros auxilios y resucitación cardiopulmonar infantil en algún centro público o privado. En este apartado encontrarás un resumen de lo básico, pero sólo a modo de recordatorio, no como sustituto de un cursillo en condiciones. No es lo mismo leer el procedimiento de resucitación que ponerlo en práctica.

> **Regla número uno en caso de emergencia:**
>
> Mantén la calma, llama a urgencias y quédate cerca del bebé.

Quemaduras

- Moja la quemadura con agua fresca, no fría, hasta que remita el dolor (un máximo de veinte minutos). No uses hielo.
- Si es de primer grado (enrojecimiento, ligera hinchazón, sin ampollas, sin hinchazón importante ni zonas carbonizadas), ponle un apósito.
- Si es de segundo o tercer grado (ampollas, mucha hinchazón o zonas carbonizadas), causada por electrocu-

ción o sustancias químicas, o se encuentra en la cara o en los ojos, déjala sin tapar y llévalo al hospital. También puedes cubrir la zona quemada con filme adherente para alimentos.

- No sumerjas al bebé en agua fría.
- No le quites la ropa.

Atragantamiento

- Si el bebé tose, llora o respira, no hagas nada. No le ofrezcas líquidos, podrían obstruir más el paso del aire.
- Si el bebé no respira, llama a una ambulancia inmediatamente y:
  - — Póntelo boca abajo sobre las rodillas y presiónale cinco veces con la palma de la mano de forma rápida y firme entre los dos omóplatos para que expulse el objeto.
  - — Si eso no funciona, ponlo boca arriba en el suelo y, con dos dedos, presiónale el pecho a la altura del esternón cinco veces seguidas, unos 2 milímetros, con cuidado de no dañarle el tórax (véase la ilustración de RCP en lactantes en la pág. 353).

Cortes y rasguños

- Pon la herida debajo del chorro de agua fría.
- Quítale la tierra que pueda tener con unas pinzas debajo del chorro de agua.
- Haz presión con un trocito de gasa hasta que cese la hemorragia. Si la sangre cala la gasa, pon otra encima.
- Aplica una crema antiséptica y tapa la herida con una tirita.

- Si el corte es profundo o la hemorragia no cesa en seguida o no puedes sacarle la tierra incrustada, llévalo a urgencias.

Golpes en la cabeza

- Si se trata de una caída y le sale un bulto (un chichón), bastará con una bolsa de frío.
- Si sospechas que hay una lesión grave en la cabeza o en la columna, no muevas al bebé y llama a una ambulancia inmediatamente. Estabilízalo mientras esperas, poniéndole las manos a ambos lados de la cabeza para que no la mueva, de forma que tanto la cabeza como el cuello estén en una posición neutral.
- Si el bebé vomita, ponlo de lado para evitar que se atragante y protégele el cuello y la columna.
- Si está inconsciente, comprueba si respira. Si no respira, hazle una RCP mientras llega la ambulancia (véase la ilustración de RCP en lactantes en la pág. 353).
- Si sangra, aplícale presión con un pañal o un paño hasta que pare la hemorragia, luego ponle una bolsa de frío para reducir la inflamación. Una hemorragia abundante del cuero cabelludo no implica necesariamente una herida grave, porque en esa zona hay muchas venas superficiales. No obstante, si no puedes detener la hemorragia o es grave, llama a una ambulancia.
- Si sospechas que puede haber una fractura craneal, no apliques presión.
- Si se trata de una herida abierta con tierra dentro, no la limpies. Tápala con una gasa y busca asistencia médica

inmediata, porque las heridas en la cabeza pueden causar infecciones cerebrales.

- Si el bebé bizquea o tiene una pupila más dilatada que otra o ha estado inconsciente aunque sólo sea un instante, llama a urgencias en seguida.
- Después de cualquier golpe en la cabeza, el bebé debe estar bajo observación veinticuatro horas, por si perdiera la consciencia, vomitara o tuviera dificultades respiratorias. Para mayor tranquilidad, consulta a tu médico. Quizá te aconseje que lo despiertes cada cierto tiempo para asegurarte de que no está inconsciente.

Golpe de calor

- Llévate al bebé a un lugar fresco y quítale toda la ropa. Bájale la temperatura inmediatamente aplicándole una esponja fresca por todo el cuerpo o sumergiéndolo en una bañera de agua fresca y abanicándolo mientras llamas a urgencias.

Picaduras de insectos

- Aplícale una compresa fría hasta que remita el dolor.
- Sácale el aguijón, si lo hubiera, rascándole con una tarjeta de crédito. No uses pinzas, porque podrías empujarlo hacia dentro sin querer.
- Vigílalo por si se produce infección (vetas rojas o amarillas) o síntomas de reacción alérgica:
  — pérdida de la consciencia
  — dificultad respiratoria
  — sarpullido o picor por todo el cuerpo
  — inflamación de los ojos, los labios o el pene

Si detectas alguno de estos síntomas, llama a urgencias o llévalo directamente al hospital.

Intoxicación

- Quítale en seguida la sustancia y los restos que pueda tener en la boca. Guarda un poco para que lo analicen.
- Si babea, está somnoliento, tiene dificultades para respirar o sufre convulsiones, llama a urgencias de inmediato.
- Si no, llama al médico o al hospital, descríbeles los síntomas y sigue sus instrucciones.

Resucitación cardiopulmonar (rcp) en lactantes

Si el bebé está inconsciente, llama al servicio de urgencias y comprueba si reacciona al darle golpecitos suaves en el pecho, los hombros o los pies. Si no responde, haz lo siguiente:

Vías respiratorias. Comprueba rápidamente si respira: observa, escucha y palpa. Si el bebé no respira, échale la cabeza hacia atrás, con la nariz apuntando hacia arriba, pero no mucho, porque una inclinación excesiva puede impedir el paso del aire en el lactante (véase la ilustración 1).

Respiración. Tápale la boca y la nariz con tu boca, sellando la entrada de aire. Con cuidado, suéltale una bocanada de aire rápida, retírate y observa si se produce una exhalación (véase la ilustración 2). Si no reacciona, repite el procedimiento una vez, tapándole la boca y la nariz. Si tampoco así responde, comprueba lo siguiente:

Circulación. Ponle dos dedos de tres a cinco segundos en la arteria braquial, que está situada en la cara interna de la parte superior del brazo, entre el codo y el hombro. Si no le notas el pulso en ese tiempo, es porque no le late el corazón y tendrás que hacerle una compresión pectoral.

Compresión. Ponle tres dedos en el centro del pecho de forma que el tercero quede situado sobre la línea imaginaria que une los dos pezones. Levanta el dedo superior y, suave pero firmemente, comprime con los dos dedos inferiores. Si aprietas mucho, podrías producirle lesiones en la caja torácica. La compresión debe tener una profundidad aproximada de 1,2 centímetros (véase la ilustración 3). Cuenta en voz alta mientras realizas cinco compresiones seguidas de dos respiraciones. Repítelo treinta veces antes de comprobar si respira o tiene pulso.
Si sigue sin haber pulso, continúa aplicándole las compresiones pectorales hasta que llegue la ambulancia. Si, en algún momento, el bebé recupera el pulso pero aún no respira por sí mismo, hazle el boca a boca cada tres segundos.

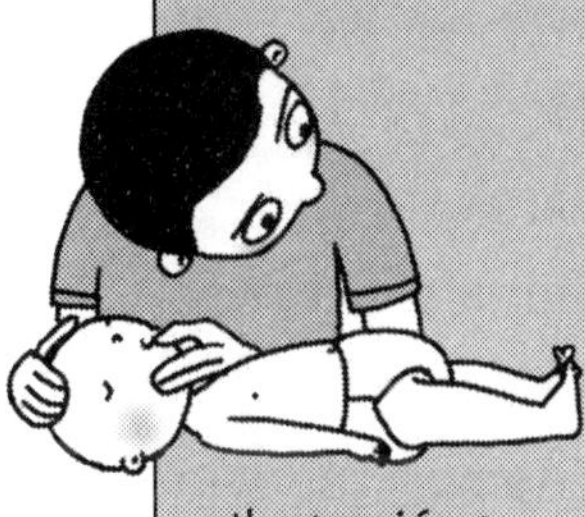
Ilustración 1

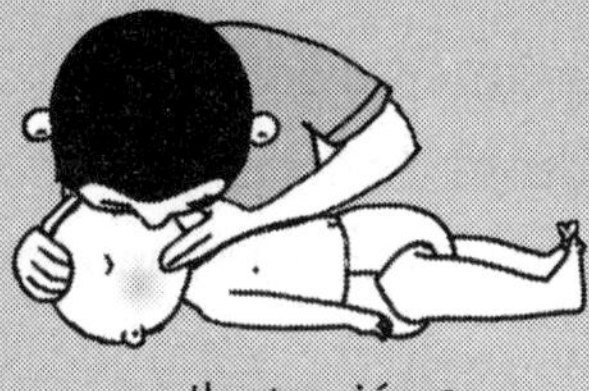
Ilustración 2

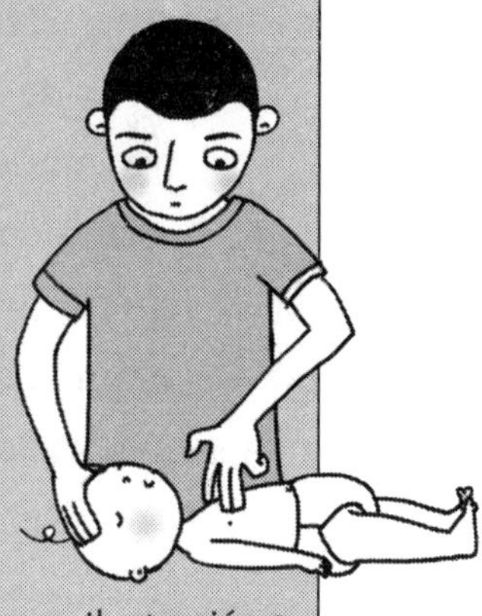
Ilustración 3

Kit de primeros auxilios

A continuación, encontrarás un listado de las cosas que considero esenciales para el primer año de vida del bebé y para después:

- crema antiséptica para cortes y rasguños
- árnica para los moratones
- algodón hidrófilo
- antipiréticos como el Apiretal. Consulta al pediatra antes de dárselo, sobre todo si el bebé tiene menos de tres meses. Nunca le des aspirina a tu hijo, pues se asocia con un desorden hepático grave llamado *síndrome de Reye*
- manual de primeros auxilios
- gasas para limpiar cortes y detener hemorragias, y esparadrapo para sujetar los apósitos
- bolsa de frío, pequeña y grande. Los nuevos modelos flexibles que no hay que meter en el congelador son estupendos. Basta con girarlos y ya están fríos
- jeringuilla oral o cuentagotas para administrar las medicinas

— tiritas de varios tamaños
— pinzas para extraer astillas, fragmentos de cristal, etc., y alcohol para desinfectarlas
— tijeritas
— termómetro (rectal digital)

DIARIO DEL BEBÉ

En estas páginas puedes anotar todas las cositas que hace tu bebé, que te gustaría recordar o te vendrá bien consultar más adelante, como cuándo duerme, cuándo come, cuándo hace caca...

Índice de materias

acalorar, 80, 129
acné neonatal, 74, 335
adopción, 45, 319, 321, 323, 324, 325-331
aftas, 143, 167, 335
alcohol, 95, 138, 139, 200, 239, 351
alergias, 78, 80, 121, 135, 150, 200, 239, 351
  y alimentos, 139, 153, 210, 211, 213
alfombras, 83, 116, 271
alimentación, 19, 42, 45, 134-161
  independiente, 234, 248-249, 267, 271, 276-277
  juegos, 190, 220-222, 223, 256, 257, 285, 287, 288-289, 305, 328
  primer año, 123, 134-135, 211
  rutinas, 204-206
  y alimentos sólidos, 202, 206, 209-213, 242-249, 303, 313
  y bebés institucionalizado, 325
  y bebés prematuros, 311-312
  y hábitos alimentarios, 276-277, 325
  y parto múltiple, 295
alimentos
  con los dedos, 227, 234, 245-246, 251
  peligros, 92, 155
  preferencias, 212-214, 246, 269
  sólidos, 202, 209, 210, 243, 304, 313
  trucos, 276
  y somnolencia, 246, 312-313
alivio del agua calentita, el, 153, 171
almohadas, 80, 141, 202, 206, 221, 225, 255, 258, 302

angustia de la separación, 269, 270, 285
animales, peligrosos, 120, 238
arneses, 253
arropar, 75, 128-129, 132, 207
arrullo, 75, 128, 129, 169, 207, 295
asfixia, 80, 82, 117, 124, 126, 201, 202, 207, 246-247
aspirina, 233, 350
asma, 83, 116, 121, 336
au pair, 52
autoestima, 52, 105, 112, 113
avanzar con el culete, 231, 255

bailar, 132, 157, 231
baja de maternidad, 38, 50-53
baja de paternidad, 38
bandolera portabebés, 67, 69, 144, 296, 328
bañerita, 72, 171, 216
baño, 43, 72, 75, 97, 117-118, 153, 156, 168, 170-171, 177, 178, 191, 197, 216, 223, 234, 249-250, 271, 272, 282
baños de espuma, 171, 222
bebés institucionalizados, 325-326
bebés prematuros, 19, 137, 294, 307, 308-313
boca, 217, 335
bolsa de cambio, 77, 180, 284
bronquitis, 116

cabeza, 68-69, 73, 108-110, 111, 130, 141, 162, 168, 171, 172-173, 177, 189
cafeína, 138-139
caídas, 117, 230, 236, 238, 255, 265
cajones de la cocina, 256
cama, 75, 78, 82, 125, 127, 273
camas de agua, 116
cambiador, 69-70, 78, 117, 165, 166, 170, 178, 219, 235, 295
caminar, 70, 120, 161, 217, 231, 253, 267, 278, 283, 284, 328
canguro, 62-63
cantar, 130, 156, 175, 185, 189
capacidad prensil, 246, 276, 287
centros de día, 61-62
cereales infantiles, 210
cesárea, 51, 93, 138, 141, 320
chupete, 78, 117, 131-133, 154, 157, 158, 274-275, 278
cintas, 69, 207, 223
circuncisión, 48-49, 167-168
clases de actividades, 185, 287
cochecito, 70-71, 75, 124, 180, 202, 231, 261, 296
coger y llevar en brazos, 162-164, 189, 280-282, 304

cojín antivuelco, 206
colchas, 80, 126
colchones, 66, 67, 117
cólico, 51, 100, 150, 155, 156-157
columpio para bebés, 74, 271, 289, 296
columpios, 271, 296
comer fuera, 251-252
contaminantes, 82-84, 116, 139
conversaciones, 221, 226
convulsiones, 177, 336, 338, 342, 347
cordón umbilical (ombligo), 48, 97, 107, 166, 168, 169, 170
cortinas, 84, 117, 237
costra láctea, 81, 172, 337
crear un vínculo, 20-21, 172, 266, 278, 281, 302, 321-322, 326-327
cubrechimeneas, 237
cuidado de la piel, 76, 78, 107, 120, 165-166, 167, 168, 170-171, 174, 204, 215, 309, 335, 337, 338, 339, 341, 342
cuna, 42, 66, 67, 68-69, 70, 75, 84. 122, 124, 126, 130, 201, 206, 207, 235, 236, 240, 242, 273, 295

dar el biberón, 45-46, 53, 79, 82, 100, 135-137, 138, 147, 148, 151, 158, 160, 177, 180
destete (del biberón), 280
esterilización, 150
postura 152-153, 162
rutinas, 88, 118, 147, 149, 159-160, 313
y alimentos sólidos, 127, 134, 153, 202, 209, 243, 244
y cacas, 153
y dermatitis del pañal, 164
y estropea los dientes, 154, 213
y parto múltiple, 295
y viajes, 218-220
dar el pecho, 45, 92, 138, 142-146, 311
agarre, 137, 141-142
destete, 280
en público, 144
equipamiento, 82
postura, 152, 162
rutinas, 147, 149, 159-160
ventajas de, 45
y alimentos sólidos, 127, 134, 153, 202, 209, 243, 244
y bebés adoptados, 327
y bebés prematuros, 308-309
y cacas, 153
y dentición, 156, 161, 231-233

y dermatitis del pañal, 164
y dieta, 92, 139, 154
y parto múltiple, 295
darse la vuelta, 117, 196
dentición, 156, 161, 231-233
depresión posparto, 23, 90, 93-96, 323
dermatitis, 168
del pañal, 106, 168
desarrollo, 19, 37, 87, 104-106, 109, 110, 112, 115, 123, 181-184, 187-189
retraso, 308-309, 325-326
síntomas preocupantes, 109, 111, 199, 200-203, 204, 232, 338
social y emocional, 112-113, 197-198, 227-228, 257-258, 268-271, 286, 302-303
y bebés prematuros, 308-309
y parto múltiple, 295
desconocidos, 38, 198, 234, 285, 316
destete, 266-267, 273, 278-279, 280
detectores de humos, 84
detectores de monóxido de carbono, 84
detergente suave, 78
diabetes, tipo 2, 277
diarrea, 150, 153, 214, 232, 337, 341, 342
dientes, 105, 133, 154, 197, 217, 226, 231, 239, 245, 246

eczema, 121, 168, 337
elogios, 27, 209
enfermera de maternidad, 52
estimulación, 19, 110, 122, 123, 181, 184, 185, 187-188, 196, 198, 208, 209, 220, 223, 243, 253, 272, 285, 305, 320, 326
estirones, 135, 161
estreñimiento, 45, 92, 151, 153, 213
estrés, 133, 137, 138, 178, 232, 263

filosofías de paternidad, 33-35
fumar, 83, 116, 124

gases (aires), 45, 81, 93, 106, 135, 139, 148, 154, 156, 171, 184, 214
gateo, 196, 200, 217, 231, 234, 237, 238, 253, 255, 285
gimnasios para bebés, 132, 163, 257, 258
gorra de la legión extranjera, 119, 286

granulado homeopático para dentición, 156, 233
guardería de día, 56, 61-62, 66, 263, 270, 297

habilidades parentales, 19, 23, 98, 161, 215, 249-251, 280-283, 303-304
hábitos alimentarios, 276-277, 313
habla, 113, 133, 190, 286, 289
hamaca, 118, 125, 132, 164, 187, 209, 296, 312
hermanos mayores, 42-44, 101-104, 202, 262
hora de estar boca abajo, 110, 111, 124, 150, 169, 189 190, 196, 198, 221-222, 344
hora de ir desnudito, 169-170
humidificador, 84, 130, 201, 340

ictericia, 96, 169, 170, 308, 338
indigestión, 139
intercomunicador, 71-72
intoxicación por agua, 155

jarabe natural (para cólicos), 156
juego, 123, 181-184, 185-186, 190, 205, 220-223, 241, 251, 253-254, 256-258, 268, 272, 274, 285, 286-289, 301, 305, 326, 328
juegos, 190, 221, 222, 223, 257, 285, 287, 288, 289, 303, 328
avión, 222, 249, 288, 328
cucutastás, 163, 232, 252, 254, 255
de memoria, 289
escondite, 223-224
fútbol, 254
y parto múltiple, 295-296
juguetes, 61, 78, 102, 181, 201, 202, 203, 239, 240, 305
actividad, 257-258
correpasillos, 287
durante el primer año, 183, 190-191
hora del baño, 249-250
peluche, 198, 201, 207, 219, 274, 275, 285
preferencias, 268
y alimentación, 248
y parto múltiple, 296
y seguridad, 203

leche de fórmula, 53, 134, 138, 149, 151, 152, 153, 180, 210, 219, 279, 280, 296, 302, 325

destete, 280
suplementos, 311
y alimentos sólidos, 127, 134, 153, 202, 210, 211, 243, 244
y bebés adoptados, 325
y viajes, 218-220
leche de vaca, 135, 211, 279-280
leche materna, 41, 45, 109, 134, 135, 140, 143, 147, 210, 243, 244, 302, 311, 324
sacar (sacaleches), 81-82, 302
suplementos, 311
y alimentos sólidos, 127, 134, 153, 202, 209, 243, 244
y bebés adoptados, 327
lectura, 97, 182
libros, 203, 223, 277, 329
llanto, 19, 28, 88, 96, 98-99, 104, 106, 121, 122, 133-134, 156, 157, 198, 206, 208, 232, 233, 242-243, 270, 273, 313, 328, 342
controlado, 121-122, 206, 242-243, 274, 328
estimulación y, 209
y bebés prematuros, 308-309
y viajes, 218-220
madres
de alquiler, 324
de recién nacidos, 91-101
solteras, 56
marionetas de dedo, 251, 256
masaje para bebés, 81, 156, 173, 178-179, 295, 304, 328
mascotas, 40, 120-121, 238, 239
mastitis, 142, 146
materiales hipoalergénicos, 66, 165
matrona, 52, 95, 112, 137, 298, 339
mecer, 130, 157
medicinas, 95, 138, 179, 200, 239, 341, 350
memoria, 182, 289
meningitis, 177
mesa de cambio, 69
moisés, 67, 68, 74, 75, 80, 98, 102, 116, 118, 121, 126, 206, 219, 295, 312
motricidad fina, 182, 222, 246, 253, 257, 276
móvil musical, 130, 207
música, 288

necesidades especiales, 313-317
neumonía, 116, 336, 339
nido, 328

niñeras, 57-60, 298
nombres, bebés, 39-40

obesidad, 184, 277
oídos, 144, 173, 219, 310
  infecciones (otitis), 116, 152, 154, 340
ojos, 107, 108, 111, 120, 170, 173-174, 177, 188, 309, 310, 336, 339, 344, 346
  coordinación, 110, 182, 190, 222, 223, 254
ojos legañosos, 173, 336
opciones para el cuidado del bebé, 54-58

padres, papel, 20, 32, 38, 41-42, 321
padres no primerizos, 26, 31, 41-42
pañales, 77-80, 106, 146, 153, 165, 166, 227
  cambiar, 161, 295, 296, 311
  y dentición, 227, 232
papel pintado, 83
parientes, 28, 30, 54, 95, 157, 297, 316
parque, 24, 74, 99, 103, 163, 180, 194, 227, 289, 296, 305
partes del cuerpo, nombres, 267, 326
parto múltiple, 293-305
pasta de dientes, 217, 239
pechos, 46, 92, 140-141, 143, 145-147, 266, 279
peligro de ahogamiento, 82
pelo, lavado, 282
pene, 48-49, 165, 166, 167-168, 346
pérdida de peso, 92, 107, 146, 161, 167
permanencia de los objetos, 182, 223, 257, 263
pijamas, resistentes al fuego, 115
pintura, tóxica, 83
plancha, 76, 239
plantas, venenosas, 199, 271
pololos para bebés, 215
polvos de talco, 20, 80, 166
pomada, 81, 166
ponerse de pie, 230, 235-236, 282
por turnos, 303
preeclampsia, 50
prolactina, 45
protección solar, 120, 170, 203-204

rabietas, 134, 252
reflejo de Moro, 108, 162

reflujo, 98, 125, 137, 144, 158, 171, 214, 340
repetición, 130, 190, 256
respuestas reflejas, 108
resucitación cardiopulmonar (RCP), 347, 352
ropa, 66, 70, 75-76, 78, 82, 136, 153, 166, 168, 218, 226, 248, 267, 296, 312, 338, 344, 346
ropa de cama, 75, 78, 82, 117, 124
ruido adormecedor (ruido blanco), 132
rutina de sueño, 127, 131, 205, 240-241, 262, 274, 301, 320
rutinas, 19, 27, 33, 57, 122-123, 159, 197, 204-206, 225, 272, 273, 280, 313

sacar el aire (echar el aire), 24, 136, 153, 154-156, 193
sal, 211
salmonela, 238
salidas y paseos, 179-180, 217
sangre del cordón umbilical, 48
saquito para bebés, 207, 273
seguridad, 24-25, 33, 61, 67-70, 73, 91, 109, 114, 115, 122, 162, 175, 189, 200, 203, 226, 238, 240, 271-272
seguridad del jardín, 271
seguridad en el baño, 117, 171
seguridad en la cocina, 115, 118, 163, 200, 239, 271
sentidos, desarrollo, 108-109, 182, 186-188
servicio de asistencia privado, 52, 298
silla de paseo, 57, 66, 67, 70-71, 164, 180, 218, 219, 252
silla del coche, 67, 70, 73-74, 119, 136, 164, 180, 188, 209, 219, 295, 312
  seguridad y, 73-74, 119
  y bebés prematuros, 308-309
  y parto múltiple, 295
síndrome de muerte súbita del lactante (SMSL), 116, 124, 295
síndrome de Reye, 233, 350
síndrome del bebé zarandeado, 121-122
sirope de maíz, 211, 213
sistema inmunitario, 309-310, 311
sonreír, 112, 113
sueño, 37, 96, 123-131, 186, 195-196
  a la hora de dormir, 47, 126-127
  alentar, 255
  bebés adoptados y, 328
  bebés prematuros y, 312-313
  calentito y, 207
  posturas, 124-126, 189
  resistencia al, 234

rutinas, 131, 205-207, 240-241, 272-274, 301-302, 313
técnica del llanto controlado y, 121-122, 206, 242-243, 274, 328
y alimentos sólidos, 209

tarareo, 189
técnica del llanto controlado, 121-122, 206, 242-243, 274, 328
técnicas de despedida, 270
televisión, 60, 71, 183-184, 200
temperamentos, bebes, 113, 197-198, 297
temperatura, tomar, 161, 176-177, 285, 348, 346
terrores nocturnos, 328
toma de decisiones, 25, 33-35, 37-39, 42, 46, 82-83, 226, 228, 265, 277, 294, 320, 324
trabajo, vuelta al, 51, 54-63, 227-229
triptófano, 246
triturar (purés), 202, 212, 245, 248
tronas, 66, 73, 202, 212, 240, 246, 248, 252, 277, 303

uñas, 81, 174-176, 178, 304, 336, 340

vacunación, 47-48
vaselina pura, 81, 167, 174, 176
verja para bebés, 121
vestir, 19, 66, 75, 82, 106, 161, 168-169, 215-216, 249, 267, 282
viaje en avión, 218-220
viajes, 161, 217, 220, 228, 312
visitas, 54, 75, 105, 106, 116, 203, 226, 284, 309
vomitar, 134, 136, 146, 346
vómitos, 134, 136, 146, 346

yogur, 244, 249, 276

zapatos, 104, 169, 283-284
zumos, 211, 213, 248